나는 어떤 사람으로
기억되고 싶은가

당신의 인생을 결정하는 작은 행동의 힘

나는 어떤 사람으로 기억되고 싶은가

서미림 지음

'남이 보는 나'를 신경 쓰지 않으면 성공할 수 없다

Winner's Secret Library · 위너스북
WINNER'S BOOK

저자는 이 책에서 개인과 기업 평판 관리의 생생한 모범 사례와 최악 사례를 함께 보여준다. 뿐만 아니라, 모든 개인이 오늘과 같은 변화무상한 신세계에서 제대로 된 평판을 쌓을 수 있는 실용적인 조언도 함께 제공한다. 또한 저자는 기업과 기업 리더들에게 디지털 세상에서 평판을 제대로 관리하고 보호하는 일이 얼마나 힘들고 중요한 일인지 구체적으로 설명해준다. 디지털 시대를 살아가는 모든 현대인을 비롯해 기업 위기담당자, 임원, 오너와 마케터라면 반드시 읽어야 할 책이다.

— 前 매경닷컴 총괄국장, ㈜피에이네트워크 신진호 대표

이 책을 한 줄로 평한다면, 나는 '성공적인 인생길을 평판이라는 키워드에 맞춰 구체적이고도 설득력 있게 풀어낸 유익하고 흥미로운 책'이라고 말하겠다. '평판은 나를 말해주는 최고의 이력서'라고 한다. 모두가 좋은 평판을 얻기 원하지만 그것은 생각보다 쉽지 않다. 좋은 평판을 얻으려면 이력서에 넣을 한 줄의 스펙과 경력을 쌓으려 애쓰기보다는 가슴속에 이 책에 나온 '평판'에 대한 한 줄의 신념을 깊이 새기는 게 더 도움이 된다. 이 책이 주변 사람들이 바

라보는 나의 이미지와 대외적인 평판에 대해서 성찰하도록 하여 매 순간 발전하는 도구가 되기를 바란다. 이 책이 좋은 평판을 쌓는 데 우수한 길잡이가 될 것 같은 좋은 예감이 든다.

– 현대경제연구원 강인수 원장

평판에 결정적인 영향을 미치는 사람은 바로 주변 사람이다. 그중에서도 직속 상사와 부하직원, 그리고 동료가 가장 큰 영향력을 발휘한다. 사회에 실제로 나와 보니 진짜 금수저는 '평판이 좋은 사람'이고 흙수저는 '평판이 나쁜 사람'이라는 사실을 알게 되었다. 이 책은 좋은 평판을 만들고 관리하는 아주 특별한 평판의 기술이 담겨있다. 어쩌면 능력보다 더 큰 힘을 발휘하는 것이 '평판'일 것이다. 이 한 권의 책이 평판을 최고로 유지하여 성공의 종착역에 도달하도록 돕는 좋은 길잡이가 되기를 기대해본다. 평판이 능력보다 더 큰 힘을 가지는 평판의 시대에 꼭 필요한 책이다.

– 前 옥션 대표이사, 코리아 디지털 경제연구소 소장, 코글로닷컴 이금룡 회장

국민 대다수가 SNS를 자유자재로 사용하는 현시대에 평판관리는 이제 선택이 아닌 필수 사항이다. 좁게는 대인관계부터 넓게는 기업의 미래까지 좌우할 수 있는 평판 관리의 핵심이 이 책에 담겨 있다.

– 前 언론중재위원회 교육콘텐츠 팀 강사 이예찬, 언론중재위원회 운영본부

평판은 커리어에서 매우 중요한 요소이다. 특히 글로벌 시대 인재들에게는 어디서 누구와 무슨 일을 하든지 평판이 꼬리표처럼 따라다닌다. 이는 곧 브랜드다. 자신의 브랜드는 커리어에서 차별화된 부가가치를 창출할 수 있는 요소이며 이러한 평판, 즉 브랜드 관리는 학습과 노력으로 충분히 발전할 수 있다. 최고로 일을 잘하는 사람보다는 남과 조화롭게 어울려 일을 잘할 줄 아는 사

람이 더 훌륭하며, 남과 조화롭게 어울려 일을 잘할 줄 아는 사람보다는 이를 잘 알릴 줄 아는 사람이 능력자라고 생각한다. 특히, 비즈니스 세계에서 평판을 좌우하는 요소로는 첫째, 업무 수행능력performance 둘째, 옷차림과 표정 같은 외적인 이미지image 그리고 타인에게 신뢰감 있는 사람으로 보일 수 있는 존재감presence이 좌우하는데 이 책에서 그 요소를 모두 찾을 수 있다. 글로벌 무대에서 평판 조회는 빠질 수 없는 채용요소이다. 이와 관련된 책이 출판되어 너무나 뿌듯하다.

– 前 GE코리아 전무, 콘티넨탈 코리아 CHO 정태희박사

개인이든 기업이든 세 가지 모습이 있다. '하는 나'와 '자신이 바라보는 나', 그리고 '보이는 나'가 있다. 자신의 행동과 자기 자신에 대한 평가, 그리고 평판. 이 세 가지 모습을 균형 있게 지키기는 쉽지 않을 것이다. 평판이란 주관적인 것을 넘어 객관적인 관점에서 보는 나를 의미한다. 평판은 보이지 않는 자산이자 위기관리의 필수 요소임을 깨닫게 해주는 책이다.

– 前 웅진식품 대표이사, ㈜얼쑤 조운호 대표이사

앞으로는 스펙이 좋은 사람보다 '평판이 좋은 사람'이 가장 인정받는 시대가 올 것이다. 평판이 좋으면 좋은 자리로 이직하기도 매우 쉽다. 유용한 고급 정보도 쉽게 들어올 뿐 아니라, 이직을 할 때 통과해야 할 '평판 조회'의 관문도 가볍게 넘어갈 수 있다. 게다가 주변 사람들로부터 여러 도움을 쉽게 받을 수 있다. 이처럼 평판이 좋으면 사회경제적인 측면은 물론 삶을 이루는 거의 모든 분야에서 큰 굴곡 없이 평탄하고 여유 있는 삶을 살 수 있다. 평판은 이제 성공을 하기 위해서는 필수이며, 꼭 그 특징을 알 필요가 있다. '평판'으로 성공이 좌우되는 시대에 이 한 권의 책이 자신의 평판에 대하여 되짚어 보는 좋은 기회가 되기를 바라며 모든 현대인에게 일독을 권한다.

– ㈔한국엔젤투자협회 고영하 회장

그동안 잊힐 권리는 주로 프라이버시 노출과 같은 개인정보 보호와 관련한 법률 차원에서 논의가 이뤄졌다. 오늘날 잊힐 권리의 중요성은 나날이 높아질 수밖에 없다. 이제 인터넷과 연결되지 않고는 일상생활이 불가능하고 디지털의 영향에서 벗어날 수 있는 사람은 아무도 없다. 이처럼 잊힐 권리는 공인은 물론, 모든 일반인에게 정보화 세상에서 인간다운 삶을 누리기 위한 필수 조건이 되는, 즉 모두가 누려야 하는 기본권이다. 이 책을 통해서 디지털 시대의 인권을 알고 자신을 보호할 수 있는 매우 소중한 지혜를 얻을 수 있다.

– 도이치뱅크 박미경 부문장

영국은 선진국 중에 평판reputation을 가장 중요하게 여기는 나라 중 한 곳이다. 그래서 영국 신사라는 말이 있다. 영국인이 빅토리아 시대에 전 세계를 큰 전쟁 없이 지배했던 이유도 평판reputation을 사용했기 때문이다. 홍콩을 중국에 돌려준 이유도 평판을 지키기 위해서였다.

좋은 평판은 '성공으로 뻗은 고속도로'를 뜻하는 시대이다. 좋은 평판 없이 성공하는 것은 마치 '빈 자루를 세우는 꼴'과 같으며, 좋은 평판은 이루고자 하는 목표를 좀 더 쉽게 이루게 하는 마술 같은 마력을 갖고 있다. 반면, 나쁜 평판 때문에 탁월한 능력과 성과를 냈음에도 조직에서 크게 성공하지 못하는 안타까운 일을 종종 목격한다. 저자는 평판의 시대에 생존할 수 있는 비법을 명쾌하게 제시한다.

– 영국 Forence Group 매니징디렉터, 다니엘 최

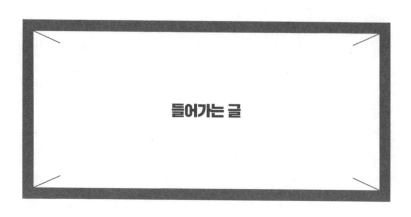

들어가는 글

이 책은 당신의 미래를 극적으로 뒤바꿀 만한 엄청난 위력을 지닌 어떤 신비한 힘에 대해 이야기 한다. 당신은 눈에 보이는 것이 중요하다고 생각하는가? 보이지 않는 가치가 중요하다고 생각하는가? 실제로 세상은 눈에 보이지 않는 가치에 의해 크게 좌우되고 있다. 당신이 평범한 직장인이든, 큰 영향력을 발휘하는 리더 또는 유명인이든 상관없이 모두에게 평판은 매우 중요하다. 특히 최근에는 사회적으로 저명한 정치인이나 기업인, 인기 스타 같은 유명인이 하루아침에 사회적, 경제적 문제를 일으켜 언론에 폭로되고 구속까지 되어 오랫동안 아주 힘들게 쌓아온 명성을 순식간에 먼지로 날려버리는 일을 종종 볼 수 있다.

현재 당신의 평판은 어떠한가? 한 번쯤 되돌아봐야 한다. 당신의 평판이 회사 내부적으로나 외부적으로 긍정적인가? 그렇다면 다행히 당신에게 평판은 든든한 재산이 되어 미래에 안정적인 직장 생활과 승진, 높은 연봉을 보장해줄 것이다. 더불어 주변 사람들로부터 유형, 무형의 경제적 도움을 쉽게 얻을 수 있어 성공할 확률이 높아진다. 물론 그 반대라면 결과도 반대일 것이다. 이처럼 성공은 '능력'보다는 '평판'으로 결정된다.

특히, 한국 사회는 매우 좁다. 게다가 비밀은 점점 없어지고 있다. 상사와 동료가 나에 대해 평을 한다면 어떤 반응일까? 우리는 자문자답해봐야 한다. 과연 내가 성실하고 책임감 있게 사회생활을 하고 있는가, 건강한 인간관계를 통해 신뢰감 있게 소통하고 있는가, 개선점은 없는지 늘 되돌아봐야 한다. 직장인에게 평판은 인정의 기준이자, 승진과 이직, 심지어 몸값인 연봉까지 쥐고 흔드는 마법의 도구이다.

평판은 자신도 모르게 완성된다. 결국, 평판은 그 사람을 둘러싼 타인의 생각을 뜻하는데 관계에서 양분을 얻는 인간에게 타인의 평가는 결코 가벼울 수 없다. 평판에 따라 중요한 프로젝트를 맡기도 하고, 승진의 기쁨을 누리기도 한다.

최근 들어 이직의 성패를 좌우하는 관문 중 하나는 레퍼런스 체크, 즉 평판 조회다. 직장 생활에서 좋은 평판은 인정의 잣대요, 좋은 평판을 얻는다는 것은 우리가 사회생활을 하면서 목표로 하는 모든 것을 비교적 쉽고 편하게 얻을 수 있다는 것을 뜻한다. 심지어 연봉에도 관여한다. 만일 기업이나 조직의 개인이 평판에 치명적인 결함이 생긴다면 당사자는 상상 이상의 타격을 입는다. 특히, '부도덕한 사람'으로 찍히는 부정적인 평판 앞에서는 회사도 개인을 보호해줄 수 없다. 주변의 따가운 시선은 무시하더라도 해고자 리스트에 올라 금전적 손해를 입는 것은 물론 결국 가족 해체로 이어지는 비극이 생기기도 한다. 이처럼 평판은 개인의 삶을 송두리째 흔들어버릴 수 있는 엄청난 힘이 있다.

세상은 점점 좁아지고 평판의 영향력은 커질 것이다. 하버드대 교수인 사회심리학자 스탠리 밀그램의 실험에서의 여섯 사람만 거치면 누구나 아는 관계라는 '6단계 분리 이론six degrees of separation'은 세상이 좁다는 말을 실감하기에 충분한 결과다. 게다가 최근 혜성처럼 등장한 각종 소셜 네트워크 서비스SNS는 발품을 팔아 최소 6명을 거치지 않아도 아는 관계가 될 수 있도록 한다. 스마트폰으로 몇 번만 클릭하면 지구촌 사람들과 순식간에 인맥을 쌓는 초접촉 사회가 왔는데 이를 이끄는 SNS는 '양날의 칼'이다. 한 개인의 선행이 인터넷으로 전 세계에 퍼져 지구촌의 감동적인 화제가 될 수 있으나 반대로 인면수심(人面獸心)의 만행은 네티즌의 맹비난을 받는다. 사방에 깔린 어둠 속에서 발 한 번 잘못 디디면 바로 황천길로 갈지 모르는 두려움을 묘사한 조선 시대 실학자 연암(燕巖) 박지원의 '열하일기(熱河日記)'처럼 굴욕과 영광의 경계선은 한 끗 차이다. 특히, 기업은 위기상황에서 소비자에게 투명하게 대응하지 못해 언론의 뜨거운 뭇매를 맞는 '투명성의 역설The paradox of transparency'을 겪고 있다.

'SNS 시대'가 도래한 가운데 '불특정 다수'를 대상으로 통제 불가능한 루머·악성 댓글의 확산 속도가 엄청나다. 그렇기 때문에 'SNS 시대'에 걸맞은 평판 관리에 대한 깊은 고민을 해봐야 한다. 이 책을 통해 많은 이들이 시대 상황에 맞는 평판의 본질을 깨닫고 평판 관리에 대한 명쾌한 해법을 발견하는 기회가 되길 소망한다.

– 2017년 4월 연구소에서
서미림

CONTENTS

이 책에 쏟아진 찬사   004

들어가는 글   008

👍 1장 : 나는 어떤 사람으로 기억되고 싶은가

01   나는 네가 지난여름에 한 일을 알고 있다!   019

02   평판이 곧, 당신의 스펙이다   024

03   평판 조회의 시대, 성과보다 평판을 쌓아라   028

04   학력·경력 세탁, '꼼짝마'…평판 조회 급증   033

05   한 방에 훅 가버린 거물들   041

06   입소문이 지배하는 '평판사회'   046

07   그들에겐 '보이는' 게 '전부'다   050

08   갑의 횡포, 처절한 을의 반란   055

09   분노의 도가니로 빠트렸던 '땅콩 회항'   059

10   삼성은 되지만, 이건희 회장은 안 된다?   064

11 평판에 목숨 걸어라 070

12 좋은 평판은 생존력 그 자체다 074

13 1,000억의 가치, 평판을 관리하라 079

14 피할 수 없다면 미리 대비하라 084

👍 2장 : 한 방에 훅! 가는 '디지털 주홍글씨'를 경계하라

01 '클릭' 한 번에 당신의 운명이 휘몰아친다 093

02 나쁜 평판일수록 잔인하게 퍼져나간다 098

03 대기업의 아성을 위협하는 디지털 평판 103

04 소셜 평판에 목매야 하는 이유 107

05 현대판 주홍글씨를 아십니까? 113

06 당신의 상상 그 이상, 유튜브의 힘 119

07 디지털 평판이 당신의 부를 좌우한다 124

08 절대 지워지지 않는 디지털 발자국 129

09 소셜 네트워크 시대를 살아가는 방법 133

10 온라인 위기관리, 이렇게 하라 137

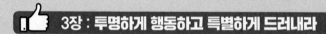

3장 : 투명하게 행동하고 특별하게 드러내라

01 당신 회사에 진짜 인재가 모이지 않는 이유 145

02 적은 내부에 있다? 내부고발의 실체 148

03 우리 회사의 실체를 폭로합니다 155

04 한국의 평판, 안녕하십니까? 160

05 부패 코리아, 이젠 졸업하고 싶다 165

06 유난히 끌리는 그 사람의 비밀 171

07 당신의 브랜드로 몸값을 두 배 올려라 176

08 든든한 동아줄, 퍼스널 브랜드를 만드는 방법 181

09 당신의 평판을 제대로 관리하는 방법 186

4장 : 비루한 기회주의자가 되지 마라

01 영원히 따라다니는 거머리 같은 그림자 195

02 평판은 당신의 생명줄과도 같다 200

03 남의 눈을 의식하는 한국문화 204

04 '허세'로 도배된 SNS 208

05 성공의 중심에는 늘 '사람'이 있다 213

06 당당히 극복할 것인가, 나락에 떨어질 것인가 218

07   역사에서 배우는 평판 관리의 지혜   222

08   덕 있는 사람은 외롭지 않다   227

09   좋은 평판을 만드는 비법 공개   232

👍 5장 : 위기는 진정성으로 극복하라

01   심리학은 평판을 이렇게 해석한다   241

02   최악의 위기를 당당히 극복한 기업들   245

03   위기극복에 실패한 기업들   250

04   당신의 평판을 관리해드립니다   255

05   성공적 위기탈출을 위한 사과하는 방법   260

06   사과문을 쓸 것인가, 사고문을 쓸 것인가   266

07   평판 리스크를 극복하는 방법   274

08   땅 치고 후회하지 말고, 미리 관리하자   279

09   위기를 기회로 만드는 방법   284

마무리하는 글   290

참고문헌   294

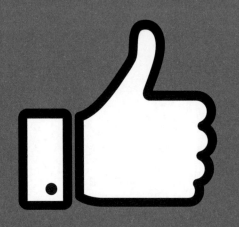

1장

나는 어떤 사람으로
기억되고 싶은가

"

좋은 평판 하나가
열 가지 스펙을 이긴다.

"

01 나는 네가 지난여름에 한 일을 알고 있다!

귀하게 태어나는 것보다는
고귀하게 기억되는 것이 더 좋다.

— 존 러스킨

        인터넷은 우리 삶에 혁신을 가져다주었다. 순식간에 늘어난 채팅방과 온라인 토론 그룹, 블로그 등으로 표현이 자유로워졌다. 인류 역사상 매일 각자의 방식으로 전 세계 네티즌에게 자신을 맘껏 표출한 적은 없었다. 맛집을 가든, 새로운 제품을 구매하든, 재미있는 곳에 놀러 가든 모든 일상생활을 인터넷에 올리고 기록하는 것은 우리 생활이다. 여기에 하루 수천 명이 방문하고, 글을 읽는다. 글을 올려 한 사람의 생각을 전 세계인에게 일사천리로 전하고 댓글을 달고 그들과 토론할 수 있다. 수많은 아이디어를 자유롭게 탐구하고 수만 명의 사람이 동시에 보고 반응할 수 있다. 일부 블로거는 그들의 사생활, 개인사, 지인 이야기를 올리며 즐거워한다. 심지어는 지하철 안에서 애완견의 똥을 치우지 않은 여자 이야기까지 말이다.

우리가 인터넷의 무한한 자유를 이용해 흥미를 추구하는 사이, 타인의 자유와 사생활을 속박하기도 한다. 심지어 자신의 자유와 사생활까지도 속박한다. 타인의 사생활 내용을 다룰 때는 주로 인터넷에 올라온 정보를 근거로 작성하는데, 대체로 대상에 대한 이해가 안 된 상태에서 행한다. 그리고 그 행동은 때때로 가혹한 결말로 돌아온다. "사람이 나이 마흔이면 자신의 얼굴에 책임을 져야 한다."라는 말이 있다. 이 말이 앞으로는 "나이 마흔이면 온라인 데이터에 책임을 져야 한다."라는 말로 바뀔 것이다. 그래서 잘못된 사생활 기록과 평판을 찾아내 삭제해주는 산업이 점점 성장하고 있으며, 앞으로는 그 피해까지 보상해주는 보험이 출현할지도 모른다.

특히, 디지털 시대의 세계적인 기업이자 IT 기술의 최고봉인 구글의 회장이었던 에릭 슈미트는 저서 《새로운 디지털 시대》에서 다음과 같이 말했다. "사람이 불혹의 나이에 접어들면, 인생의 모든 단계에 걸친 종합적인 내러티브, 모든 진실과 허구, 모든 잘못과 승리를 축적해서 온라인에 저장해두게 될 것이다. 소문조차 그 수명이 영원해질 것이다." 이와 더불어 개인이 온라인 신원을 공격하는 범죄가 등장하게 될 것이라는 예측도 했다. 이는 개인의 평판을 망치는 온라인 '주홍글씨'가 한 번 새겨지면 좀처럼 회복이 어렵다는 뜻이다. 새로운 기술은 편리함과 위험을 동시에 갖고 있다. 우리가 이 두 얼굴의 사나이를 어떻게 다루느냐에 따라 개인은 물론 기업과 국가의 운명은 갈릴 것이다.

최근 SNS 정보유출 피해 사례가 빈번하게 일어난다. 대표적인 예가 모르는 사람의 신상을 터는 행위이다. 대기업에 다니는 회사원 김 모 씨는 모르는 번호로 온 문자를 받고 소스라치게 놀란다. "지금 통화 가능할까. 실물은 어떤지 궁금해."라는 문자 메시지를 받고 잠들기 전까지 가슴이 두근거린다.

'나를 괴롭히려는 스토커인가?'

알고 보니 김 씨가 페이스북 프로필에 무심코 남겼던 휴대폰 번호를 보고 연락한 것이다. 피해자가 휴대전화 번호를 바꾸자 가해자는 트위터로 스토킹을 이어갔다. 고민 끝에 김 씨는 페이스북, 트위터, 메신저 서비스를 모두 탈퇴했다. 그는 당시 겪었던 공포감으로 다시는 SNS를 이용하고 싶지 않을 것이다.

SNS가 범죄에 악용되기도 한다. SNS에 올린 휴가 계획을 바탕으로 절도 범죄를 벌이는 사례가 늘고 있다. 미국에서는 한 빈집털이범이 페이스북에 집을 비운다는 글을 올린 사람들의 집을 20여 차례 털어 성공한 사실이 보도되었다. 영국에서는 페이스북에 올라온 휴가계획을 이용해 2주간 12명의 집을 턴 사건도 있었다. 인터넷에 글을 올리는 것은 만천하에 나의 비밀을 누설하는 행동이라 간주해야 할 만큼 치명적인 결과를 가져오기도 한다.

'최순실 게이트' 관련 의혹이 본격적으로 쏟아져 나오기 시작한 최근 최순실 씨의 딸 정유라 씨가 과거 자신의 SNS에 올린 글이 언론에 공개되었다. 2014년 겨울에 쓴 것으로 추정되는 이 글에서 정 씨는 "능력 없으면 네 부모를 원망해. 있는 우리 부모 가지고 감 놔라 배

놔라 하지 말고. 돈도 실력이야."라는 글을 남겼다. 당시 이화여대와 승마협회로부터 각종 특혜를 받았다는 의혹이 일고 있던 상황인지라 '최순실 게이트'에 국민의 공분은 극에 달했다.

이처럼 '최순실 게이트'와 연관된 인물들의 과거 행적이 낱낱이 공개돼 논란이 일면서 디지털 장의사를 찾는 사람이 늘고 있다. 국내 최초의 디지털 장의사 업체 산타크루즈캐스팅컴퍼니 김호진 대표는 '실제로 최순실 게이트가 불거진 후 평균 300여 건에 불과했던 상담 문의 건수가 500여 건으로 2배 가까이 늘었다'고 말했다.

이처럼 온라인상의 불필요한 개인 정보를 삭제해주는 업체에 관한 관심이 나날이 증가하고 있다. '디지털세탁소(디지털세탁소.kr) 역시 온라인상의 잊힐 권리를 보다 신속하게 되찾아주는 곳이다. 개인의 과거 디지털 기록은 물론 동영상, 사진, 블로그 게시물, 기사 저작권 불법 유통 복제, SNS 비방글 등이 개인 동의 없이 유출된 경우 권위 회복을 돕는 서비스를 제공한다.

이처럼 SNS 정보유출 피해를 예방하고 대처하려면 먼저 개인정보, 사진, 영상 등의 정보는 신중히 선택하고 공개해야 한다. 무심코 쓴 글 하나가 자신뿐 아니라 주변인의 사생활 유출 경로가 될 수 있다. SNS에서 개인정보가 누출되거나 남용되었을 경우 관계기관에 도움을 요청할 수 있다. 한국인터넷진흥원KISA에서 운영하는 'e콜센터'는 국번 없이 118로 연결하면 해킹, 개인정보 침해에 대해 신고할 수 있다. 아울러 보호나라 홈페이지www.boho.or.kr에서도 개인정보 보호와 관련된 각종 정보를 확인할 수 있다. 또한 인터넷에 글을 올릴 때는 익명이라고 해도 항상 신중히 해야 한다. 평소에 억눌려 있던 욕구를 분출하고자 가볍게 행동하면 반드시 후회하게 된다.

얼마 전, 7년 동안 인터넷에 유신독재 옹호, 특정 지역 비하 등의 막말을 하고 직무 관련 글 수천 건을 올려 사직한 댓글 판사를 기억하는가. 그는 매우 조용한 성격으로 남들 앞에서 자기주장을 잘 드러내지 않는 법관이었고 엘리트 코스를 달려왔기에 주변 사람들은 그의 행위를 믿지 못했다. 그러나 남들에게 존경을 받거나 높은 지위에 있다고 해서 욕구가 적지는 않다. 그런 사람일수록 항상 남의 시선을 의식한다. 그렇기에 욕구를 억누르려고만 한다. 사회적 체면을 유지하기 위해 타의 모범이 되고자 많은 노력을 들일수록 어두운 충동을 분출하고 싶은 욕구도 강해진다. 더욱이 이 사회는 높은 사회적 지위의 사람이 일반인에게는 없는 특별한 점이 있다고 생각해 모범적 행동을 강요하는 경향이 있다.

최소 14명의 여성과 불륜을 저질러 이미지가 바닥에 떨어졌던 골프 황제 타이거 우즈도 "나는 인간이고, 그래서 완벽하지 않다."라는 말로 자신을 변호했다. 이처럼 억압을 많이 당하거나 스트레스를 많이 받는 상황에서는 통제된 자기 모습을 유지하지 못하고 숨겨진 내면 요소가 튀어나오기에 보이지 않는 세계라고 해도 온라인 활동은 더욱 신중히 해야 한다.

평판이 곧, 당신의 스펙이다

평판은 최선의 소개장이다.

— 유태격언

　　　　세계 경제성장 둔화로 기업의 경영환경에 먹구름이 끼었다. 신규채용이 억제되고, 인력 구조조정 등으로 고용환경이 불안정한 상태이다. 그러나 기업은 이익창출에 기여할 수 있는 핵심역량을 갖춘 인재에 목마르다. 인재는 기업의 미래 경쟁력이기 때문이다. 스페인의 작가이자 철학자 발타사르 그라시안은 이런 말을 했다. "평판은 눈에 보이지 않는 날개를 갖고 있어 생각하지도 못한 곳까지 날아간다. 겉만 번지르르하고 알맹이가 없다는 말을 듣기보다는 신용을 중시하는 사람이라는 평판을 듣도록 노력하라." 이처럼 평판의 영향력은 우리의 상상 그 이상의 영향력을 발휘한다.

　　특히 화려한 미래를 위해 준비하는 이들에게는 다양한 능력과 더

붙어서 우수한 평판을 관리하는 것은 필수이다. 흔히 평판을 '남이 써 주는 이력서'라고 하는데 그 이력서에 긍정적인 모습이 담기도록 신경 써야 한다. 평판을 잘 관리하는 사람이 21세기 성공인의 모습이다. 특히 눈부신 능력을 갖추는 것과 훌륭한 평판을 쌓는 것은 동시에 행해야 한다. 둘 중 어느 것 하나가 부족하면 핵심인물이 될 수 없다. 오히려 능력이 출중하지만 그에 비례한 평판을 갖추지 못한다면 언젠가 한계에 부딪혀 출중한 능력조차도 무용지물이 된다.

한마디로 평판은 내일을 보장하는 오늘의 이력서이다. 이는 수천 년간 유대인의 지혜를 대물림해온 탈무드의 "평판은 최고의 소개장이다."라는 구절만 봐도 알 수 있다. '평판 조회', '평판 관리'라는 말이 익숙할 정도로 '평판'은 이제 인재 선발의 가장 중요한 기준으로 자리 잡았다. 내가 모르는 곳에서 주변 사람을 통해 만들어져 입으로 전해지는 평판이 나의 가치와 생명력을 결정하는 중요 도구가 되었다. 그러나 평판은 관리하기 쉽지 않다. 가령 스펙 쌓기는 노력만 하면 누구나 가능하지만 평판은 단순하게 노력하는 것만으로는 관리하기 힘들고 좀 더 세심한 이해와 실천이 필요하다.

앞으로는 평판이 곧 당신의 최고 스펙이 될 것이다. 능력과 실적 모두 압도적으로 뛰어난 한 중소기업의 임원이 세 번이나 대표이사 후보에 올랐다가 최종에서 낙방했다. 모든 성과가 훌륭해서 찬사를 받았던 그는 결과를 믿을 수 없어 다른 루트를 통해 낙방 이유를 알아봤다. 이유는 충격적이었다. 그동안은 실적 평가로 임원 자리까지 왔는데, 그 이상의 자리를 맡기에는 필요한 덕목이 아직 갖춰지지 않았기 때문이었다. 그는 후배들에게 무관심했다. 회사의 경비 아저씨나 후배들 인사를 못 본 척했다. 게다가 유머가 없어 인간적인 매력이 전혀 없었다. 이러한 행동이 대표이사가 되지 못한 결정적 결격사유였다. 이처럼 사회생활은 능력과 스펙이 전부가 아니다. 인간적인 매력이 있어야 리더 자리에 걸맞은 사람이다. 진정성 역시 갖추고 있어야 좋은 평판을 얻을 수 있다. 이해타산만 따지는 작은 그릇은 결코 좋은 평판을 얻을 수 없다. 달면 삼키고, 쓰면 바로 버리는 야비한 사람은 기회가 와도 평판의 저주에 걸려 넘어진다. 항상 남을 배려하고 모든 사람을 소중히 여길 줄 알아야 한다. 드러내지 않아도 사람은 진정성 있는 사람을 알아보는 법이다.

업무적으로 뛰어난 역량을 인정받는 것도 중요하지만 조직 내에서 우수하다고 평가받으려면 인간미가 잘 뒷받침되어야 한다. 항상 겸손하고 인간미 넘치는 사람은 좋은 주변 평가와 인기를 얻을 수 있다. 이렇게 사람들 사이에 좋은 소문이 나면 인사에 유리하다. 승진뿐 아니라 이직에도 도움이 된다. 이 밖에도 유능한 사람들이 당신과 함께 일하고 싶어 하고, 동료들도 매사 협조적이다. 그리고 당신을 호의적으로 대한다. 당신의 평판과 이미지는 가장 강력한 마케팅이 되어 당신이 가고 싶은 고지에 오르도록 큰 힘을 준다.

특히 미래에 훌륭한 평판을 얻으려면 지금 이 순간 성공한 사람처럼 행동해야 한다. 이는 훗날 성공에 큰 도움이 된다. 성공하기 위해서는 '성공한 사람'의 이미지를 만드는 것이 매우 중요한데 성숙하고 능력이 있고 믿음 가는 사람이라는 이미지를 만들어야 한다. 모두에게 당신이 성공한 사람이자 최후 승자라는 것을 강하게 각인시키면 당신은 그대로 이룬다. 한마디로 성공한 사람의 이미지는 당신을 더욱 성공한 사람으로 만들어주는데 여기서 말하는 이미지는 겉모습뿐 아니라 행동이나 사고방식을 포함한다.

한 젊은 의사는 대학 졸업 후 성형외과를 개업하고 싶어 했다. 그는 자신이 생각한 병원 디자인을 들고 디자이너를 찾아갔다. 디자이너는 신입 의사가 인테리어에 거액을 쓰는 것을 보고 깜짝 놀랐다. 그 의사는 자신감 있게 디자이너에게 말했다.

"인테리어가 세련된 병원은 환자들에게 의사가 능력 있고, 믿을 수 있고 경험이 풍부하다는 신뢰를 주지요. 반대로 낡고 허름해 보이는 병원에서는 의사의 실력을 괜히 의심하게 되지요."

눈에 보이는 것이 중요한 성형외과의 경우 더욱 그렇다. 신뢰가 없는 의사를 믿고 수술을 맡길 사람은 없다. 그런데 그의 말처럼 개원 후 병원은 환자들로 북적거렸다. 젊은 성형외과 의사는 성공하기 위해서 성공한 사람처럼 행동해야 한다는 원리를 잘 알고 있었던 것이다. 이처럼 성공한 사람의 말과 행동, 태도를 모방해 자신을 고급스럽게 포장하는 것은 진짜 성공에 한 발자국 다가서는 효율적인 평판 관리의 기초이다.

평판 조회의 시대,
성과보다 평판을 쌓아라

평판이 명성을 만들고
그 명성은 고객을 만든다.

– 엘리자베스 아덴

신문 정치면을 장식하는 단골 메뉴는 고위공직자들의 인사청문회 기사다. 청문회에서 의혹을 해명하지 못해 줄줄이 낙마하는 후보자 기사도 보았을 것이다. 직장인 대부분은 이런 뉴스가 자신과 관계없는 먼 나라 이야기라고 생각한다. 그러나 절대 그렇지 않다. 최근 모 취업포털이 인사담당자를 대상으로 조사한 결과, 직원을 채용할 때 평판 조회를 진행한 기업은 51.4%에 이르고, 이 결과로 탈락한 지원자도 70%가 넘는다고 한다. 이제 평판 조회는 평범한 직장인도 피해갈 수 없는, 채용 과정에서 당락을 가르는 중요한 관문이 되었다. 이처럼 회사 내에서 능력보다 더 큰 힘을 발휘하는 것이 바로 '평판'이다. 또한, 경기 침체로 인한 경영 환경의 악화로 감원 열풍이 부는 요즘, 이를 피해갈 가장 중요한 요소는 개인의 능력이나 성실성, 인맥, 충성심이 아닌 평판이다.

사람 하나 잘못 들어와 망한다는 말은 가정뿐 아니라 회사에도 적용된다. 채용은 천천히 하고 해고는 빨리하라는 말이 있다. 사람을 뽑을 때는 급하게 뽑지 말고, 조직에 맞는 사람인지 천천히 검증하고, 정말 아니다 싶은 사람은 빨리 헤어지는 것이 더 큰 피해를 줄인다는 뜻이다.

공기업 임원 2천만 원, 최고경영자 1천만 원, 실무자 5백만 원. 이 금액은 무엇을 의미하는 걸까? 모 일간지에 실린 평판 조회 비용이다. 기업에서 헤드헌팅 회사에 평판을 의뢰하면 보통 해당 직급 연봉의 15~30% 선의 평판 비용을 지급한다. 이렇게까지 비싼 금액을 지급해야 할 만큼 채용은 매우 중요한 문제다.

좋은 평판을 쌓는 것도 중요하지만 나쁜 평판으로 그동안 힘들게 쌓아온 이미지를 단번에 무너뜨리는 실수를 범하지 않도록 해야 한다. 특히 높은 자리로 올라갈수록 경쟁은 치열하기에 하위 직급에서는 대충 넘어갈 수 있는 일도 상위 직급에서는 결격 사유가 된다. 그래서 자신에게 아주 높은 도덕적 잣대를 적용해야 한다. 사소한 것이라도 평판에는 치명타가 될 수 있다. 평판 조회는 최종합격을 앞두고 후보자의 이력이나 성품, 직무능력 등에 대해 그의 이전 직장 상사나 동료 혹은 인사부서 등 관련자에게 확인하는 과정이다. 이력서 내용만 믿고 사람을 채용했다가 실제 능력과 달라 낭패 보는 경우가 늘고 있어 더 중요하다. 이력서와 자기소개서에는 '이 부분이 뛰어남', '이

부분의 전문가', '근면 성실함' 등 모두 자신이 훌륭하다는 말뿐이다. 그래서 진짜 장·단점 파악이 어렵고 본인이 작성했기에, 객관성이 떨어진다. 기업은 서류검토와 한 두 시간의 면접만으로는 후보자의 진면목 파악이 어렵다는 것을 느낀다. 전 직장의 평판 조회가 강화되는 것도 이 때문이다.

요즘 기업에서는 스펙, 외모, 학벌 등 눈에 보이는 요소는 중요하게 생각하지 않는다. 지원자 대부분은 이 요소에서 큰 차이가 없고 실제로 일을 해보면 이것들은 크게 중요하지 않다는 것을 경험했다. 대신 열정, 책임감, 창조정신, 성실성 등 눈에 보이지 않는 요소를 보려고 애를 쓴다. 이러한 것들은 이력서나 면접에서 보여줄 수 없다. 때문에, 구직자도 이제는 단기간에 만드는 겉모습 포장에만 열을 올리면 안 된다. 그럴듯한 포장 기술로 이직에 성공했어도 실제 모습이 드러나면 입사한 기업과의 인연은 그리 길지 못하기 때문이다. 한 마케팅 전문회사의 CEO 아담 한프트는 이력서는 자신을 비싼 값에 팔기 위한 광고전단과도 같은 것이고 심지어 거짓말만 가득하기도 하다며, 이력서에만 의존하는 것은 위험할 수 있다고 경고했다. 그렇다고 1시간 이내의 면접에서 사람을 다 파악하기 어렵고, 직장인들은 점점 면접의 달인이 되어 그럴듯한 대답을 꾸며내는 데 능숙해졌기에 면접에만 의존하지 말고 평판 조회를 반드시 하라고 하는 것이다.

좋은 평판 하나가 열 가지 스펙을 이긴다. 평판은 채용과정에서 '히든카드'다. 평판에 따라서 유능한 인재가 단번에 기피 대상이 되고, 조금 능력이 부족해도 경쟁자를 제치고 이직에 성공할 수도 있다. 예를 들어 채용이 거의 확정된 후보자의 전 직장 평판 조회를 해본 결과 공금횡령 사건에 연루되어 불미스런 퇴사를 한 사실이 드러나 갑자기 채용이 취소된 경우도 있다. 또 '스펙'은 완벽한데 '대인관계'에 문제가 있어 오로지 자기 일밖에 몰라 중간 관리자 역할을 하기에는 관리자로서 필요한 '관계역량' 부족이 원인이 되어 취소된 경우도 있다. 이처럼 억울하게 자기 발목이 잡히지 않도록 평판 관리는 필수이다.

커리어앤스카우트의 최원석 대표도 "자사 헤드헌터들만 사용 가능한 사내 시스템으로 이력 사항을 허위기재 하거나 불법행위로 인한 처벌을 받은 이력이 있거나 전 직장에서 능력적으로 혹은 인성적으로 평판이 좋지 않은 후보자에 대한 정보를 실시간으로 수집하여 내부적으로 공유, 관리하는 정보 관리 시스템을 운영한다."라며 과거보다 평판을 좀 더 중요하게 생각한다고 했다. 이처럼 헤드헌팅 업체에서도 단순히 이력서상의 학력과 스펙만 보고 추천하는 것이 아니라 구직자의 평판도 좀 더 세심하게 관리하고 채용과정에 반영시키는 분위기이다.

보통 기업에서 평판 조회를 할 때, 먼저 후보자의 입사서류의 사실관계를 확인해 학력이나 경력 사항에 거짓이 없는지 살펴본다. 그 이후 실제로 함께 일했던 사람들의 평가를 확인하는데 이 과정에는 대개 성과, 이직사유, 도덕성, 대인관계, 업무태도 등에 관한 주변 인물들의 평가를 듣는다. 만약 누군가 당신 옆자리 동료에게 전화를 걸어 당신에 관해 묻는다면 어떤 대답을 할까? 오늘부터 긍정적인 동료의 평가를 위해 당신의 평판을 프로답게 잘 관리해보자. 평판 조회 대

행사나 서치펌에서는 평가를 위해 주변 인물들에게 보통 다음과 같은 질문들을 한다.

- 후보자가 재직 시 구체적으로 어떤 역할을 했고 어떤 성과를 달성했나요?
- 후보자의 업무상 장점은 무엇입니까?
- 함께 일했던 상사나 동료는 그를 어떻게 평가합니까?
- 업무와 관련하여 실수를 하거나 회사에 손해를 범한 일이 있습니까?
- 후보자의 이직사유는 무엇입니까?
- 후보자의 조직 내 성격과 대인관계 및 소통 방식은 어떠했습니까?
- 재직 시 후보자의 근태나 시간 관리 등 자기관리는 어떠했습니까?
- 추천하려는 포지션에 후보자가 적합할 것 같습니까?

회사 내의 평판은 결코 성과나 업무 실적에 따라 형성되지 않는다. 성과가 좋다고 반드시 좋은 평판으로 이어지지는 않기에 까다로운 문제다. 오히려 평판은 그 사람의 개인적 성향이나 성격으로 주로 좌우된다. 즉 평판은 '처신'과 관련이 크다. 좋은 처신은 좋은 평판으로, 좋은 평판은 좋은 명성으로 이어지기에 항상 멀리 보고 행동해야 한다.

학력·경력 세탁, '꼼짝마'…
평판 조회 급증

04

명성을 쌓는 데는 20년이 걸리지만
명성이 무너지는 것은 5분이면 된다.
그 점을 생각한다면, 당신의 행동이 달라질 것이다.

― 워런 버핏

'인사가 만사'라는 말이 있다. 과거에 잇
달아 일어난 윤창중 전 대변인 사건, 김학의 전 법무부 차관 사태 등
정치권의 인사 낙마 사태가 언론에 집중 보도 되었다. 출범 한 달 만
에 박근혜 정부의 장·차관급 인사 가운데에서 중도 낙마자가 6명으
로 늘자 인사 검증에 대한 국민적인 관심도 높아졌다. 특히, 나라를 떠
들썩하게 했던 '신정아(학력 위조로 광주비엔날레 공동 예술감독까지 올라왔다.) 사
건'을 겪은 후, 인사 검증 시스템 도입은 필수라는 분위기가 강해졌다.
　입사 경쟁이 치열해지면서 학력·경력을 교묘하게 위조하고 이력
서 부풀리기를 하는 구직자들이 많다. 이 같은 스펙 사기는 기업들이
학력 등 스펙을 중시하기 때문에 일어난다. 한 외국계 제조업체 인사

담당자 김 모 상무는 얼마 전 쇼킹한 일을 겪었다. 채용예정자의 '고
(高)스펙' 학력이 모두 가짜였던 것이다. 자신을 영국 유명 주립대와
국내 명문 사립대 MBA(경영전문대학원)를 졸업한 인재라고 소개했으나
검증을 해보니 국내 고등학교 졸업과 영국 B대학 3개월 어학연수과
정 수료가 전부였다.

　스펙 사기에는 학력 위조가 가장 많은데 그 중에서도 '해외 학력'
허위가 가장 많다. 또 분교를 다녔지만 본교를 적거나 가짜 학위 증서
제출 또는 수료를 졸업으로 적는다. 취업에 유리하게 부전공과 전공
을 바꾸기도 한다. 또 미국 대학에서 단기 '경영자과정' 수업을 들었으
나 이를 '석사 학위'로 둔갑시키는 간 큰 행동을 하기도 한다. 자신이
하지 않거나 기여한바가 거의 없는 프로젝트를 자신이 주도한 것처럼
과대 포장한 경우도 빈번하다. 업계 관계자에 따르면 평판 조회 업체
에 의뢰가 들어온 5건 중 1건은 경력을 위조한 사례라고 한다. 실제로
최근 '고용 심사' 분야를 강화한 헤드헌팅사 엔터웨이파트너스는 모
기업의 직원 가운데 20%가 허위·과장 이력서를 기재한 사실이 적발
됐다고 한다. 인사검증을 거치지 않았다가 낭패를 본 사례는 비일비
재하기에 발생 가능한 손실을 줄이고자 외부 업체를 통해 '사전 인사
검증'을 하고 '평판 조회'를 하는 곳이 점점 늘고 있다. 이는 부정한 구
직자를 채용하여 생기는 문제를 예방한다. 철저한 인사 검증은 회사
의 자산을 보호하는 최종 골키퍼 역할을 한다.

　사전 채용심사 서비스는 아직 우리나라에서 생소하지만 미국 호
주, 일본 등에서는 보편화 돼 있다. 고용시장이 유연해 이직이 많은 데

다 심사 대상자의 동의하에 이력을 검증하는 절차가 의무화됐기 때문이다. 특히 美 경제전문지 〈포춘〉의 1000대 기업 중 92%가 사전 고용 심사를 통해 직원과 채용 예정자의 리스크 관리를 할 정도로 선진국에서는 보편화된 서비스이다. 미국은 9·11 테러 이후 '인력 검증'을 강화하는 분위기가 만들어졌고 평판 조회는 입사를 할 때 필수 관문이 됐다. 국내에서 평판 조회를 하는 업체는 헤드헌팅사 커리어앤스카우트, 퍼스트어드밴티지, 온라인 평판 조회 리책, 인우컨설팅 등이 있는데 국내 30대 기업 대부분이 이 절차를 거친다. 국내에서도 평판 조회의 중요성은 커지고 있는데 인크루트의 조사에 따르면 국내 대기업의 57%가 경력직원을 채용할 때 평판 조회를 하고, 94%는 평판 조회 결과가 채용 결정에 영향을 미친다고 답했다. 규모 있는 외국계 기업은 절반 이상 인재 검증을 맡긴다고 생각하면 된다.

기업의 인사 채용 과정에서의 '검증'은 두 종류로 진행된다. '백그라운드 체크background check'인 신원 조회, '레퍼런스 체크reference check'인 평판 조회가 그것이다. 신원 조회는 이력서상의 학력·경력·자격증 취득 여부와 음주운전이나 폭행 등의 범법 여부, 건강 상태, 채무 관계 등 신상 관련 '사실'을 꼼꼼히 확인한다. '평판 조회'는 후보자의 대인 관계, 조직 관리 역량 등을 과거 직장의 동료나 관련이 깊은 주변인과의 인터뷰를 통해 다각도로 확인한다. '평소에는 너무나 신사적이고 업무 능력도 출중하지만 술에 취하면 여직원을 추행하거나 성희롱하는 버릇이 있다'는 사실이 '평판 조회'에서 밝혀져 입사 취소된 사례도 있다. 이처럼 평판 조회Reference check란 경력직 채용을 확정하기 전 후보자의 일하는 스타일, 경력, 직장생활, 도덕성 등에 대해 이전 직장의 상사나 인사부서 등 관련자에게 직접 확인하는 절차를 말한다. 최근에는 SNS, 개인 홈페이지 등에 올린 글로 업무 성향을 파악하기도 한다.

최근 평판 조회에서 이슈는 '돈'과 '성'에 관련된 부분이다. 이런 문제는 회사 차원에서 해결이 어렵고 큰 리스크가 따른다. 특히 '포스코 라면상무'나 성추행으로 시끄러웠던 '윤창중 사건'이 연이어 터지면서 채용을 할 때 구직자의 도덕성이 점점 중요해지고 있다. 특히 돈을 만지는 CFO(재무담당 최고경영자)나 금융권 임직원에게는 더 높은 도덕성이 요구된다. 평판 조회에서 성희롱이나 직원과의 부적절한 관계가 드러나 해당 지원자의 입사를 철회한 경우도 있다. 고위 임원인 경우 이런 일이 개인의 일로 끝나는 것이 아니라 고소 같은 법적 문제로 번져 회사 이미지를 크게 실추시킬 수 있기 때문이다. 이처럼 검증되지 않은 인력이 사무실의 문턱을 넘나드는 자체가 리스크를 동반하는 일이다. 사람 하나 잘못 채용하면 손해가 막심하다는 게 이 사업의 존재 이유다.

매니저급 직원 한 명을 잘못 뽑았을 때 회사가 치러야 하는 손실은 해직비용, 사업상 기회비용 등 해당 직원 연봉의 7배가량 된다. 반면 확실하게 이력이 검증되면 조직 내부에서 서로를 신뢰할 수 있어 업무 효율도 향상된다. 잘못된 채용으로 인해 기업이 입는 손실을 수치로 환산하면 글로벌 회사 임원급 기준으로 해당 임원 연봉의 24배에 달하는 기회비용을 초래하는 것으로 나타났다. 피터 드러커는 "채용에 5분을 들인다면 그 직원이 일으킨 사고 수습으로 5,000시간을 들여야 한다."라고 주장했는데, 이처럼 채용은 결코 가벼운 일이 아니다.

■ 평균 연봉의 24배 → 채용 실패 비용

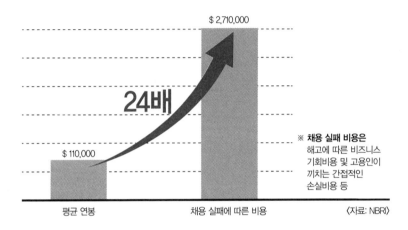

대표적인 평판 조회 기업 '퍼스트어드밴티지'는 나스닥 상장사로서 미국에 본사를 둔 기업이다. 연 매출이 약 1조5,000억 원 이상에 달하며 2008년에는 가장 빨리 성장하는 100대 기업에 선정되기도 했다. 미국 애틀랜타에 본사를 두고 있는 퍼스트어드밴티지는 전 세계 주요 도시에 수십 개의 사무소를 가지고 있는 글로벌 기업이다. 현재 전 세계 35개국 50개 도시에 지사를 두고 있고 고객사는 외국계 기업, 소·중·대기업, 정부기관 등으로 다양하다. 기업의 사전 고용조사뿐만 아니라 공공기관부터 비영리단체, 결혼정보업체의 학력·경력·평판 조회까지 인재 검증이 필요한 모든 곳에 서비스를 제공한다. 퍼스트어드밴티지는 정보 보호 분야의 가장 권위 있는 국제 인증인 국제 정보보호 표준ISO27001을 2015년에 획득했다. 구직자의 평판 조회는 합법적인 정보 접근이 중요한데, 전 세계 35개국 50개 도시에 지사를 두고 있기에 확실히 우위를 선점할 수 있다. 해외 네트워크가 서로 협력해 국가별로 상이한 개인 정보 보호법이나 고용법 등을 맞출 수 있는 것이 퍼스트어드밴티지의 강점이다. 전 세계 50여 개국 지사가 함께 움직이기에, 해외에서 쌓은 경력도 신속하게 검증할 수 있다. 퍼스트어드밴티지는, 인재고용에 따른 위험요인을 완화하는 총체적인 솔루션을 제공하는 대표적 기업으로 성장 중이다.

'퍼스트어드밴티지'는 백그라운드 스크리닝Background screening 서비스를 전문으로 하는데 기업이 지원자에 대한 정보 부족으로 잘못된 선택을 하지 않도록 구직자의 이력 및 평판을 검증해주는 회사다. 기업이 임직원을 채용 할 때 지원자에 대한 학력, 경력, 파산여부, 신용도, 평판 등을 검증해주며 전 직장의 평판도 검증해준다. 인적사항은 물론 특허 출원, 수상기록, 논문 등 이력서에 기재된 모든 내용은 관련 기관에 직접 연락해 확인한다. 외국인의 경우 여권, 외국인등록증부터 해외 기록 조사까지 가능하다. 연간 2,300만 건 이상의 고용심사를 수행하고 현재 아시아 태평양 지역은 14개 지사와 1,600명 이상의 직원 규모를 갖췄으며, 호주, 중국(북경, 상해, 주하이), 홍콩, 인도(뭄바이, 첸나이, 델리, 방갈로), 일본, 한국, 말레이시아, 필리핀 그리고 싱가포르를 포함한다. 아시아 태평양 지역의 고객사는 2,000개에 달하며 이들은 금융, 소매업, 정보통신, 비즈니스 프로세스 아웃소싱, IT 관련 서비스, 제조, 제약, 정유·가스 분야 등 세계 최대 규모의 기업들로 구성돼 있다. 비용은 포함되는 서비스에 따라 최소 30만 원에서 최대 100만 원대 중후반. 평판 조회는 당연히 당사자 동의 아래 합법적으로 진행된다.

사전고용 심사 업무절차는 최종사용자(채용기업)가 지원자에게 동의를 구하고 퍼스트어드밴티지에 정보심사 의뢰를 하면 퍼스트어드밴티지가 검증을 진행하는 구조로, 합법적인 선에서 의뢰한 모든 정보를 대조해 위조 여부를 판별하는 것이 특징이다. 이미 전 세계적으로 수많은 빅데이터Big Data에 접근 할 수 있는 그들만의 노하우로 헤드헌팅 업체를 포함한 다른 기업과 비교할 수 없는 수준의 매우 전문적인 서비스를 제공한다.

퍼스트어드밴티지에서는 신원 등에 대한 사실 여부 조회뿐 아니라 경력 사원인 경우 직원의 업무나 인성에 대한 조회 서비스도 실시하고 있다. 이전 직장의 상사나 동료들로부터 당사자에 대한 평판 조회를 하는 것이다. 사실 확인 조회의 경우 서류상으로 가능하지만, 평판 조회는 해당 지원자의 주변인들과의 접촉을 통해 직접 조사해야 한다. 지원자에 대해 전 직장 상사에게 묻는데 특히 전 직장의 직속 상사는 꼭 포함하는 편이다. 이때 사전에 지원자들의 '동의'를 거쳐 경력 및 학력 조회를 진행한다. 이는 채용 시장뿐만 아니라 사회 곳곳의 비리와 범죄를 막는 데에도 효과적이며 여러모로 긍정적인 역할을 한다. 특히, 이전 직장에서 불미스러운 일로 문제를 일으킨 구직자에 (갖

은 이직 및 퇴직 여부, 팀원들 간의 관계, 리더쉽 등) 대해서는 평판 조회로 문제를
일으킬만한 행동을 예방할 수 있을 것이다.

한 방에 훅 가버린 거물들

젊은이들에게 가장 중요한 것은
신용과 평판과 성격이다.

— 존 데이비슨 록펠러

　　　　　　　　오스트리아의 위대한 작곡가 하이든은 인생에서 성취하기 어려운 세 가지를 꼽았다. 첫째는 명성을 얻는 것, 둘째는 살아 있는 동안 명성을 유지하는 것, 셋째는 죽어서도 명성을 보유하는 것이다. 명성은 얻기도 힘들뿐더러 그것을 유지하기는 생각보다 더 어렵다는 것을 잘 나타낸다. 사회적으로 저명한 정치가, 기업인 또는 이미 대중의 머릿속에 깊이 자리 잡은 화려한 스타가 어느 날 갑자기 학력위조로 신문지면을 화려하게 장식하거나 뇌물수수나 마약 문제로 오랜 시간 동안 쌓아온 명성을 하루아침에 날려버리는 일을 종종 볼 수 있다. 개인뿐 아니라 기업도 마찬가지다. 대기업은 절대 망하지 않는다는 대마불사의 법칙은 IMF를 겪으면서 처절히 무너졌다.

기업과 국가의 믿음이 추락하면서 외국의 수많은 투자가와 금융가 등 다양한 이해관계자가 자본을 회수하기 시작하여 국가 경제가 모래성 같이 무너지는 경험을 했다. 또한 개인이나 기업의 좋은 평판이 어떤 문제로 인해 순식간에 허물어져 오랜 고통을 겪기도 한다. 이는 우리나라뿐 아니라 외국 사례도 매스컴을 통해 쉽게 목격할 수 있다.

오랜 시간 동안 한국사회를 지켜온 재빠른 추격 전략과 적자생존 전략은 이미 끝났다. 이젠 상호 협업과 수평적 협력을 이끄는 능력이 더욱 중요한 4차 산업혁명의 시대다. 저성장의 시대, 장기불황 구조, 기술 진보에 따른 일자리 축소가 이어지고 국가와 국가 간의 장벽이 낮아졌다. 그리고 인터넷의 폭발적 증가와 함께 전 세계를 단숨에 잇는 저력을 갖추게 되었다. 칸막이와 층계로 이루어진 과거의 수직적 구조로는 모든 것에 대한 해답을 찾기가 어렵다. 미래에는 과정, 신뢰, 여론, 평판, 명성, 자세와 태도가 더욱더 많은 것을 좌우하게 될 것이다.

지금은 엄연히 평판사회이다. 과거 명성을 날렸던 거물은 물론 거대한 기업이 평판 리스크라는 큰 공룡 앞에서 쉽게 무너지는 것을 볼 수 있다. 이처럼 평판이 큰 영향력을 갖게 된 배경은 이렇다. 첫째, 우리 주변 모든 것이 뉴스가 됐다. 언제 어디서든 쉽게 접근할 수 있는 인터넷과 모바일의 급속한 발달로 누구나 가십과 뉴스와 콘텐츠를 만들고 널리 확산시킬 수 있다. 그 결과 엄청난 양의 기사가 보도되고 이와 유사한 뉴스가 폭발적으로 증가했다. 전통 저널리즘을 뛰어넘어 모든 사람과 기업이 뉴스거리가 되는 미디어의 홍수 시대가 열렸다.

또 지금은 모든 것이 연결된 '초연결 시대'이다. 과거에는 각각 분리되었던 세계, 이슈, 사건, 정보가 하나로 이어졌다. 이로 인해 24시간 실시간으로 활동하며 엄청난 폭발성을 지닌 개인들의 무대가 마련됐다. 언제 어디서나 항상 연결된 과잉연결사회는 무엇이든 연결하여 단순화했다. 연결은 결국 개인의 문제를 모두의 문제로 만드는 환경을 조성한 것이다.

특히, 지금은 오래도록 쌓인 출구 없는 분노가 잠재되어 있다. 단시간에 거대한 성장을 이끌어왔던 한국의 압축 성장 시대가 끝났다. 저성장 시대의 출현과 심각한 계층 양극화는 집단적 분노의 발화점이 되었다. 아직 해결되지 않은 엄청난 양의 잠재된 분노가 사회 곳곳에 들끓고 있다. 걸러지지 않은 뉴스와 오해 가득한 내용이 섞여 사회는 매 순간 폭발할 준비가 되어있다. 게다가 과거에 없던 새로운 대중이 출연했다. 인터넷과 스마트폰으로 무장한 개인이 소셜 미디어의 발전과 함께 네트워크라는 엄청난 힘을 갖게 되었다. 누구나 쉽게 분노의 방아쇠를 당겨 사회에 소리 낼 수 있다. 또한 권력과 동등하게 싸울 수 있게 되었다. 이 같은 혼란과 위기의 시대에서 좋은 명성을 쌓고 유지하기는 쉽지 않다. 한 번의 실수로 평판이 와르르 무너지는 것은 순간이다. 이 손상된 명성을 긍정적으로 다시 회복하기는 무척 어렵다. 때론 정상적인 명예회복이 거의 불가능하거나 막대한 비용을 감수해야 할 것이다. 그러나 안타깝게도 긍정적인 평판을 쌓고 유지 발전시키는 방법에 대한 관련 서적이나 연구는 부정적인 평판의 엄청난 파괴력에 비해 매우 미미한 현실이다.

최근까지도 좋지 않은 평판으로 인한 거물들의 추락은 계속되고 있다. 2014년 조현아 대한항공 부사장은 이른바 '땅콩 회항' 사건으로 국민의 공분을 샀다. 롯데그룹에서는 오너 가문의 경영권 갈등이 빚어지는 등 재벌 총수 일가의 오너리스크 사태가 잇달아 발생했다. 또한 세계 자동차 시장을 뒤집어 놓은 배출가스 조작 사건의 주범인 폭스바겐은 자사가 만든 디젤 승용차에 배출가스 수치가 낮게 나오도록 조작하는 소프트웨어를 설치했다가 발각되었다. 이를 접한 전세계 언론은 폭스바겐의 속임수를 신랄하게 비판했다. 미국 환경보호청EPA은 해당 차량 48만 대를 리콜하라고 지시했다. 결국 폭스바겐은 전 세계에 수출했던 1,100만 대의 차량에 해당 소프트웨어를 장착한 것을 인정했다. 폭스바겐그룹 CEO는 구매자에게 사죄해야만 했다. 독일 최대 그룹인 폭스바겐의 평판이 곤두박질친 이 기막힌 사건은 모두를 놀라게 했다.

일본이나 미국에도 수십 년간 쌓아 올린 좋은 평판을 한순간에 날려버린 기업의 사례는 많다. 올림푸스 회장이 분식회계로 투자손실을 숨기고 비자금까지 조성한 혐의가 밝혀지면서 2011년 10월 올림푸스는 주가가 70퍼센트 폭락하고 증시에서 상장이 폐지될 위기에 몰렸다. 미국의 에너지·물류기업인 엔론은 조직적인 분식회계 행위로 2001년 말 결국 파산했다. 당시 미국의 5대 회계법인 중 하나였던 아서앤더슨이 엔론의 외부 감사를 맡았으나 이 사건으로 아서앤더슨 역시 영업정지 조치를 받고 결국 파산했다. 평판은 기업이나 대기업 총수 같은 특별한 이들에게만 중요한 게 아니다. 혈연과 지연, 학연으로 얽힌 한국사회에서는 개인이라 해도 두세 사람만 통하면 그 사람의 평판이 대부분 드러난다. 평판은 하루아침에 형성되지 않고, 한번 형성된 평판은 개인이든, 기업이든, 국가든 상관없이 그림자처럼 따라다니며 오래도록 영향을 미치기에 특별히 신경 써야 한다.

06 입소문이 지배하는 '평판사회'

신뢰의 평판만큼
영향력이 큰 것은 없다.

– 스티M. R. 코비

사람을 평판으로 판단하는 것은 어찌 보면 당연한 일이다. 예를 들어 "A는 성실하고 신뢰가 가는 사람이다.", "B는 친절하고 항상 유쾌한 사람이다.", "C는 좀 수다스러운 스타일로 입이 가벼운 것 같다.", "D는 다소 까칠한 성격으로 화를 잘 내는 다혈질이다." 등과 같이 한 대상에 대한 평판이 사람들 사이에서 공통된 인식으로 굳게 된다. 한 번 형성된 평판은 한 개인의 인생을 좌우할 정도로 엄청난 위력을 갖는다. 평판은 때때로 뜻밖의 행운을 가져오는 로또가 되기도 한다. 그러나 때로는 모든 것을 앗아가는 독약이 될 수 있다. 개인의 평판이 이 정도인데, 하물며 기업이나 국가의 평판은 얼마나 영향력이 클까? 요즘 같은 국제사회에서는 국가에 대한 평판과 이미지도 매우 중요하다. 개인은 물론 기업과 국가도 마찬가지로 평판의 위력에 지배당할 수밖에 없다.

평판이 나쁜 국가는 약간의 손해를 보는 것으로 간단히 끝나는 것이 아니다. 모든 것이 불안정한 시대에 국제사회에서 고립되어 설 자리를 잃게 될 수 있다. 당연히 해당 국가의 기업까지도 해외활동에 여러 불이익과 지장이 생긴다. 이처럼 평판의 위력은 우리의 상상을 초월한다. 군중이 한목소리를 내면 '여론'이라는 힘이 생기기 때문이다. 드라마 〈펀치〉에서 이태준 검찰총장은 "어른(대통령)보다 무서운 것이 여론이다."라고 표현했을 정도이다.

까치와 까마귀를 예로 들어보자. 아주 오래전부터 까치는 평판이 매우 좋았다. 그래서 우리는 설령 까치 소리가 달콤한 잠을 깨운다고 하더라도 짜증 내지 않는다. 하지만 까마귀의 경우는 다르다. 까마귀는 오랫동안 평판이 나빴기 때문에 사람들은 기분이 아주 좋다가도 까마귀 우는 소리만 들으면 '재수 없다'며 불쾌해한다. 까치가 어디에 가든 사랑받는 것처럼 인간도 좋은 평판 덕분에 뜻하지 않은 곳에서도 환영을 받을 수 있다. 반대로 까마귀처럼 나쁜 평판 덕분에 뜻하지 않은 시련과 모함을 당할 수도 있다.

평판은 특정 대상에 대한 사람들의 공통적인 견해를 뜻한다. 그러나 꼭 여러 사람의 견해만 평판이라고 부를 수 있는 것은 아니다. 1명의 의견도 충분히 1만 명의 생각이 될 수 있다. 보통 평판을 결정하는 것은 딱 두 사람이면 충분하다. 아무리 신뢰받는 사람이라도 개인의 의견은 1인으로서의 무게밖에 갖지 못한다. 그러나 그것이 두 사람의 의견이 되면 두 배 이상의 힘을 갖게 된다. 그리고 계속 퍼져서 다수의 목소리가 되기도 한다. 이 의견은 결국 '사실'로 굳어져 평판 당사자에게 엄청난 영향을 준다. 심지어 그 의견은 세상 전체의 의견처럼 보일 수 있다. 그래서 내 주변 어떤 사람에게도 함부로 대할 수 없다. 한 사람 뒤에는 최소 250명이 서 있다는 '250의 법칙' 때문이다. 고객 한 명에게는 각각 친구나 동문, 친척 등 가까운 사람이 보통 250명 정도가 있다. 자신의 주변인들과 대화를 나누고 정보를 주고받으면서 평판이 형성된다. 즉 고객 한 명에게 호감을 사면 250명이 당신에게 호감을 느끼게 된다. 그러나 반대로 고객 한 명에게 분노를 사면 250명이 등을 돌리게 된다.

평판은 사람에게만 해당하는 것이 아니다. 가게나 병원, 상품 등 모든 사물에 평판이 뒤따른다. 매 순간 사람들의 입에서 입으로 세상 모든 것에 대한 평판이 오르내린다. 예를 들어 회사 동료가 치통을 느껴 사람들에게 회사 근처에 치과가 있는지 물었다고 해보자. 그 질문에 사람들이 "평판이 그다지 좋지 않은 곳이 있긴 한데, 한번 가볼래?"라고 했다면, 그는 당연히 가고 싶은 마음이 생기지 않을 것이다. 마찬가지로 "이번 회식은 어디서 할까?"라는 물음에, "맛도 생각보다 별로고 평판이 좀 별로인 것 같은데, 그 식당에 한번 가볼까?"라고 말했다면, 가고 싶은 사람은 아무도 없을 것이다. 물론 우리는 평판이 개인의 주관적인 기준에서 형성된 것이라는 걸 잘 알고 있다. 그러나 우리는 어떤 것을 선택할 때 절대적으로 평판에 의지하곤 한다.

특히 사람들이 인터넷 쇼핑으로 물건을 구매할 때에 엄청난 평판의 힘을 알 수 있다. 인터넷 쇼핑 비율이 매년 급속도로 증가하고 있다. 스마트폰 클릭 몇 번으로 생필품은 물론, 고가품을 구매하는 것까지 자연스러운 일상이 되었다. 어떤 요인이 사람들의 구매결정에 가장 큰 영향을 미칠까? 인터넷 쇼핑으로 상품을 구매할 때, 보통 사용자 '후기'를 보고 결정한다. 기존의 상품 구매자가 구구절절 남긴 구매 후기는 다른 이들이 그 상품을 사야만 하는 타당성에 힘을 더한다. 특히 생소한 제품을 살 때는 '구매 후기'가 지대한 영향을 미친다. 구매 후기는 첫 구매에 대한 막연한 두려움을 덜어주고 신뢰감을 보충해준다.

요즘은 상품 설명보다 입소문 정보인 '구매 후기'를 꼼꼼히 확인하는 사람들이 더 많다. '구매 후기'는 결제까지의 결정시간을 단축해준다. 남들이 다 좋다고 한 것에 대해서는 괜한 안도감을 느끼게 되는 심리 때문이다. 그런데 만일 어느 회사 제품을 살 때 포장은 완벽한데 내용물이 부실하면 고객은 해당 제품의 회사에 대해 부정적인 편견을 갖게 된다. 그리고 무의식적으로 기회가 있을 때마다 자신의 경험을 주변에 있는 250명에게 전달한다. 이 250명이 각각 또 다른 주변의 250명에게 전달하다 보면, 얼마 후 이 회사 제품은 시장에서 외면당하게 될 것이다. 기업 매출은 줄고 직원은 점차 일자리를 잃게 될 것이다. 이처럼 한 개인의 불만이 엄청난 비극으로 되돌아올 수 있다. 세상 모든 것은 평판의 엄청난 영향력에서 벗어날 수 없다. 이는 결코 부정할 수 없는 현실이 되었다.

07 그들에겐 '보이는' 게 '전부'다

지금 힘이 없는 사람이라고 우습게 보지 마라.
힘없고 어려운 사람은 백번 도와줘라.
그리고 평판이 나쁜 사람은 경계하라.

– 〈탈무드〉

　　　　　　　　　사람들이 모이면 가장 많이 하는 이야기가 바로 '사람'에 관한 이야기이다. "어머, 그랬어? 그게 정말이야? 놀랍다!" 이처럼 사람에 관한 얘기는 줄곧 꼬리에 꼬리를 물며 흥미로운 수다로 길게 이어지곤 한다. 수다에는 남녀 구분이 없다. 가끔은 남자들이 더 심할 때도 있다. 단순히 가벼운 '뒷말'이라고 치부할 수도 있지만 누군가에 대해 평판 정보를 주고받는 것은 매우 중요한 일이 되기도 한다. 잘 생각해보면 생존을 위한 인류의 중요한 행위이다. 가벼운 수다가 중요한 일에 큰 영향을 미치는 고급 정보가 되는 일도 있기 때문이다. 인간은 생각보다 단순하다. 인간은 보이는 그대로를 믿으려고 하고, 들리는 것을 전부라고 착각하는 특성이 있다. 이렇게 평판으로 좌우되는 세상을 불평해서는 안 된다. 그 이유는 뭘까? 평판은 가장 효율적인 의사결정의 근거가 된다. 수많은 사람의 모든 행동을 매번 세밀하게 관찰할 수는 없다. 그 시간과 에너지를 소모한다는 것은 매우 피곤하고 불가능하다. 가급적 빠르고 간단하게 판단해야만 한다. 이때 근거로 사용되는 게 평판이다. 짧은 순간에 평판이라는 도구를 활용해 빠른 의사결정을 하는 것은 매우 효율적인 행동이다.

좋은 평판은 나의 존재를 더욱 돋보이게 하고 많은 에너지를 쏟지 않더라도 장점을 부풀려주는 마법을 부리기도 한다. 때론 사람들에게 존경심과 두려움을 불러오는 존재로 보이게도 한다. 간혹 보기만 해도 검은 구름을 몰고 다닐 것 같은 힘이 느껴지는 사람이 있다. 또한 선거와 같은 상황에서는 단순히 평판 하나로 상대를 누르고 승리하기도 한다. 이게 바로 평판이 가진 엄청난 위력이다.

그렇다면 평판은 어떻게 만들어지는 걸까? 평판은 누군가가 한 행동에 대해 좋거나 나쁜 의견을 제삼자에게 전하는 순간부터 형성된다. 이에 대해서 상대방도 공감할만한 비슷한 인상을 받은 적이 있거나 그와 똑같은 의견을 타인에게 들었을 경우 평판은 더욱 강화되고 널리 퍼진다. 서비스, 병원, 상품과 점포의 경우도 마찬가지다. 예를 들어 "그 중식당은 짬뽕이 정말 기가 막히게 맛있어."라는 말을 듣고, 상대방이 "맞아, 나도 그렇게 느꼈어."라거나 "내 동창 A도 맛이 환상적이었대."라는 반응이 있었던 경우에는 두 사람에 의해 그 정보의 신빙성은 더욱 높아지고 강화된다. 반면 "내 친구 B가 비싼 가격에 비해서는 식재료가 별로 싱싱하지 않다고 하던 걸."이라고 말하였을 때는 이전의 긍정적인 정보는 더 강화되지 않는다. 더는 좋은 평판으로 발전하기 어렵고 소문이 퍼져 나쁜 평판으로 굳어지게 될 것이다.

평판은 단순히 한 사람이 아닌 다수에 의해서 형성된다. 평판은 만인에 의한 정보이기 때문에 다소 신빙성을 가진다. 예를 들어 그 누구도 단순히 소문만 듣고 인재를 발탁하는 일은 없다. 평판을 듣고 인재를 발탁하는 것은 당연하다. 평판에는 분명히 후보자에 대해 정확하게 말해줄 수 있는 사람들이 존재하고, 대상자에 대한 상세한 내용과 주장에 대한 근거가 분명하다는 특성이 있기 때문이다. 그렇다면 평판이란 대체 어떻게 형성되는 것일까? 일반적으로 평판은 하나의 씨라고 볼 수 있는 기본 내용이 '발아(發芽)'되기 시작한다. 이후에 그 내용이 점점 '강화'되어 힘을 얻게 되고 '확산'하는 과정을 거쳐 만들어진다. 평판은 단순히 어떤 사람이 다른 사람에 대해 내린 판단이나 평가를 의미하는 것이 아니다. 그 판단이나 평가가 그 밖의 제삼자에 의해 대대적으로 전해지면서 비로소 평판으로 굳어지게 되는 것이다.

리더의 경우는 어떤 중요한 행동 하나로 그 사람의 인격 전체를 평가받는 특성이 있다. 그래서 자신을 주시하는 사람이 많고, 다수에게 영향력을 미치는 위치에 있는 사람일수록 사소한 언행도 조심해야 한다. 자신이 끌고 가야 할 사람들은 물론 지켜보는 사람들이 자신의 인격을 있는 그대로의 모습으로 판단한다는 것을 알아야 한다. 겉으로 드러난 하나의 사건으로 전체를 유추한다는 사실을 안다면 작은 행동도 조심할 수밖에 없다. 예를 들어 기원전 고대 로마 시대, 줄리어스 시저가 살해당한 후 대권을 쥔 안토니우스는 대중에게 보이는 인격을 전혀 관리하지 않았다. 그는 클레오파트라와의 애정 행각을 있는 그대로 보이는 등 자기관리에 무심했다. 그는 결국 비참한 최후를 맞게 되었다. 이와 반대로 그의 후임이 된 옥타비아누스는 남들이 보는 인격을 철저히 관리하는 인물이었다. 심지어 어머니가 사랑한 안토니우스를 여동생과 결혼시키는 등 치밀한 이미지 관리로 무려 44년간 로마의 일인자 자리를 차지하고 팍스 로마나를 이루었다. 이처럼 평판은 한 사람을 살리기도 하고, 죽이기도 하는 힘을 가졌다.

물론 특별한 위치에 있는 유명인들만이 보이는 인격으로 전체를 평가받는 것은 아니다. 평범한 개인도 역시 하나의 사건으로 전체의 인격이나 실력이 유추된다. 사람들에게 알려진 평판과 이미지가 전체 인격이 되고 당신의 몸값이 되기에 매우 중요하다. 오늘날은 경제 위기 등과 같은 불안한 시대 환경이기 때문에 개인의 경솔한 행동으로 오늘의 화려한 대기업 임원이 내일의 실직자가 되는 시대이다. 큰 사업을 하던 사람이 부도내고 피신하는 예도 수없이 본다. 그런 위기에서도 좋은 이미지와 평판, 인격을 알린 사람들은 비교적 쉽게 일어설 수 있다. 주변에 도와주는 사람이 항상 존재하기 때문이다. 그러나 마지막 순간에도 평판이 형편없는 사람은 주변 사람과 기회마저 멀리 도망친다. 이처럼 부정적인 평판으로 모든 것이 처참히 무너지는 것을 예방할 수 있도록 평소에 평판 관리를 잘해야 한다.

그런데 어떤 인물에 대한 실제 모습보다 세상에 알려진 실력과 인격, 이미지가 사람들의 판단에 더 큰 영향을 미친다. 그래서 위기를 기회로 만드는 방법은 실력과 인격을 다듬는 것으로는 부족하다. 세상에 자신의 장점을 잘 알릴 줄 아는 것도 능력이다. 자신의 인격과 평판, 이미지를 긍정적으로 알리는 것을 개인 브랜드 전략이라고 한다. 버버리 하면 트렌치코트, 샤넬 하면 향수를 연상하듯 자기 이름 석자를 대면 곧바로 '~한 사람'이라는 강력한 인상을 남기는 것을 말한다. 누구나 전략을 세우고 철저히 실천하면 원하는 평판을 얻을 수 있다. 특히 조직을 이끌어야 할 CEO, 사회 리더들, 경제 한파로 취직에 어려움을 겪고 있는 대학생과 구조조정 위기에서 고민하는 직장인, 인격과 실력은 훌륭하지만 100% 인정받지 못한 전문직 종사자들, 국민을 이끌어야 할 정치인, 그리고 잘못 알려진 평판으로 어려움을 겪고 기회를 잃어본 사람 모두에게 필요하다. 자신만의 장점을 제대로 인정받아야 위기를 기회로 만들 수 있다.

갑의 횡포,
처절한 을의 반란

> 성공은 신뢰를 낳고 신뢰는 근면성을 느슨하게 하며
> 부주의는 정확성이 가져다준 명성을 파괴한다.
>
> — 벤 존슨

얼마 전부터 우리나라에서 '갑甲의 횡포'가 사회적으로 큰 논란이 되고 있다. 일반적으로 계약서에서 쓰는 '갑'이라는 용어는 보통 더 큰 권력을 가진 쪽을 의미한다. 그리고 '을乙'은 상대적으로 더 낮은 권력을 뜻한다. 이 때문에 알게 모르게 을은 갑이 비상식적인 횡포를 부려도 서러움을 참고 남모르게 눈물을 흘릴 수밖에 없는 경우가 많다. 하지만 그러한 일은 당하는 당사자는 물론이고 모두에게 분노를 일으킨다. 이제 갑을문제는 국민 모두의 공분을 살 만큼 예민한 공통 이슈이다. 이는 어제오늘의 문제가 아니다. 그동안 엄청나게 많은 문제가 연이어 터졌다. 남양유업 사태부터 포스코 라면 상무, 배상면주가 사건, 피죤, 미스터피자 논란 등 갑을 문제는 꾸준히 신문지면을 장식해 왔다. 그렇다면 이 같은 부작용의 근본적인 원인은 문제일까?

　우리를 불행하게 만드는 것은 비교 문화와 집단주의 문화, 그리고 그것에서 비롯된 수직적 가치관이다. 수직적 가치관이란 모두가 추구하는 가치가 한 줄로 서열화되었다는 의미이다. 가령 학벌, 직위, 직장, 사는 곳, 소득 수준과 같은 사회적인 위치는 물론 차종, 자녀 성적 등 삶의 거의 모든 부분에서 외형적인 지표로만 줄 세우기를 하는 수직적 가치관이 지배하는 사회이다. 이는 남들 눈에 보이는 내 모습에만 집착하게 되고 명품 중독, 사교육 중독, 학력 위조, 낭비로 가득한 호화 결혼식 등의 허세를 낳았다. 다른 사람들이 인정해주는 성적표에 비례해 자신의 행복을 점수 매기게 되는 불행한 모습을 자주 본다. 이런 환경에서는 절대 행복할 수 없다. 우리는 학창시절부터 사회에 나가기도 전에 남을 짓밟고 일어서는 치열한 경쟁을 먼저 배웠다. 그래서 서로 배려하고 존중하는 미덕이 결여되어 있다. 좁은 땅덩이에서 남이 잘되면 시기 질투와 온갖 모함을 한다. 제대로 된 내면의 인격을 갖추기보다는 무조건적인 성장을 원하고 겉모습에만 집착해 왔다. 그래서 모두가 상대적 박탈감과 초조함, 낙오에 대한 공포 속에 억눌린 불행한 모습이다.

　'갑질' 역시 수직적 가치관이 지배하는 사회가 만들어낸 최악의 작품이다. 아주 작은 권력이라도 있는 것 같으면 내가 과거에 강자에게 당한 만큼 다른 약자에게 그대로 분풀이하는 것을 당연시 하는 잘못된 문화가 우리 사회를 병들게 했다. 동물 세계로 치면 상대에 대한 자신의 우위를 확인하려는 수컷 동물 사이의 우세경쟁쯤으로 볼 수 있다. 이런 병든 사회에서 받는 스트레스는 타인에 대한 배려를 까맣게 잊게 한다. 그래서 외국인들은 한국 사회가 삭막하다고 표현한다. 자신도 모르게 약자를 무시하거나 혐오하게 되고 비상식적인 분노와 공격성을 불러온다. 약자는 자기보다 더 약자를 찾아내기 위해 필사적이다. 이런 저급한 악순환의 고리를 당장 끊지 않으면 우리 사회의 행복은 이미 물 건너간 것이다. 현재가 바뀌지 않으면 당연히 미래도 불행한 모습일 것이다.

사실 갑의 횡포가 최근들어 유독 많아진 것은 아니다. 오히려 과거에는 지금보다 더 심한 경우가 많았다. 현재 우리 사회는 과거보다 부패가 다소 줄었고, 사회 곳곳에서 들리는 각성의 목소리가 높아지는 등 좀 더 투명해지기 위해 노력하고 있다. 이처럼 사회 전체적으로 도덕성을 회복할수록 기존에 관행처럼 여겨졌던 비상식적인 문제가 더욱 돋보이게 된다. 게다가 요즘은 사회 곳곳을 감시하는 온라인 신문사의 수가 엄청나게 많아졌다. 특히 인터넷의 눈부신 발달로 하나의 작은 부도덕한 문제가 눈덩이처럼 커져, 엄청난 사회적인 폭풍을 몰고 와 여론 재판을 받게 되는 일이 빈번해졌다. 최근 일어난 사건들을 떠올려보자. 대기업 임원이 호텔 종업원에게 막말을 한 사건, 식품회사 대리점에서 소매업자에게 물건을 떠넘기며 욕설, 막말과 함께 협박을 한 사건, 마트에서 손님이 종업원에게 욕설을 한 사건 등이 사회를 떠들썩하게 만들었다.

반면에 한 호텔의 대표이사가 호텔 정문을 들이받는 택시기사에게 피해액을 면제해주고 따뜻한 자비를 베푼 사례는 대표적인 '노블레스 오블리주'로 평가받았다. 어떻게 보면 그만한 사회적 위치에 있다면 지극히 당연한 배려이자 인간으로서 해야 할 도리라고 할 수 있는 행동이다. 지금 사회의 형편이 이렇다 보니 뜻밖의 박수를 받으며 해당 기업의 이미지를 더욱 좋게 만들어 준 소식이 그리 유쾌하지만은 않다.

기업의 부도덕한 행위는 법적인 처벌을 뛰어넘어 심각한 이미지 손상과 엄청난 금전적 손실로 이어질 수 있다. 정치인, 연예인과 같은 공인들만 도덕성에 신경 써야 하는 것이 아니다. 이제는 기업인, 심지어 기업의 일반 직원도 모든 언행을 조심해야 한다. 포스코의 라면 상무처럼 기업의 한 구성원이 부도덕한 사건을 저지르면 기업 전체 이미지에 큰 타격을 준다. 특히 '대한항공 땅콩 회항 사태'는 일명 '슈퍼 갑'이 '을'에게 커다란 모욕감을 줬다는 측면에서 남양유업 영업사원의 욕설 파문과 비슷하다. 남양유업의 젊은 직원이 나이 지긋한 대리점주에게 막말과 협박을 하는 음성 파일이 대대적으로 공개되었다. 남양유업은 하루아침에 나쁜 기업의 대명사가 되었다. 심지어 밀어내기 등 또 다른 '갑질'이 드러나면서 '남양유업 제품 불매운동'으로까지 번졌다. 결국, 대리점 점주들에게 제품을 떠넘긴 혐의로 남양유업 임직원 28명이 기소됐고, 조세 포탈 혐의로 회장이 기소되는 비운을 맞이했다. 이 사건으로 남양유업은 엄청난 이미지 손실과 금전적인 타격을 입었다.

분노의 도가니로 빠르렸던 '땅콩 회항'

평판이란 남이 아는 당신의 모습이고,
명예란 당신 자신이 아는 스스로의 모습이다.

— 로이스 맥마스터 부욜

"항공사의 상속녀가 승무원을 폭행하고 비행기를 거꾸로 돌렸다." 2014년 12월 8일 아침, 〈한겨레〉와 〈세계일보〉에 이 같은 기사가 나란히 실렸다. 언론과 누리꾼들은 조현아 부사장의 행위를 '슈퍼 갑질'이라 칭하며 비난했고, 일부 누리꾼들은 '스카이 패스=대한항공 패스'라며 불매운동을 추진했다. 소위 '땅콩 회항'으로 회자하고 있는 이번 사건으로 인해 대한항공이 오랜 시간 동안 엄청난 돈과 시간을 들여 쌓아 올린 대한민국 대표 항공사라는 고급스러운 이미지가 한순간에 날아가 버렸다. 과거였다면 인명피해가 일어난 것도 아니기 때문에 단순 해프닝으로 끝날 수도 있었던 일이다. 그러나 기업의 이미지와 명성에 엄청난 타격을 주는 쓰나미 같은 재앙으로 번져 모두를 놀라게 했다. 이 사건은 국내 언론은 물론 해외 언론을 통해 알려지면서 대한항공의 국제적 이미지와 명성에 엄청난 손해를 입혔다. 그동안 많은 시간을 투자하면서 했던 엄청난 양의 국제적인 사회공헌 활동과 기부 그리고 이미지 광고는 이번 사건으로 무용지물이 되버렸다.

분명 급속도로 발전한 미디어 환경도 이번 사건의 리스크를 부추기는 데 중요한 역할을 했다. 과거라면 가벼운 소문 수준에 그쳤을 내용이 네티즌 검증을 통해 사실로 드러나 확산하는 경우가 꽤 많다. 이제 언론을 통제하는 것도 불가능해졌다. 단순히 몇몇 언론에 기사가 나는 것은 막을 수 있어도, 무수한 인터넷 매체를 통해 관련된 소식이 빛의 속도로 전파되는 것을 막을 방법은 전혀 없다. 수많은 기업이 평판을 관리하기 위해 매일 SNS와 인터넷을 뒤지는 고급 인력을 늘리는 이유이다.

사건은 2014년 12월 5일 뉴욕 출발, 한국행 대한항공 항공편에서 일어났다. 조현아 전 부사장이 탑승 마감 뒤 공항 활주로로 이동하던 항공기를 10분 만에 다시 게이트 쪽으로 돌아가도록 기장에게 지시하고, 게이트에 도착하자마자 객실 사무장을 비행기에서 내리도록 지시한 사건이다. 이는 항공 관련 법률을 위반한 것이었다. 특히, 조현아 전 부사장은 객실 승무원이 매뉴얼에 따라 기내 서비스를 제공했음에도 괜한 트집을 잡아 객실 사무장을 항공기에서 내리도록 지시했다. 이 과정에서 승무원과 사무장에게 폭언과 함께 고함을 지르고 밀치는 등 폭력을 행사한 것이다. 내리치듯 던진 파일이 승무원의 가슴

팍에 맞고 떨어졌다. 또 승무원을 밀치다가 '당신이 책임자니까 당신 잘못'이라며 당장 내리라고 했다. 이 사건으로 대한항공은 한동안 네티즌들 사이에서 조롱거리가 되었고, 엄청난 비난 여론에 시달리는 고초를 겪었다.

한국사회는 이미 이런 사건에 분노할 준비가 되어 있는 상태였다. 몇 년간 화두 되어온 갑을관계라는 이슈, 남양유업, 배상면주가 등 끊임없이 터져 나오는 연속 시리즈물에 이미 국민 정서가 충분히 자극되어있었다. 게다가 기내에서 라면이 맛없다고 대기업 임원이 흉측한 난동을 부린 사건에 대한 기억이 아직 선명하게 남아있어 이런 부류의 사건에는 질린 상태였다. 이런 복합적인 요소들이 완벽하게 맞아 떨어져 땅콩 회항 사건은 모두에게 급속도로 공감을 불러일으켰다. 또한, 대한민국 전 국민에게 분노의 발화점이 되었다. 이미 학습된 분노의 스토리는 더 빨리, 모두의 감정 속 깊이 퍼져나가기에 그 결과는 참담했다. 게다가 조현아 전 부사장의 동생 조현민 전무가 언니에게 보낸 "복수하겠어." 문자가 공개된 것이 결정적이었다. 수사 중에 취득한 결과물이 언론에 대서특필되었다. 당연히 조현아 일가는 집단적 분노의 대상이 되어 끝없는 추락을 맛보았다. 검은 표적을 향해 들끓는 여론이 더욱 심화하였고 검찰 수사의 흐름은 더욱 강화되기 시작했다. 다음은 〈연합뉴스〉 2015년 1월 7일 자 보도 내용이다.

> 조 전 부사장은 8일 저녁 여 상무에게 조사 상황을 보고를 받은
> 뒤 "내가 뭘 잘못했느냐, 매뉴얼을 제대로 숙지하지 못해 내리
> 게 한 게 뭐가 문제냐. 오히려 사무장이 (나에게) 사과해야 하는
> 것이 아니냐."는 취지로 꾸짖는 등 '지시성 질책'을 수차례 한
> 것으로 드러났다.
>
> 출처: 〈연합뉴스〉, 2015. 01. 07.

분노한 조현아 부사장 앞에서 "그래도 사과하시고, 성난 국민들
의 마음을 달래야 합니다. 그게 진짜 위기를 극복하는 방법입니다."라
고 직언할 수 있는 사람은 없었을 것이다. 그렇다면 왜 인명피해도 없
었던 이 사건이 왜 죽을죄를 지은 것처럼 큰 비난을 받게 되었을까?
그 이유는 대한항공의 잘못된 초기 대응에 있다. 조현아 전 부사장이
사건 발생 다음 날 곧바로 머리를 숙이고 피해자와 국민 앞에 진정으
로 잘못을 뉘우치며 진정성 있는 사과를 했으면 이렇게까지 일이 커
지지 않았다. 그러나 "조현아 부사장은 할 일을 했다."라는 식의 책임
회피성 입장 발표문을 사건 발생한지 3일이나 지난 후에 발표했다.
이는 불난 집에 휘발유를 붓는 격이었다.

게다가 모두의 공분을 산 결정적인 계기는 대한항공이 피해자인
객실 사무장과 승무원을 대상으로 진실을 은폐하기 위해 협박과 회유
를 시도한 것은 물론, 사건을 조작하려 한 것이다. 또한, 이 사건의 진

상 조사를 맡은 국토교통부 담당자를 통해 조사 과정에 개입하는 등 온갖 불법 행위를 서슴지 않았다. 위기 상황에서 대한항공은 진실을 감추고 조작하기에 급급해 사과문 대신 입장 발표문을 통해 조현아 전 부사장은 잘못이 없다는 주장을 되풀이하며 책임을 회피하려는 태도를 보인 것이다. 이는 온라인에서 뜨거운 감자로 떠올랐다. 대한항공의 책임을 회피하는 방식은 위기관리 커뮤니케이션에서 가장 최악의 사례라고 할 수 있다. 바로 사과하지 않고 오래도록 버티면서 시간을 허비해 의혹을 키웠다. 또한, 사건을 조작하고 진실을 은폐하려는 시도를 통해 책임을 회피하려는 태도 때문에 해프닝으로 끝날 수 있었던 사건이 기업 전체의 이미지와 명성에 엄청난 피해를 주는 재앙으로 변한 것이다.

10 삼성은 되지만, 이건희 회장은 안 된다?

인간은 다른 사람이 나를 어떻게 받아들일까 생각하며
자아를 정립한다.

— 쿨리

　　　　　　　　　　'오너 리스크'라는 말이 있다. 오너 일가
의 비윤리적이고 비상식적인 행동이 개인 문제로 끝나는 게 아니라
기업 전체에 악영향을 미친다는 의미다. 특히 기업은 이미지에 치명
적인 결점을 남기는 오너나 최고경영자에 관한 부정기사가 나오는 것
을 극도로 기피하고 있다. 이것을 우스갯소리로 '삼성은 되지만, 이건
희 회장은 안된다'라고 한다. 요즘 오너 리스크로 인한 기업의 부침
현상이 유난히 늘고 있다. 최근에 일어났던 오너 리스크는 SK그룹 회
장의 스캔들, 현대BNG스틸 사장의 운전기사 갑질, 대림산업 부회장
의 운전기사 갑질, 네이처리퍼블릭 대표의 도박 혐의, 스베누 대표의
배임 혐의, MPK그룹 회장의 경비원 폭행 혐의 등 많다. 오너 리스크

는 잊을 만하면 계속 등장하는 불편한 시리즈물이 돼버렸다.

특히 정운호 네이처리퍼블릭 대표는 과거 2,800여억 원의 매출을 올리는 성공신화를 이어가기도 했다. 그러나 롯데그룹 면세점 입점과 서울메트로 매장 입찰 등 문제가 확대되면서 '오너 리스크'로 인해 영업에 타격을 입었다. 또 변호사 수임료 논란이 터져 사면초가에 직면했다. 네이처리퍼블릭 가맹점 매출이 '정운호 게이트' 충격으로 10% 이상 줄었다. 특히 중국인 관광객이 많지 않은 지역의 점포일수록 매출 타격이 심했다. 최근 소비자 사이에서 불매운동 조짐이 나타나고 있는 것도 가맹점주를 불안하게 하고 있다. 소비자가 정직하지 못하다는 이미지를 갖고 있는 기업 제품의 구매를 꺼려하는 것은 당연하다. 주변에 널리고 널린 것이 저가 화장품인데 굳이 네이처리퍼블릭을 고집할 이유가 없을 것이다. 네이처리퍼블릭의 지난 1분기 매출과 영업이익은 전년 동기와 비교해 급격히 줄었다. 특히 소비자 심리와 밀접한 관련이 있는 미용 관련 제품을 다루는 회사이기에 더 큰 직격탄을 입은 것이다.

이와 비슷하게 위기를 겪고 있는 사례가 있다. 미스터피자로 잘 알려진 MPK그룹의 정우현 회장이 갑질 폭행사건으로 여론의 도마에 오르자 미스터피자 대리점들의 매출이 뚝 떨어졌다. 최근 가뜩이나 과거 명성을 날렸던 피자 브랜드들이 기울고 있는데, MPK그룹은 설립 이래 가장 큰 고난의 길을 걷고 있다. 지난해 매출 1,224억 원, 영업손실 48억 원을 냈다. 매출은 2014년보다 1.5% 줄어들었지만, 2005년 이후 10년 만에 처음으로 영업 손실을 낸 것이다. 안타깝게도 정우현 회장은 자수성가형 CEO의 표본으로 꼽힌 인물이었다. 미국, 중국, 베트남 등을 포함한 국내외 500여 개 미스터피자 매장을 운영하며 '피자의 제왕'으로 등극했었다. 그러나 최근 경비원 폭행 '갑질논란'은 그를 회복 불능 상태로 만들었다. 경비원을 폭행한 일이 도화선이 되어 전국 미스터피자 가맹점주들은 그가 평소 해왔던 폭언 내용을 공개하며 '갑질' 사례들을 연이어 폭로했다. 정 회장은 가맹점으로부터 거둬들인 광고비로 자서전 《나는 꾼이다》를 구매해 베스트셀러로 만들었다는 말도 들렸다. 게다가 그가 평소 언론 인터뷰와 자서전에서 "성공하려면 을이 되어야한다.", "갑처럼 행동하면 그때부터 실패의 시작."이라고 말했던 내용도 알려지면서 경솔한 행동에 대한 비난의 화살은 더욱 거세지고 있다.

운동화 전문 브랜드 스베누 역시 오너 리스크로 힘든 시간을 보냈다. 남아 있는 재고 물량을 판매하기 위해 땡처리 세일까지 감수 하며 재기하고자 노력하는 등 어려움을 겪고 있다. 과거 황효진 대표는 젊은 청년창업자의 표본이었다. 토종 운동화 브랜드 스베누의 고속성장으로 성공신화를 이어갔다. 그러나 2016년 1월, 신발제조업체에 밀린 대금을 지급하지 않아 사기 혐의로 피소되었다. 동시에 스베누 브랜드의 땡처리 판매와 운동화 자체의 품질논란이 도마에 오르게 되었다. 단숨에 황 대표는 사기꾼, 무능한 경영인으로 취급됐다. 인터넷 사이트에서는 실시간으로 소비자들이 스베누를 조롱하는 글을 퍼다 날랐고, 각종 SNS에서도 이 내용이 도배됐다. 스베누가 페이스북 등 SNS를 통해 큰 인기를 얻은 과거를 돌이켜보면 매우 씁쓸한 순간이다. 스베누가 다시 정상적인 운영을 하려면 완전히 무너진 유통망을 다시 확보하는 등 밑바닥부터 다시 시작해야 한다. 2016년 60여 개에 달했던 가맹점 수는 스베누 사태 이후 50% 가까이 줄었다. 게다가 문을 닫은 가맹 점주들 역시 본사로부터 보증금을 돌려받지 못해 소송을 준비 중이다. 이는 바로 낙인 효과 때문이다. 일반 소비자를 상대하는 B2C 기업 오너의 실수가 기업의 이미지를 추락시키고, 동시에 기업의 제품 이미지까지도 같이 추락하게 한다. 소비자들은 불매운동이라는 무기를 들고 오너 리스크에 대한 사회적인 책임을 추궁하는 무서운 시대이다.

또한, 회장의 청부폭행으로 불매운동을 겪게 된 피죤은 오너 리스크에서 여전히 헤어져 나오지 못하고 있다. 과거 섬유유연제 시장에서 50%였던 점유율이 2015년 8월 20%대까지 떨어져 좀처럼 개선되지 않는다. 회장의 폭행사건에 이어 오너 남매 사이에 경영권 분쟁이 터져 상황이 악화된 것이다. 피죤은 섬유유연제 시장에서 절대 강자였다. 그러나 경쟁기업과 차별화된 제품이나 기술력이 있는 것도 아니었다. 소비재 시장에서는 논란에 휩싸이면 언제든 비슷한 제품으로 대체될 수 있다. 결국, 오너는 기업 경영의 정점에 있으면서도 기업 리스크의 최전선에 있다는 사실을 절대 잊지 말아야 한다. 또한, 오너 리스크에 따른 손실을 만회하기 위해서는 발 빠른 대응과 그에 따른 비용을 아끼지 말아야 한다. 비즈니스의 세계는 공든 탑도 쉽게 무너지는 치열한 프로의 세계이다.

대한항공 사태에서도 봐왔던 것처럼 '오너 리스크'는 가장 큰 리스크이다. 대한항공 사태에서 조현아 전 부사장의 '땅콩회항' 사건은 분명 예고된 리스크였다. 권위적이고 수직적인 기업문화에서는 구성원들이 기업에 위험요소가 될 만한 이야기를 쉽게 꺼내기 힘들다. 그래서 이번 사건처럼 외부에서 터트리면 엄청난 파문을 몰고 오기 쉽다. 그런데 아쉽게도 대한항공에는 이런 리스크 가능성과 개선의 필요성을 공개적으로 진지하게 이야기할 수 있는 임직원이 없었을 것이다. 소통이 원활하지 못한 불통 문화를 개선하지 않으면 이 같은 일이 다시 터지지 않는다는 보장은 없다. 오죽하면 조중훈 회장이 "왜 이런 상황이 될 때까지 아무도 내게 이야기를 하지 않았느냐."라고 답답함을 토로했을 정도일까. 그런데 사건 수습 과정에서도 한국 최대 항공회사라고 보기 어려운 체계적이지 못한 조치와 언행들로 일은 더욱 커지고 꼬여갔다. 기업 내에 제대로 된 리스크 관리 시스템이 없었거나 있더라도 전혀 작동하지 않은 셈이다. 리스크 관리는 기업의 사활을 좌우하는 일이기에 최고경영자는 평소에도 가장 큰 관심을 보여야 하고, 직접 나서서 해결해야 한다.

특히 지금은 경영자가 브랜드가 되는 시대이다. CEO를 비롯한 경영자들의 언행은 직원들은 물론, 관련 기업과 소비자에까지 간접적으로 영향을 미친다. 이 때문에 경영자들은 언행을 항상 신중히 해야 한다. 습관처럼 내뱉은 말 한마디가 상상을 뛰어넘는 파장을 불러일으키는 경우가 많다. 조현아 전 대한항공 부사장이 한 말과 행동은 개인의 부적절한 언행에 불과한 것이기도 하다. 그러나 결과적으로는 사회적 지탄과 법적인 문제를 포함해 그 수준을 훨씬 넘는 심각한 문제로 이어졌다. 대한항공의 브랜드는 치명적인 손상을 입었고 임직원들은 당연히 자부심과 업무 의욕을 잃었다. 대한항공을 넘어 한진 그룹 전체가 큰 피해를 보았다. 이처럼 경영자의 언행이 갖는 영향력이 지대하기에 경영자들은 말과 행동을 절제해야 한다.

평판에
목숨 걸어라

> 유리, 도자기, 그리고 평판은 쉽게 깨지지만,
> 결코 잘 고쳐지지 않는다.
>
> – 벤자민 프랭클린

지금은 정보 과잉의 시대이다. 정보는 모든 것을 지배하고 날개 달린 듯 빨리 전해지고 있다. 이 같은 시대에 위기관리의 돌파구는 당연히 평판관리이다. 인터넷상 개인정보의 증식은 개인의 평판에 엄청난 영향을 주고 있다. 사회학자 스티븐 녹이 "평판은 한 사람에 관한 집합적이고 공유된 개념"이라 말한 것처럼 평판은 가장 소중한 자산 중 하나다. 요즘같이 불미스런 일들로 수많은 별이 추락하는 시대에는 "훌륭한 명성은 막대한 부보다 우선 한다."라는 말을 잘 새겨봐야 할 것이다.

평판은 나의 얼굴이자 브랜드라는 인식을 하고 관리하지 않으면 분명 큰 손해를 보게 된다. 나쁜 평판이 생기지 않도록 주의할 필요가 있다. 나를 싫어하는 단 한 사람의 말은 다수가 하는 말의 힘과 같다고 한다. 말은 계속 전해지기 때문이다. 특히 나쁜 이야기, 악의적 소문은 파급력이 더 강하고 빠르다. 사람들은 언제나 좋은 이야기보다 나쁜 이야기에 더 많은 관심과 흥미를 갖는다. 그래서 잘못된 평판으로 억울한 피해를 보는 경우가 흔하다. 원본이 각색되고 재구성되고 돌고 도는 과정에서 여러 사람의 입을 거쳐 객관성이라는 힘이 더해져 확대, 재생산된다. 특히 연예인은 당사자도 전혀 모르는 내용이 사실인 것처럼 꾸며져 엉뚱한 내용의 막장 드라마로 완성되기도 한다. 그러나 연예인 같은 특별한 사람에게만 평판관리가 필요한 것은 아니다. 평판은 우리 모두의 인생을 좌우하는 매우 결정적인 요인이 된다. 간혹 승진이나 전직을 앞두고 성패의 결정적인 변수로 작용하기도 한다. 그래서 평판을 두고 '남들은 알고 나만 모르는 나의 이력서', '남이 써주는 나의 이력서', '보이지 않는 자기소개서'라는 말도 생겨났다.

개인의 평판이 그 사람의 미래를 좌우하는 것처럼 기업에 대한 평판도 기업의 지속 가능 여부에 큰 영향을 준다. 지금은 기업이 장수하기 무척 어려운 시대이다. 수많은 기업의 평판을 조회하거나 기업의 가치를 평가하는 기업들은 실제로 공개·비공개 자료들을 통해 기업의 지속 가능성을 평가하고, 투자자들은 이를 통해 투자를 결정하는 시스템으로 점점 변화하고 있다. 지금까지는 기업의 좋은 이미지와 평판을 단순히 대표 상품이나 장수 상품 정도로 생각해 왔다. 우리는 피로회복제로 박카스를 사 먹고 머리가 아프면 타이레놀을 찾는다. 이것을 '파워 브랜드'라고 한다. 여기서 중요하게 생각해야 할 것이 있다. 좋은 이미지와 명성은 하루아침에 완성되지 않는다. 또 조금만 방심하면 언제든지 쉽게 날아가 버린다. 기업의 훌륭한 평판은 쌓기 어렵지만, 이는 언제든지 일장춘몽처럼 하루아침에 잃을 수도 있다.

대표적인 예가 과거 라면계의 왕이었던 삼양라면이다. 1961년 설립된 삼양식품은 국내 최초의 라면인 삼양라면을 만들었다. '건강·장수·인간의 행복 실현'을 기업이념으로 삼았던 매우 건실한 기업이었다. 1989년 공업용 우지를 사용해 식품위생법을 위반했다는 '우지 사건'이 발생하기 전까지만 해도 시장 점유율 60%를 기록하며 라면 업계 부동의 1위를 차지하며 제왕으로 군림하고 있었다. 하지만 우지 사건 이후 점유율은 15%대로 떨어졌고 삼양라면이 가지고 있던 이미지와 명성은 하루아침에 망가졌다. 사건은 대법원에서 무죄 판결을 받았지만, 이미 큰 타격을 입은 삼양식품은 과거 시장 점유율을 회복하는 것을 꿈꿀 수 없게 됐다. 이처럼 기업이 지속하려면 평판과 같이 눈에 보이지 않는 가치가 매우 중요하다.

평판은 눈에 보이지 않는다고 결코 추상적인 것으로 생각해 가볍게 볼 문제가 아니다. 한 개인과 기업이 미래에도 꾸준히 존재할 수 있는지를 좌우하는 중요한 존재이다. 윌리엄 셰익스피어의 〈오셀로〉에서도 평판을 생명처럼 중요하게 여긴 것을 발견할 수 있다. 이아고의 사악한 계략으로 명성을 잃은 카시오가 이렇게 한탄한다.

"평판, 평판, 평판! 나는 내 평판을 잃었도다! 나에게 생명과도 같은 걸 잃었으니 이제 짐승이나 다름없다."

또한, 아서 밀러의 연극 〈크루서블〉에 등장하는 존 프록터는 마녀

짓에 관여했다는 거짓 고백에 서명하지 않고 교수형을 선택한다. 키시오의 한탄과 마찬가지로 프록터는 외친다.

"그건 내 이름이기 때문이다! 내 평생 또 다른 이름은 가질 수 없기 때문이다! 나는 거짓말을 했고 거짓말에 대한 서명을 했기 때문이다! 나는 교수형을 당한 이들의 발바닥 먼지만큼도 가치가 없기 때문이다! 내 이름이 없이 어떻게 살아갈 수 있겠는가? 당신에게 내 영혼은 주겠다. 내 이름은 내버려 둬라!"

프록터는 자신의 평판을 훼손하는 대신 죽음이라는 극단적인 방법을 선택했다. 그는 좋은 평판 없이는 마을에서 살아갈 수 없다고 생각했고, 평판을 생명과 동일하게 여긴 것이다. 평판이란 행복의 필수요소다. 공동체 내에서 좋은 평가를 얻지 못하면 인간은 존재감이 없다. 존 애덤스 전 미국 대통령은 "타인으로부터 받는 존경에 대한 갈구는 배고픔과 마찬가지로 인간 본연의 욕구다."라고 했다. 또 사회학자 쿨리는 "인간은 다른 사람이 나를 어떻게 받아들일까 생각하며 자아를 정립한다."라는 유명한 철학을 남기기도 했다.

12 좋은 평판은
생존력 그 자체다

돈을 잃을 수도 있습니다. 아주 많은 돈을 잃어도 괜찮습니다.
하지만, 평판을 잃어서는 안됩니다. 단 하나의 티끌이라도.

- 워런 버핏

우리는 지금 자본주의 사회에 살고 있다.
기업이나 조직에서 성공을 꿈꾼다면 우리 사회의 게임 규칙부터 알아야 한다. '자본주의는 입구는 같지만 출구는 다른 시스템이다.'라는 말이 있다. 처절한 자본주의 사회에서 성공하고 싶다면 이것을 분명히 알아야 한다. 자본주의 사회는 사유재산제와 시장경제를 기반으로 한다. 막스 베버의 말처럼 자본주의는 합리적인 이윤 추구를 인정함으로써 존재할 수 있다. 그리고 개인은 직업 선택의 자유를 가지되, 능력에 따라 보상이 결정된다. 개인에게 기회는 열려 있으나 능력과 성과에 따라 보상이 결정되는 것이 우리 사회와 조직의 게임 규칙이다. 개인 차원에서 자본주의는 '기회는 공평하게 주어지나, 능력과 성과에 따른 차이는 인정하는 시스템'인 것이다.

개인은 자기 적성에 맞는 분야에서 기회를 찾고, 그 분야에서 성공하기 위해 노력한다. 우리가 강조하는 좋은 '평판'은 이런 자본주의 사회의 무한 경쟁에서 당신이 좀 더 기회를 찾고, 더 쉽게 능력과 성과를 얻어 인정받도록 날개를 달아줄 메신저가 된다. 그러나 모든 것에는 양면성이 있다. 그 반대 상황으로 당신을 곤란하게 만들 수도 있다. 그래서 철저하게 평판을 연구하고 고민해야 한다. 좋은 평판을 얻는 것은 당신이 사회생활을 하면서 목표 하는 모든 것들을 더 쉽고 편하게 얻을 수 있음을 뜻한다. 목표로 하는 게 돈이나 명예, 지위 또는 그 밖의 무엇이든지 당신은 평판이라는 마법의 날개를 통해 최소의 노력으로 최대 결과를 얻을 수 있다. 반대로 당신이 나쁜 평판의 주인공이 되면 시도하는 모든 일마다 큰 장애물을 만나고 뜻대로 되기 힘들다. 이것이 바로 평판의 강력한 힘이다.

성공적인 인생을 목표로 한다면 평판의 선순환을 이루고자 항상 노력해야 인생이 술술 풀린다. 평판이 좋은 사람은 일이 수월하게 진행될 수 있는 조건을 쉽게 갖춘다. 일이 효율적으로 진행되고 덜 고생해도 쉽게 뜻하는 바를 이룰 수 있다. 주변에 그의 성공을 위해 도와줄 수 있는 조력자도 또 쉽게 찾아와준다. 조력자들은 잘 떠나지 않고 깊은 충성심을 보여준다. 또 좋은 평판 덕분에 정보도 쉽게 모이고, 그가 말하는 발언에도 설득력이 있어 모든 교섭도 원활하게 이루어진다. 따라서 어떤 상황에서든 이처럼 평판이 좋으면 수월하게 업무 성과를 올리고, 원활하게 목적을 달성 하게 된다. 그로 인해 평판이 한층 높아지는 선순환이 만들어진다. 이게 누구나 꿈꾸는 평판 관리의 최고봉 상태이다.

좋은 평판을 유지하려고 노력함으로 실제 상황이 좋아지는 평판의 선순환이 일어나기도 한다. 이는 그리스신화 속 '피그말리온 효과'와 같은데 훌륭한 평판이 먼저 앞서고 실제 상황이 따라가는 현상이다. 주변에서 특정인을 훌륭한 사람으로 보면 당사자는 기대에 부응하고자 노력하게 된다. 주위에서 "그 사람은 유능하다."라고 보는 경우 순간 꾸며진 모습이라도, 당사자는 어떻게든 기대에 실망시키지 않으려 노력한다. 또 특유의 자존심이 발동해 집중력을 발휘하여, 보이는 모습과 실제 모습에 차이가 없도록 노력하고, 성과를 창출해낸다.

기업도 평판이 좋으면 더 좋은 기업으로 거듭나고, 고객 감동을 위해 노력하는 등 선순환이 생긴다. 예상치 못한 일이 발생 했을 때, 완충 역할을 해주는 등 많은 장점이 있다. 기업의 좋은 평판은 충성 고객, 충성 직원을 낳는다. 좋은 이미지를 접한 소비자나 직원들은 회사와 관련된 여러 이해관계자에게 기업의 장점을 알린다. 이들은 기업의 전도사가 되어 만나는 이마다 자발적으로 기업의 장점에 대해서 입이 마르도록 칭찬한다. 기업을 응원해주는 충성고객은 막대한 마케팅 비용을 들이지 않고도 홍보 효과를 톡톡히 낸다. 또 상대적으로 우수인력을 끌어모으기 유리하다. 기업의 경쟁력은 능력을 갖춘 직원이라고 할 수 있는데, 불미스러운 일이 발생해 기업의 핵심 인재가 떠나 회사가 곤란해지는 경우를 종종 볼 수 있다. 귀한 사람을 잃지 않고, 오히려 모이도록 하는 것이 좋은 평판이다. 또한 기업의 좋은 평판은 미처 예상하지 못한 리스크 상황에서 충격방지 역할을 해준다. 이해관계자들의 지지를 끌어내 위기상황을 빠르게 모면할 수 있는 든든한 아군이 된다. 예상치 못한 위기상황에서는 돈을 주고도 자신의 편을 만들기 쉽지 않다. 그러나 장기간에 걸쳐 쌓은 신뢰가 위기상황에서 힘이 된다.

소비자들은 잘 모르는 기업의 제품을 구매할 때 주위 평판에 의지해 구매 여부를 판단한다. 평판이 좋으면 경쟁사보다 가격에서도 우위를 점할 수 있기에 상대적으로 평판이 좋지 않은 기업에 비해 재무적 측면에서도 유리하다. 기왕이면 다홍치마라고 경쟁회사와 비슷한 품질의 동등한 가격대로 제품을 판매해도 소비자는 평판 좋은 기업에서 만든 제품을 선택한다.

좋은 평판이 부를 가져온다는 것을 잘 나타낸 사례로는 경주 최 부잣집을 들 수 있다. "부자는 3대를 넘기기 어렵다."라는 속담처럼 부(富)는 이루기도 어렵지만 지키기는 더욱 어려운데 최 부잣집은 부를 300년 넘게 12대에 걸쳐 누려온 집안이다. 그 비결은 최 부잣집의 가칙에서 찾을 수 있다. 첫째, '과거를 보되 진사(進士) 이상은 하지 말라'는 것으로 권력을 경계했다. 권력과 부 두 가지 힘이 합쳐지면 나쁜 결과를 초래하기에 정경유착을 미연에 방지하여 오래 부를 지킬 수 있었다. 둘째, '재산을 1만 석 이상 모으지 말라'는 것이다. 돈이 돈을 번다는 말이 있어 부자로서 인심을 잃고 뜻지 않은 구설에 오른다는 사실을 안 것이다. 이들은 1만 석 이상 소출되면 소작료를 낮춰 사회에 환원했다. 셋째, 흉년에는 남의 논밭을 사지 않았다. 흉년에 부자가 땅을 많이 사들이면 유랑민이 늘어 소작할 사람 구하기 어렵다. 이들은 당장 눈앞에 놓인 돈에 눈이 멀면 후에 좋지 못한 결과로 돌아온다는 것을 알았다. 넷째 과객을 후하게 대접했다. 교통이 낙후된 당시에 다른 지역으로 이동하려면 많은 마을을 지나야 했는데 최 부잣집은 하루 신세를 지는 사람들이 편히 머물도록 최선을 다해 대접했다. 다섯째는 '사방 100리 안에 굶어 죽는 사람이 없게 하라'이다. 사람들이 흉년이 들어 배를 주리는데 부잣집만 배불리 먹을 수 없다는 것이다. 사회지도층으로서 모범을 보이고 베풀며 주변을 살피는, 실로 아름다운 상생의 철학을 가졌다. 여섯째는 '시집 온 며느리는 3년간 무명옷을 입게 하라'로 근검절약을 몸소 실천하라는 뜻이다.

위의 여섯 가지 가칙 중 '과객을 후하게 대접하라'에서 최 부잣집의 황금 전략을 엿볼 수 있다. 어느 시대든 정보는 돈이다. 정보가 입소문을 통해 가장 빠르게 도는 것은 예나 지금이나 같다. 조선 시대 최 부잣집에 가면 대접이 후하다는 소문 때문에 수많은 과객이 그 집을 들렀을 것이다. 사랑방은 사람들로 넘쳐났고, 전국 방방곡곡에서 모여든 사람들이 각지 얘기를 전하면 돈 되는 유익한 정보가 새어 나와 정보 홍수지대였을 것이다. 요즘으로 치면 사랑방은 인터넷 포털 사이트와 대형 커뮤니티 역할을 해, 그곳에서 자연스레 형성된 인맥이 금맥이 되어 더 많은 부를 축적할 수 있었다. 조선 시대와 마찬가지로 현재도 돈을 모으는 것보다 가치를 모으는 것이 더 값지다. 최 부자는 베풂을 통해 힘 되는 정보를 모아 그 정보로 지혜롭게 부를 쌓을 수 있었다.

13

1,000억의 가치, 평판을 관리하라

우리의 하루하루는 치열한 모험의 연속이다. 셰익스피어의 희곡 〈햄릿〉에서처럼, 우리는 매일 '죽느냐 사느냐 바로 그것이 문제'인 것이다. 많은 사람이 일터로, 직장으로, 여기저기로 세상 속에서 분주하게 달린다. 항상 무언가를 이루기 위해 부지런히 움직인다. 생계를 위한 돈을 벌기 위해서다. 그럼 지금 당신에게 돈보다 중요한 것이 있을까?

당신에게 목숨처럼 소중한 것은 결국 당신의 평판이다. 당신의 부와 미래는 결국 평판으로 좌우되기 때문이다. 평판은 우리를 살리기도 하고 죽이기도 하며, 우리에게 두려움인 동시에 소망이다. 나와 관련된 모든 이해관계자가 나를 믿음과 신뢰와 존경으로 생각하면 그것이 나의 명예로 되돌아온다. 또 나를 보호해준다. 그러나 반대로 그들이 나를 거짓과 위선, 교만과 부도덕, 불성실함과 독선으로 평가한다면 그 평판은 나를 나락으로 떨어뜨린다. 그렇기에 평판에 소홀한 사람은 행복과는 멀어진다. 짧은 순간의 자유와 희열을 자신의 값비싼 평판과 맞바꾼다면 그만큼의 값을 치른다. 평판에 실패하면 성공에서도 낙오된다. 그렇기에 우리가 지향하는 삶의 목표에서 이제는 '돈보다 평판'으로 무게 중심을 바꿔야 한다.

눈에 보이지 않는다고 결코 평판을 가볍게 여기면 안 된다. 애초에 무너지지 않도록 조심하는 것이 가장 지혜로운 것이다. 정치인에 대한 여론의 힘은 물론, 개인의 명성과 권위도 당연히 평판에서 나온다. 평판에 위배되는 어떤 행동도 용납하지 않는 철저한 자기관리가 당신의 부와 명예를 영원히 지켜주는 파수꾼이 된다. 엄청난 평판의 힘을 안다면 내 이웃이 나를 어떻게 평가하는지 두 귀를 기울여 들을 수밖에 없다.

언제 어디서든 당신보다 가장 먼저 도착하는 것은 당신의 평판이다. 제2차 세계대전 때 독일 장군 롬멜은 영국군을 공포에 떨게 하였다. 그가 거느린 부대가 지쳤을 때도, 영국군의 수가 다섯 배에 달했을 때도 '사막의 여우'라고 불리는 롬멜만 나타나면 영국군은 도시를 비우고 달아났다. 총알보다 더 무서운 그의 무시무시한 평판이 영국군을 달아나게 한 것이다. 당신이 도착하기 전에 해당 장소에서는 이미 많은 일이 벌어진다. 당신이 한마디 말도 하지 않았어도 그곳에서는 당신에 대한 많은 이야기가 전해진다. 심지어 이미 당신에 대한 어떤 결론이 나 있는 상황일 수도 있다. 사람들은 평판만으로 당신을 두려워할 수도 있고, 우습게 볼 수도 있다. 똑같은 행동을 하더라도 그 사람의 평판에 따라 그 행동이 다르게 비친다. 좋은 평판을 가지고 있는 사람은 어느 정도 안 좋은 행동을 해도 쉽게 비판을 받지 않는다. 누군가의 부탁을 받고 아는 사람을 소개해주려고 하는데, 만나보기도 전에 이름만 듣고도 "아, 그 사람이라면 무조건 믿을 수 있어.", "그 사람 소문이 별로던데."와 같은 말을 들었다면 어떻겠는가? 그 정도로 평판이 좋지 않은 사람이라면 남은 삶은 매우 고될 것이다. 평판이란 당신 생각보다 훨씬 빠르게 전달되고 사실보다 과장되어 급속히 퍼지기 쉽다.

우리는 어항 속처럼 좁디좁은 세상에 살고 있다. 인터넷의 눈부신 발달로 더욱더 좁은 세계에 살게 되었다. 어항 속 세상에서 평판을 잃으면 모두를 잃는 것이다. 좁은 세상에 살기 때문이 어떤 사람에 대한 평판을 듣는 것은 어렵지 않다. 우리가 사람들과의 교제를 통해 얻는 중요한 정보는 우리 주변 이해관계자들에 대한 모든 정보다. 그동안 쌓아온 평판은 협력자와 동업자, 취업예정 회사직원 등 내 주변 이해관계자들의 중요한 의사결정에 영향을 미친다. 요즘처럼 인간관계가 대규모 네트워크로 변하는 시대에 평판을 잃는다는 것은 사회적으로 나의 가치가 사라지는 것과 같다. 만약 당신이 잘 모르는 사람에게 동업을 제안받았다면, 먼저 그가 정말 믿을 수 있는 사람인지, 사기꾼은 아닌지 검증해 볼 것이다. 만일 정체를 알아낼 방법이 전혀 없으면, 당연히 그는 당신을 속일 수 있다. 과거에는 이런 일이 가능했다. 그러나 지금은 정보통신의 발달로 거의 불가능하다. 미국 링컨 대통령은 다음과 같은 말을 했다. "몇 사람을 오래 속일 수 있다. 많은 사람을 잠깐 속일 수 있다. 그러나 많은 사람을 오래 속일 수는 없다."

어디든 마찬가지지만 특히 직장에서는 평판이 당신을 평가할 수 있는 중요한 근거가 된다. 때로는 사람들이 당신을 만나기도 전에 미리 당신의 '평판'을 먼저 만난다. 그리고 대략적인 당신의 이미지가 대부분 형성된다. 물론 당신을 만나기 전에 말이다. 또한, 당신을 직접 만나거나 이야기를 해보지 않고도 당신을 어느 정도 가늠할 수 있게 하는 것이 평판이다. 그 평판이 좋던, 나쁘던 당신의 미래를 좌우하는 결정적인 요소가 된다. 놀랍게도 단지 평판 하나만으로 상대를 누를 수도 있고, 반대로 눌릴 수도 있다. 보통 경력사원을 뽑거나, 잘 모르는 사람과 일을 하게 될 경우, 먼저 그 사람의 평판을 먼저 알아본다. 사람마다 표현의 차이는 있지만, 한 사람이 사회생활에서 얻은 일반적 평판은 거의 동일하다. 입사 면접에서 좋은 반응을 받았으나, 나쁜 평판 때문에 입사가 거절되는 경우는 흔하다. 지위가 올라갈수록 평판은 더욱 중요해진다. 특히, 평판관리는 자신의 업무를 수월하게 진행하기 위한 매우 중요한 수단이 된다. 또한, 함께 일하는 동료들과 쉽게 친해지는 요긴한 수단이 될 수 있다. 샐러리맨들이여! 조직 내에서 당신의 평판을 춤추게 하는 것은, 당신이 하고 싶은 일을 좀 더 쉽게, 마음대로 할 수 있게 만드는 마법 같은 도구라는 사실을 기억하자.

개인은 물론, 기업에도 좋은 평판이 불러오는 가치는 어마어마하다. 실제로 한 기업이 쌓은 좋은 이미지가 그 기업에 막대한 부를 가져다주는 것을 볼 수 있다. 또 성공한 경영자들 사이에서 "평판을 얻으면 돈이 따른다."라는 말이 회자하는 것도 이 때문이다. 평판은 언제나 가장 중요한 무형 자본이다. 어떤 매장이 좋은 평판을 얻게 되면 손님이 몰리면서 자신만의 확실한 이미지를 형성하게 된다. 이렇게 되면 자연히 장사가 번창하게 되고 재물도 쌓인다. 이처럼 좋은 이미지와 평판은 수천 억의 가치가 있다. 하지만 논란에 휩싸여서 대중의 분노를 사는 경우에는 고공행진 하던 기업 매출이 단숨에 반 토막이 나거나 엄청난 금전적 손실을 보는 경우가 많다. 좋은 평판은 유형의 자산이라고 할 수 있는 금전이나 부동산 그 이상의 가치를 지닌다. 명성이나 이미지는 보이지 않는 무형의 자산이라 할 수 있다. 그런데 유형의 자산과 무형의 자산은 상호 보완적인 것으로 어느 것 하나도 부족해서는 완전할 수 없다. 특히, 무형의 자산인 평판은 모든 것을 좌우한다. 백여 년 전, 중국 청나라 말기의 전설적인 거상 호설암은 현대의 기업가보다 이 점에 대해 훨씬 더 명확한 인식을 하고 있었다. 호설암은 다음과 같은 말을 했다. "경영의 세계에서는 우선 평판을 잘 쌓아야만 사업에 번창할 수 있고, 그에 따라 거대한 부를 축적할 수 있다." 이 같은 생각을 하고 있었기 때문에 그는 이름을 널리 알리고 대성할 수 있었다.

14 피할 수 없다면 미리 대비하라

다른 사람들에게 알려지지 않기를 바라는 일이 있다면
그것은 절대로 인터넷에 올리지 말아야 한다.

— 에릭 슈미트

　　　　　　인터넷은 우리를 질문하는 인간으로 바꿔
놓았다. 네이버 지식인에서는 세상천지 모든 것을 질문할 수 있다. 주
변에 물어볼 사람이 전혀 없는 아이부터 성인까지 모든 것을 쉽게 물
어볼 수 있다. 그만큼 검색은 우리의 일상에 깊숙이 들어왔다. 정보를
얻기 쉬워졌다는 이야기고, 빠르게 퍼질 수 있다는 말이다. 이제는 궁
금한 것이나 불분명한 것을 두고 "네이버에 검색해봐." 이 한마디면
입씨름을 하지 않아도 된다. 만인의 질문에 가리지 않고 답해주는 네
이버와 구글은 한국은 물론 글로벌 시장에서 엄청난 기회와 가치를
만들어 냈다.

　　스마트폰과 소셜 네트워크 서비스SNS로 상징되는 21세기의 디

지털 문명은 기존의 어떤 사회적 변화보다 그 속도가 빠르고 영향력이 크다. 급속도로 발달하는 디지털 기술과 문화 환경 변화는 사용자인 인간이 따라가기에는 숨이 턱에 차는 일이다. 그러나 지금은 모든 것이 디지털 기기를 통해서 이뤄지는 세상이다. 인터넷으로 연결된 세상에서는 모든 것이 손쉽게 공유된다. 스마트폰과 소셜 네트워크 사용자는 디지털 기술의 놀라운 능력과 다양한 정보에 매혹당하지 않을 수 없다. 그 매혹은 무척 강렬하다. 한 번 빠지면 벗어나기 어렵고, 그래서 사리 분별력을 어지럽힌다는 경국지색과 같은 치명적 매력이 있다. 그 치명성의 위험을 미리 인지하고 지혜롭게, 조심스럽게 사용하는 이들도 있지만 대개는 편리하고 강력한 매력만 조명하고 탐닉한다. 그러다 매력의 이면에 있는 독성을 가볍게 여겨 나락에 떨어지기도 한다.

그러나 디지털 기술에 대해서 깊은 이해를 지닌 이들일수록 기술의 빛과 그늘을 너무나 잘 알기에 조심스럽게 제한적으로 사용한다. 해당 기술과 서비스를 설계하고 운영하는 전문가들은 디지털 기술에 주의를 기울이고 있다. 디지털 세상에 대한 이해가 적고 지식이 얕은 일반 사용자들은 위험한 매력을 더 추구하고 몰입하고 있다. 문제는 우리가 늘 손에 쥐고 쓰면서 생활하며 의존하고 있지만, 기계에 숨어 있는 작동 원리와 사용에 따른 위험성을 충분히 이해하지 못하고 있다는 것이다. 스마트폰 세대를 두고 '가장 멍청한 세대', '생각하지 않는 사람들'이라는 경고가 나오는 이유다. 도저히 알 수 없는 위험이 가장 위험한 것이다. 미리 인지하거나 대비할 수 없어서 미처 생각지도 못한 위험을 만날 수 있다.

스마트폰, SNS는 말 그대로 도구일 따름이다. 인류가 일찍이 가져본 적이 없는, 기존의 도구와는 차원이 다른 '슈퍼 울트라 초특급' 똑똑한 도구다. 실제로 텔레비전, 전화, 카메라, 인터넷, 컴퓨터, 위성항법장치GPS, 신용카드 등 수많은 기능이 한꺼번에 스마트폰에 탑재될 것이고 자연히 스마트폰에 대한 의존도는 점점 더 높아질 것이다. 앞으로는 스마트폰 없이 생활하는 것이 불가능한 시대가 올 것이다. 지금도 스마트폰이 없이는 은근히 마음이 불안해지곤 한다. 스마트폰을 통해서 만나는 디지털 세상의 강력한 효능은 마약과 비슷하다. 누군가는 약 없이 자연 치유력만으로 건강을 지키는 것이 최고라고 하지만 이미 우리는 약의 효능을 알았고 크게 의지하고 있다. 그러니 단순히 부작용만 보고 사용을 피할 수 없다. 칼날이 날카로울수록 조심히 다뤄야 한다. 아무리 효능이 뛰어난 약이라고 해도 무분별하게 복용하고 만병통치약처럼 함부로 쓰는 것은 매우 위험하다. 효과가 강력한 약일수록 부작용에 대한 정보와 의존성에 대한 고민이 필요하다.

파멸로 이끌 수 있는 디지털의 달콤함에 대해 논하자니 갑자기 그리스 신화 세이렌의 유혹 이야기가 떠오른다. 님프 세이렌이 부르는 노래는 무척 매혹적이어서 근처를 항해하는 뱃사람들을 홀려 바다에 빠져 죽도록 이끈다. 오디세우스는 이를 알고 세이렌의 유혹에 넘어가지 않으려 항해 전 자신을 돛대에 결박하고 부하 선원들의 귀를 귀마개로 막은 덕분에 무사히 목적지에 도달한다. 디지털 기술에 세이렌의 달콤한 노래처럼 듣는 이를 파멸로 이끄는 사악한 아름다움은 없을까? 앞서 말한 그리스 신화처럼 매혹적인 아름다움이 지닌 위험에 제대로 맞서려면 스스로 저항하는 것에는 한계가 있음을 깨달아야 한다. 가장 용맹한 오디세우스조차 자신을 스스로 믿지 못하고 "나를 돛대에 꽁꽁 묶어라."라고 명령했다. 꽃뱀의 무서움을 알지만 우리는 알면서도 그 치명적인 매력에 종종 물리는 지식인들을 종종 목격한다. 사람은 생각보다 이성적이지 않다.

　　우리 생활에 밀접한 디지털 기술을 떠나 살기는 앞으로 점점 더 어려워진다. 더 많은 시간, 더 많은 역할을 의존하게 될 것이다. 그만큼 현명한 사용을 위해 기술이 지닌 여러 모습을 살피고 이해해야 한다. 특히 SNS를 이용할 땐 좀 더 신중히 해야 한다. '꺼진 불도 다시 보자!'라는 화재예방 포스터 구호처럼 주기적으로 본인의 온라인 평판을 점검해야 예기치 못한 불상사를 예방할 수 있다. SNS가 아무리 자신만의 개인 공간이라 해도 내가 올린 정보가 평판에 어떤 영향을 끼칠지 잘 생각하고 신중하게 올려야 한다. 특히 올리는 사진, 영상의 종류는 물론 누구랑 정보를 공유할지까지 신경 써야 한다. 만일 SNS에 올리는 내용이 부정적이라면 더욱 신중히 해야 한다. SNS는 절대 개인만의 비공개 일기장이 아니다. 인기 아이돌그룹 2PM의 리더였던 박재범의 사례도 우리에게 경각심을 일깨워준다. 2005년 당시 연습생이었던 시절에 자신의 페이스북에 한국에서의 힘들었던 감정을 남긴 짧은 글 때문에 국내에서 큰 논란을 만들었다. 그는 결국 팀을 탈퇴했다. 직장인들도 온라인 평판을 철저히 관리해야만 하는 시대이다.

불미스러운 일을 예방하기 위해서는 주기적으로 나에 관한 내용이 온라인상에 어떻게 떠돌고 있는지 점검할 필요가 있다. 구체적으로 검색 엔진에서 내가 올린 것들이 어느 정도 퍼졌는지, 온라인에서 나의 이미지가 어떻게 비치고 있는지 평판을 평가해봐야 한다. 정확하지 않거나 부정적인 정보를 발견하면, 해당 글을 포스팅한 사람에게 이를 삭제하거나 수정해 달라고 요구해야 한다. 또한, 정보의 중요도에 따라서 비공개 설정을 해서 정보가 밖으로 유출되지 않도록 주의해야 한다.

보통 개인 SNS를 업무적으로도 사용하곤 한다. 그러나 가급적 개인용, 업무용 계정을 구분해 사용하는 것이 좋다. 이때 업무용 계정과 개인용 SNS와의 링크는 피한다. 하나로 통일해 사용할 때 자칫 알리고 싶지 않은 사적인 부분을 직장동료에게 불필요하게 알릴 위험이 있기 때문이다. 또 외부로 유출돼서는 안 되는 기업의 중요 기밀들이 주변 지인들을 통해 밖으로 유출될 위험이 있다는 것을 알아야 한다. 별 뜻 없이 올린 사진 한 장, 대화 한 마디, 영상이 '퍼 나르기'를 통해 정보가 생각지도 못한 엉뚱한 곳까지 퍼져 나가 나에게 상상할 수 없는 독이 되어 되돌아올 수 있다는 것을 명심해야 한다.

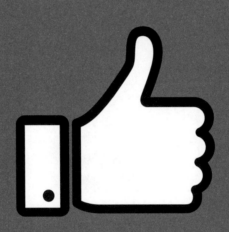

2장

한 방에 훅! 가는
'디지털 주홍글씨'를 경계하라

"

악플, 인신공격, 명예훼손, 개인정보 유출 등
법이 통제하지 않는다면, 인터넷이라는 무한한 자유가
결국 우리의 자유를 속박하는 족쇄가 될 것이다.

"

'클릭' 한 번에
당신의 운명이 휘몰아친다

평판을 눈에 보이지 않는 강한 세력이라고 보고
손안에 든 작은 새알처럼 여겨라.

― 신용준·윤석일

  몇 년 전, 한 여자 아나운서가 프로야구선수와의 관계를 일기로 적어 자신의 미니홈피에 올렸다가 SNS를 통해 유포된 사건이 있었다. 그런데 미혼 여성이 도저히 감당하기 힘든 불미스러운 소문이어서 당사자가 인생을 포기하는 안타까운 일이 벌어진다. 최근 들어 SNS에 남긴 글이 유포되는 과정에서 사실 여부와 무관하게 악성 소문이 싹을 틔우는 경우가 종종 있다. 또 남겨진 글은 당사자에게 지울 수 없는 상처로 남는 경우가 생기면서 디지털 주홍글씨라는 신조어까지 등장했다.

  2005년 네티즌 사이의 격렬한 논쟁을 일으킨 '개똥녀' 사건도 누군가 몰래 찍어 인터넷에 올린 사진 한 장이 발단이었다. 이때 네티즌들은 대중이라는 단단한 갑옷을 입고 도덕적 우월감으로 무장하여 한 명의 규범 위반자를 거세게 몰아붙이는 사이버 규범 경찰이 되었다. 이들이 끼치는 영향력은 우리의 상상을 초월하는 큰일을 벌이기도 한다. 과연 누가 이들에게 무소불위의 권력을 휘두를 권한을 부여했다는 말인가? 지금은 당신이 데리고 있는 개가 지하철에서 실례하는 모습이 동영상으로 생중계되는 것도 가능한 시대이다. 정보의 확산이 워낙 쉬워서 과거처럼 사회적 일탈을 해도 들키지 않는다는 생각은 통하지 않게 되었다. 세계에 흩어져 사는 사람들은 사이버공간에 모여서 생각과 정보를 시시각각 자유롭게 공유한다. 이처럼 우리는 인터넷이라는 거대한 바닷속에 살고 있다. 그런데 이곳에서 소리 없는 인격살해와 마녀사냥이 벌어진다. 때로는 할렘가를 연상시킬 만큼 불미스런 일들도 종종 일어난다.

연예인들의 사생활을 폭로하는 일명 '찌라시'나 이곳저곳 퍼지는 정체불명의 블로그 글, SNS에 올라오는 묻지마식 게시글이 대표적이다. 대부분은 개인이 작성한 지극히 주관적인 글들이다. 하지만 사람들 손에 의해 이곳저곳 확산하면서 이 글들은 이제 주관적인 내용이 아닌, 누구나 인정하는 공신력 있는 정보인 것처럼 여겨진다. 지우려 해도 이미 퍼질 대로 퍼진 정보들은 마치 암세포가 퍼지듯이 네트워크를 타고 출처를 찾을 수 없을 만큼 삽시간에 인터넷에 흩어진다. 특히 악의적인 거짓 소문이나 숨기고 싶은 개인정보가 인터넷에 유입되면 흔적을 완전히 없애기는 거의 불가능하다. 인터넷 사방천지를 넘나들며 퍼져나가는 글이 이곳저곳 꼬리에 꼬리를 물고 널리 확산하는 것은 순식간이다. 한때의 실수나 타의에 의해 찍힌 수치스러운 낙인으로 평생을 사는 것은 고통스러울 것이다. 이것이 현대판 주홍글씨의 무서움이다. 무법천지로 변해가는 망망대해 인터넷 세상에 누가 제동을 걸 수 있을까? 악플, 인신공격, 명예훼손, 개인정보 유출 등 법이 통제하지 않는다면, 인터넷이라는 무한한 자유가 결국 우리의 자유를 속박하는 족쇄가 될 것이다.

인터넷은 전 세계인이 함께 사용하는 정보 생산의 원천이자 공동 우물이기 때문에 쉽게 전파된다. 인터넷에서는 끊임없이 정보가 생성되지만, 동시에 끊임없이 정보가 옮겨 다닌다. 때로는 메르스, 에볼라 바이러스보다 더 큰 공포를 불러일으킨다. 인터넷에서는 무작정 올린 사소한 글이 엄청난 파급력을 갖기도 한다. 그래서 글을 쓰거나 개인정보를 공개할 때는 인터넷 공간이 개인만의 것이 아닌, 모든 이들과 연결된 공개된 공간이라는 사실을 분명히 기억하고 경각심을 가져야 한다. 우리는 초기에 SNS가 가져다주는 편리함에 빠져들기 시작했다. 오랫동안 연락이 되지 않던 친구와 연락이 닿거나, 자주 못 만나는 친구들 근황을 쉽게 알 수 있다는 점에서 상당히 매력을 느꼈다. 그러나 SNS를 신개념 홍신소라고 불러야 할 수준일 정도로 개인정보가 유출되기도 한다. 그래서 SNS에 피로감을 느끼고 SNS 계정을 삭제하거나 휴면상태로 돌리는 사람들이 늘고 있다. 분명 사생활 침해는 문제다. 또 의도치 않게 범죄에 악용이 된다면 절대 쉽게 지나칠 수 없는 문제다.

SNS 이용자들은 자신의 생년월일, 학교, 직업, 이메일 주소 등 개인정보는 물론, 소소한 일상생활까지 아무렇지도 않게 SNS에 기록하고 공유한다. SNS에서는 이 모든 것이 '친구'는 물론, '친구의 친구'로 계속 이어지는 네트워크 물줄기를 따라 무한대로 전달되며, 이는 사생활 노출 위험을 불러올 수 있다. 실제로 페이스북과 트위터 등 국내 SNS 사용자 절반 정도가 이름과 학력만으로 식별이 가능할 정도로 SNS에서의 개인정보 노출이 심각한 것으로 조사되었다. 대부분 사람이 이름과 학력 정도는 공개해도 괜찮은 가벼운 정보로 생각하기 때문이다. SNS를 이용하면서 겪는 피해 유형으로는 '원하지 않는 사생활의 누출과 유출'이 가장 높고, '광고 및 스팸 누출과 유출', '타인에 의한 개인정보 유포 또는 노출과 유출' 등이 있다. 실제로 대기업에 다니는 이 모 씨는 서너 달 전 자신의 페북에 올린 사진으로 인해 직장 내 험담꾼들의 표적이 되면서 계정을 삭제하기에 이르렀다. 과거 대학 동기들과 함께 찍은 사진 때문에 '좀 놀았던 여자', '남자한테 꼬리 치는 여우' 등의 구설에 시달린 것이다. 그는 최근 몇몇 동기들의 친구요청을 수락했더니 동기들이 카카오톡 단체 방에까지 자신의 페북 내용을 퍼 날라 뒷말의 주인공이 된 걸 알게 되었다. 그가 아무리 평소에 직장에서 평판에 신경을 썼다고 해도 SNS가 직장 생활의 걸림돌이 된 것이다. 이처럼 사생활유출은 결코 가벼운 일이 아니다. 심지어 최근에는 사건이 터질 때마다 범죄자들이 운영했던 블로그나 페이스북이 노출되어 사진과 글이 모두 공개되는 일이 비일비재하다.

하지만 계정을 삭제하고 SNS를 떠나더라도 '디지털 잉크'는 말끔히 지워지지 않는다. 포털, 유머 커뮤니티 사이트 등 다른 인터넷 공간으로 순식간에 퍼진 정보들이 신상털기 재료로 활용되기도 하고, 심한 경우 일상을 옥죄기도 한다. 무엇보다 어디에 내 과거가 떠도는지 짐작하기 어렵다는 것이 가장 큰 문제이다. 대학원생 김 모 씨는 지난해 기업 공채에서 수차례 연이어 떨어진 이유를 깨달았다. 과거 자신의 화려한 SNS 활동 내용을 면접관들이 알게 된 탓이었다. 수년 전에 미국산 소고기 수입반대 촛불집회 현장에 적극적으로 앞장섰던 모습이 찍힌 사진, 동성애를 지지하는 글을 남긴 것이 발목을 잡았다. 이에 놀란 그는 바로 모든 SNS 계정을 삭제했다.

이처럼 SNS는 자신이 통제할 수 있는 범위를 넘어서는 강력한 힘을 갖고 있다. 그래서 처음부터 사생활 공개의 적정 수준을 정해놓고 활동해야 한다. SNS 공간에서는 내용이 끝없이 퍼져나가는 무한 리트윗(RT·퍼 나르기) 같은 공유기능이나 누군가에 의한 화면 캡처로 자신의 정보 확산을 통제할 수 없기에 디지털 공간에서 흔적을 지워 사생활을 지키는 것은 거의 불가능하다. 페이스북을 비롯한 각종 소셜 네트워크 활동을 통해 온라인상에 축적된 데이터를 모으면 한 사람의 인생을 다 들여다볼 수 있는 세상이 된다. 어떠한 일로 화제가 되어 이목이 쏠리는 시기에 신상털기로 자신의 모든 사생활과 사진이 만천하에 공개되는 것은 매우 끔찍한 일이다.

나쁜 평판일수록 잔인하게 퍼져나간다

> 소문은 강물과 같아서 그 원천은 보잘것없이 작지만
> 하류로 내려가면 엄청나게 넓어진다.
>
> — 영국속담

　　　　　　한 번의 그릇된 행동이 해당 개인은 물론 조직 전체에 얼마나 치명적인 타격을 입히는지는 조현아 전 대한항공 부사장의 '땅콩 회항' 사례가 잘 보여줬다. 모바일이 발달한 요즘에는 클릭 한 번으로 부정적 뉴스가 순식간에 수십만 명에게 전파된다. 왜 부정적인 뉴스가 긍정적인 뉴스에 비해 사람들 뇌리에 훨씬 강렬한 인상을 남길까. 이는 '부정성 효과Negativity Effect' 때문이다. 온라인 게시판에 남겨진 부정적 메시지는 단 한 건이라도 강력한 효력을 발휘한다는 연구 결과가 있다. 이는 사람들이 의사결정을 내릴 때 부정적 정보가 긍정적 정보보다 더 유용한 정보라고 여기고 머릿속에 잘 떠오르기 때문이다.

인터넷의 엄청난 발달과 스마트폰의 급속한 보급으로 오프라인에서만 형성되던 평판이 온라인상에서도 만들어지고 퍼지기 쉬워졌다. 한 예로 유나이티드항공에서 고객의 파손된 수하물과 관련한 사건에 제대로 대응하지 못해 화를 자초한 일을 들 수 있다. 잘못된 고객 응대로 1억 8,000만 달러를 날린 매우 어처구니없는 일이었다. 더불어 유튜브의 엄청난 위력에 대해서도 뼈저리게 느낄 수 있는 계기가 됐다. 그 내용은 다음과 같다.

2008년 캐나다의 가수 데이브 캐럴은 공연을 위해 유나이티드항공을 이용했다가 항공사 직원의 실수로 인해 수하물로 보낸 기타가 파손된 사건이 일어났다. 억울하게 기타가 망가진 캐럴은 항공사에 변상을 요구했다. 그러나 항공사에서는 '24시간 이내에 피해 보상을 요구해야 한다'는 규정만을 들어 변상을 거부했다. 그는 9개월 동안 끈질기게 보상을 요구했으나 상황이 달라지지 않았다. 캐럴은 이대로는 말이 먹히지 않을 것 같아 유튜브에 〈유나이티드가 기타를 부수네 United Breaks Guitars〉라는 제목의 뮤직비디오를 올렸다.

이 뮤직비디오에는 항공사 직원들이 기타를 집어 던지고 고객의 불만 제기에 모르쇠로 일관하는 생생한 모습이 담겼다. 화면에 나온 기타를 집어 던지는 모습이 너무나 생생해 공감을 불러일으켰다. 이는 들끓는 기타 주인의 분노를 함께 공감하기에 최상의 방법이었다. 결국, 배럴의 작전은 성공적이었다. 동영상 업로드 즉시 화제가 돼 나흘 만에 조회 수가 700만 건이 넘어설 정도로 급속히 퍼졌다. 유나이티드항공사의 고객 응대에 문제가 있음이 알려지자 평판은 급속도로 추락했다. 이뿐 아니라 유튜브에 동영상이 유포된 지 2주 만에 유나이티드항공 주가가 무려 10퍼센트나 떨어졌다. 겨우 3,500달러짜리 기타 보상을 거부한 대가로 1억 8,000만 달러어치의 엄청난 손해를 입은 것이다. 문제가 생기고 난 후, 손해를 입은 고객에게 새 기타 한 대를 사주거나 간단히 보상으로 해결이 되었을 일이었다. 그러나 아쉽게도 매우 값비싼 수업료를 치른 셈이다.

평판은 그 특성상 악영향을 주는 부정적인 내용일수록 더 빠르게 퍼져나가 많은 사람에게 쉽게 전달된다. 평판이든 나쁜 소문이든 그것은 대개 소위 말해 '뒷담화'가 대부분이다. 이처럼 사람들의 가장 큰 흥미를 끄는 것은 당연히 '사람'에 관한 이야기이다. 대화 중 서로가 아는 사람에 대한 화제를 꺼내면 갑자기 사람들이 그 이야기에 유난히 집중하게 된다. 사람은 다른 사람에 관해 이야기하는 것에 흥미를 느낀다. 이에 큰 관심을 보이게 되고, 말하는 이도 듣는 이들이 자기 말에 주의를 기울이면 더욱 들뜬 기분으로 신나서 이야기를 계속 펼쳐나가게 된다. 사람들과의 대화와 마찬가지로 소문도 좋은 소문보다 나쁜 소문이 압도적으로 많이 이야기되는 경향이 있다. 인간 심리가 안 좋은 내용, 치명적인 내용일수록 더 흥미를 갖게 된다. 그래서 나쁜 평판이 너무나 빠르게 퍼져 나간다. 당사자가 없는 자리에서 '험담'을 하는 것은 흔히 일어나는 일이다. 반면에 그 사람의 뛰어난 점에 관해 이야기하는 일은 드물다.

사람은 누구나 자존심을 갖고 있으며, 또한 타인에 대해 우월감을 느끼기를 원한다. 다른 사람이 자신을 보고 행복하고 부러워할 만한 상황에 있다고 생각하기를 바란다. 그런데 이는 타인과의 비교로 나타나는 것이다. 그래서 타인에 대한 나쁜 소문을 이야기하거나 들으면서 남을 깎아내린 상태에서 자신의 우월감에 대한 욕구를 충족시키게 된다. 결국, 험담은 인간의 '본능적'인 행동이라고 할 수 있다. 인간의 내면에는 은근히 '남에게 지고 싶지 않다는' 심리가 잠재해 있다. 이 같은 논리는 뇌과학 분야에서도 검증되었다. 질투의 감정에는 '전부 대상회'라고 불리는 고통과 갈등을 처리하는 뇌 부위가 관여한다. 그리고 질투의 대상에게 불우한 일이 일어나면 '선조체'라고 불리는 '보상'에 관여하는 부위가 활발해져 '기쁨'으로 감지한다. 이것이 타인의 불행에 기뻐하게 되는 뇌의 메커니즘이다.

그런데 이런 뒷말이나 부정적인 이야기가 온라인상에서 이뤄질 때는 매우 치명적일 수 있다. 오프라인에서는 다른 사람에게 전해지려면 시간이 걸리지만, 온라인상에서는 삽시간에 퍼져나갈 수 있다. 그리고 그 기록은 아주 오랫동안 디지털 형태로 저장되어 전해진다. 또한, 요즘엔 소셜 미디어를 통한 비판에 제대로 대응하지 못해 낭패를 본 기업들도 속출하고 있다. 대표적인 것이 네슬레의 사례이다.

몇 년 전, 한 남성이 킷캣 포장지에 싸인 오랑우탄의 손가락을 꺼내 드는 장면에 이어 이를 먹은 남성의 입에서 피가 흘러내리며 '오랑우탄에게 휴식을 주라'는 문구가 등장하는 끔찍한 영상이 인터넷에 떠돌았다. 이 동영상은 24시간 만에 10만 건이 넘는 조회 수를 기록했고, 네슬레의 페이스북 페이지는 항의 글로 도배됐다. 이것은 초콜릿 킷캣을 만들 때 사용하는 팜유를 얻기 위해서는 인도네시아의 삼림이 파괴되고 그로 인해 오랑우탄의 서식지가 줄어든다는 내용이었다. 환경 운동 단체인 그린피스가 네슬레의 인기상품인 킷캣 초콜릿 광고 "휴식을 가져라"를 패러디한 동영상을 만들었다. 그리고 유튜브와 페이스북이라는 소셜 미디어를 전략적으로 활용해 네슬레로 상대로 비방전을 펼쳤다. 그러자 네슬레는 저작권 침해를 이유로 법원에 가처분을 신청하고 해당 영상을 강제로 삭제하기 시작했다. 네슬레의 이런 조치는 끓어오른 소비자들의 분노에 기름을 부었다. 네티즌들은 해당 동영상을 자신들의 블로그와 사람들이 많이 찾는 온라인 게시판에 계속 복사해 퍼다 날랐다. 급기야 문제가 확산하여 소비자들 사이에서는 네슬레 불법운동이 벌어졌다. 20만 통이라는 어마어마한 양의 항의 이메일을 받은 네슬레는 인도네시아 팜유 생산 업체로부터 구매를 중단하겠다고 선언하기에 이르렀다.

강경한 조치를 하고 정면 대응한 네슬레의 태도는 소비자와 네티즌들의 불만을 잠재우기는커녕 분노를 키워 사태를 악화시켰다. 만약 네슬레가 패러디 영상에 나온 직후, 물의가 빚어진 원인에 대해 사과와 유감을 표시하고 신속하게 개선 방안에 대해 발표했다면 상황은 달라졌을 것이다. 네슬레의 사례가 보여주듯 기업은 유튜브나 페이스북 등 온라인 세계에 남은 흔적은 삭제하더라도 만일 크게 쟁점이 된 사건이라면 더욱더 완전히 사라지게 하는 것은 매우 어렵다는 점에 유의해야 한다.

대기업의 아성을 위협하는 디지털 평판

실수해도 괜찮다. 실패해도 된다. 다만, 그런 일이 일어났다면 반성하고 그것을 교훈 삼아 더 큰 도약을 꿈꾸어야 한다. 그런 사람만이 어떤 위기에 처하더라도 반드시 성공에 이를 수 있다.

– 이나모리 가즈오

지난 10년 사이에 눈부시게 빠른 속도로 부상한 블로그, SNS, 온라인 커뮤니티 등과 같은 디지털 미디어는 미디어의 새 지평을 열었다. 온라인 뉴스를 접하는 사람들이 급격히 늘어나면서 기존의 신문과 잡지, TV 뉴스는 힘을 잃고 있다. 이제는 뉴스와 정보를 사용자가 직접 만들어 인터넷에서 즉시 배포할 수 있기에 신문과 텔레비전 뉴스가 몰락하는 모습도 보인다. 그래서 과거처럼 '조선일보, 중앙일보, 동아일보'와 같은 주요 일간지와 TV·라디오의 심각한 보도 내용만 파급력이 크다고 생각하면 오산이다. 지금은 SNS상의 황당한 루머도 침묵하고 그냥 넘어갈 수 없는 시대이다.

이제는 인터넷 덕분에 모든 사람이 때와 장소를 가리지 않고 자신만의 콘텐츠를 발표, 제작, 배포할 수 있게 되었다. 이렇게 정보와 콘텐츠가 폭발적으로 급증하자 단 몇 번의 마우스 클릭만으로 하룻밤 새 좋은 평판이 생겨나기도 하고 망가지기도 한다. 한바탕 큰 논란을 일으키고도 마지막까지 살아남을 사람이 누구인지는 아무도 알 수 없다. 소셜 네트워크 세상은 텔레비전이나 광고판과는 전혀 다르다. 인터넷에서 서로 대화를 나누고, 콘텐츠를 무한대로 확산시킬 수 있는 엄청난 힘이 있다. 그렇기에 디지털 세상이 실제 세상만큼이나 아주 중요하며, 오프라인 세계와 거의 동일하게 영향력이 크다. 이런 새로운 세계에서 온라인 비평가들은 항상 공격할 태세를 갖추고 있고, 적대적인 구성원들은 순식간에 힘을 모아 기업에 끔찍한 악영향을 미친다. 기업의 평판과 가치 평가는 과거 그 어느 때보다 위험한 상황에 부닥쳤다.

기업 경영자나 조직의 책임자는 SNS에 올린 한없이 가벼워 보이는 글자도 이젠 오프라인의 주요 미디어에 버금가는 커다란 영향력과 파급력을 갖게 됐다는 것을 알아야 한다. 오프라인 언론이 SNS의 여론을 빠르게 따라잡는 시대로 변했다. 특히, 유튜브가 선도한 공개하고, 공유할 수 있는 커뮤니티의 힘이 어떤 기업의 제품, 서비스, 평판에 매우 심각하고 재빠른 영향을 미칠 수 있는 시민 저널리즘의 시대를 이끌었다. 그래서 기존에 언론만 상대하던 홍보실의 기능을 어디까지 확대해야 하는지에 대해 고민해야 할 때이다. 이러한 환경 속에서는 기업이 고객의 눈을 피해 숨을 방법이 전혀 없다. 오늘날 기업은 오래도록 장수하기 위해서는 기본적으로 도덕성을 갖추고 겸손함과 이해심 그리고 고객의 말에 항상 귀 기울이고자 하는 소통 의지를 갖춰야 한다. 새로운 환경에서 성공하려는 기업은 자신들을 지지하는 주요 인물들과 투명하고 진실한 관계를 맺어야 좋은 평판을 유지할 수 있다. 콘텐츠 생성, 배포, 참여를 위한 자신만의 전략을 갖고 세상에 이상적인 정체감을 드러내야 한다.

실제로 미국 도미노피자는 유튜브의 엄청난 확산 때문에 위기에 빠졌었다. 그 이유는 2009년 유튜브에 올라온 영상 하나 때문이다. 이 동영상에는 미국 노스캐롤라이나 주의 한 매장에서 두 명의 직원이 도미노피자를 만들며 치즈를 코에 넣는 역겨운 장면이 고스란히 담겨 있었다. 문제의 동영상이 올라간 지 44시간 만에 CEO가 직접 사과하고 영향력 있는 책임자가 이와 같은 일이 다시는 재발하지 않도록 약속하는 동영상을 제작해 재빠르게 대응했다. 결국, 문제의 피자는 고객에게 배달되지 않았으며, 종업원들의 단순 장난으로 밝혀져 신뢰를 회복한 사건이었다. 이후 도미노피자는 피자 제조에 관한 모든 것을 바꾼다는 취지로 '피자 턴어라운드'라는 마케팅 캠페인을 시작해 손상된 명성을 회복하고자 노력했다. 패트릭 도일 CEO가 직접 선두에 나서서 18개월간 수천만 달러를 쏟아부었다. '맛없는 피자'라는 고객 불만을 해소하기 위해 품질을 개선하는 작업을 벌여 15가지 소스, 20여 가지 피자 치즈, 그리고 50여 종류의 피자 도우 반죽을 새로 개발하는 등 새로운 혁신을 통해 간신히 위기를 돌파했다. 이는 소셜 미디어 위기관리를 잘해서 손실을 최소화시킨 대표적인 사례로 꼽힌다. 이처럼 변화를 위한 처절한 노력으로 도미노피자는 점점 성장하고 있다.

이처럼 온라인에 게시물을 올릴 때 누구의 허락을 받지도 않고도 즉각 올릴 수 있고, 통제 불가능하다는 점이 기업에는 두려움이다. 사람들이 기업에 불만족한 이유나 만족했던 부분 등을 영상이라는 생생한 형태로 있는 그대로 전부 다 보여줄 수 있다. 실제로 동영상은 기업 평판에 강력한 영향력을 발휘하는 것으로 드러났다. 소셜 네트워크 세상에서 기업이 경쟁 우위를 차지하기 위한 기반에 큰 변화가 생겼다. 예전에는 천연자원, 자금, 공장, 장비 같은 실물 자산을 기반으로 해 경쟁적 우위가 형성되었지만, 이제는 인적 자산, 지식 자산, 사회적 자산 같은 눈에 보이지 않는 무형 자산을 통해 우위가 형성될 것이다. 한 기업의 평판은 가장 중요하고 소중한 무형 자산 가운데 하나다. 이것이 기업이 얼마나 오래 생존할 수 있는지를 좌우할 것이다.

또한 '미디어'의 디지털화로 인해 오랫동안 사용해 왔던 과거의 조직 구성, 업무, 의사소통, 경쟁 방식이 시대에 뒤처진 구닥다리가 되었다. 오늘날 기업들은 인터넷, 끝없이 전달되는 뉴스, 소셜 미디어, 블로그, 곳곳에 도사리는 감시 단체, 논란의 여지가 높은 환경문제, 기후 변화, 물 부족, 삶의 질, 인권, 비만, 영양실조, 세계 빈곤, 에이즈, 에너지 효율과 같은 문제의 확산이 모두 합쳐져 비즈니스 환경이 한층 더 위험하고 냉혹하고 힘든 상황이 된 것은 사실이다.

소셜 평판에
목매야 하는 이유

눈에 보이지 않는 자산인 신용을 소중히 해야 한다.
위기 때 나를 믿어준 사람들 덕택에 이 자리까지 오게 되었다.

– 김재철

　　　　　　SNS 시대라 할 수 있는 정보화 시대는 큰
변화를 가져왔다. 1998년부터 IT 혁명이라는 이름으로 시작된 정보
통신의 발달은 스마트폰 혁명으로 바뀌고 있다. 전 세계인 대부분이
24시간 내내 각자가 접속하여 무언가를 검색하거나 글을 쓰고, 공유
하고, 듣고, 보는 시대이다. 현재 우리는 빅데이터라는 정보 네트워크
에서 자유와 부자유의 경계를 넘나들면서 편리함과 뒤따르는 부작용
을 경험한다. 게다가 부작용의 문제점에 대해 갈등하기도 한다. 이처
럼 지금은 정보의 독점이 불가능해진 시대이다. 과거 정보 독점이 쉬
웠던 시절에는 정보를 독점한 사람은 최고 권력자가 될 수 있었고 독
재도 가능했다. 언론이 정보를 독점하고 선별해서 발표할 수 있던 시

대에는 그들을 잘 끌어들이면 쉽게 국민을 억압하고 권위적으로 이끌 수 있었다. 그러나 첨단 통신 기기와 인터넷의 발달로 정보의 독점이 불가능해졌다. 이제는 권위적인 리더십이 통하지 않는다. 권위적으로 직위나 나이를 내세우는 억압적인 방법으로는 사람들이 따르지 않는다. 돈의 유무와 계층의 높낮이, 어린 나이와 무관하게 같은 정보를 공유하고 발언할 수 있는 자유를 얻게 된 것이다.

그렇기에 무조건적인 지시보다는 인격적인 감동을 줘 자발적으로 따르게 해야 성공적인 리더가 될 수 있다. 고급정보가 소수에게만 특권처럼 집중되었던 과거에는 대중을 속이거나 설득하기가 쉬웠다. 그러나 지금은 상황이 완전히 달라졌다. 대중의 눈과 귀, 입을 막기 어려워졌다. 그렇기에 정치는 물론 직장과 가정에서도 권위적이지 않고 소탈하며, 인간적인 솔직함으로 다가가는 인격적 리더가 시대의 주인공으로 인정받는 것은 당연하다.

또한 남녀노소 불문하고 부당한 일을 당하면 누구나 전 세계 사람들이 즉각 볼 수 있는 유튜브에 알릴 수 있고 비밀리에 움직이는 수상한 이들의 징후를 만인에게 폭로할 수 있게 되었다. 제도권 언론이 정보를 아무리 통제한다고 해도 수많은 사람이 해외 언론에서조차 숨기고자 하는 내용을 찾아내 단시간에 인터넷 유포가 가능하다. 또 전세계인과 통신을 할 수 있는 페이스북 같은 SNS를 통해 통제된 정보 내용을 모조리 캐내고 지구 전체에 알리기가 쉽다. 앞으로는 더욱더 많은 비밀이 폭로될 것이다. 이에 따른 대응은 분명히 필요하다.

그렇다면 세상에서 가장 큰 책이 무엇인가? 정답은 페이스북인데 세계 최대의 소셜 미디어로 중국, 인도 다음으로 온라인에 거대한 대국을 형성하고 있다. 우리나라의 싸이월드보다도 5년이나 늦게 시작되었지만, 그 확산속도는 다른 것과는 비교할 수 없을 정도로 빠르다. 페이스북은 2004년 2월에 19살이었던 하버드대학교 학생 마크 저커버그가 학교 기숙사에서 개설했다. 처음에는 단지 하버드 학생들만 이용할 수 있는 내부 사이트였지만 차후 예일, 스탠퍼드, MIT 등의 대학생들이 이용하면서 상위권 대학의 인맥 교류 사이트로 확장되었다. 이후 대부분 학교에 전파되어 일반인에게까지 오픈된 후 현재 8억 명이 넘는 회원을 확보하고 있는데 연간 1억 명 이상 증가하고 있다. 아래와 같이 페이스북은 나날이 급성장해 왔다.

- 2004년 페이스북 개설(2월), 회원 수 100만 명(12월)
- 2005년 미국 대학생 85%가 회원가입, 회원 수 550만 명(12월)
- 2006년 13세 이상에게 모두 서비스 개방, 회원 수 1,200만 명(12월)
- 2007년 회원 수 5,000만 명 돌파(10월)
- 2008년 회원 수 1억 명 돌파(8월)
- 2009년 회원 수 3억 명 돌파(10월)
- 2010년 회원 수 4억 명 돌파(2월), 회원 수 5억 명 돌파(7월)
- 2011년 페이지, 타임라인 서비스 오픈, 회원 수 8억 명 돌파

그렇다면 페이스북이 다른 소셜 미디어들과는 다른 차별성은 무엇일까? 우리가 애용하는 블로그나, 카페, 트위터, 유튜브와는 다른 구조와 기능들을 가지고 있다. 페이스북은 담벼락에 글, 사진, 동영상

을 자유롭게 첨부할 수 있고, 링크 기능을 통해 다양한 정보를 공유할 수 있도록 구성되어 있다. 또한, 언어의 장벽을 뛰어넘을 수 있는 사진과 동영상 업로드 기능이 강화되어 전 세계 사람들이 서로 의사소통할 수 있도록 하는 데 일조했다. 특히, '담벼락 기능'은 새로 개봉한 영화, 세일 정보, 구인광고 등 엄청난 양의 정보를 얻을 수 있으며 실시간 채팅 기능을 제공해 쌍방향 의사소통이 가능하다. 또한, 페이스북은 하나의 아이디어로 채팅, 게임, 모바일전화, 애플리케이션 연동을 할 수 있다. 게다가 개인은 물론 모임, 기업, 동호회 등 여러 단체에서 사용할 수 있도록 그룹과 페이지 기능을 제공하고 있다. 또 결제 기능을 추가해 온라인 쇼핑몰도 쉽게 제작할 수 있고 페이스북은 개인 포털 플랫폼, 사람들과의 네트워크 및 마케팅 도구로 활용된다.

또한, 빠른 전파력과 홍보력을 모두 지닌 트위터도 인기가 좋은 SNS 중 하나이다. 개개인이 미디어 채널을 갖게 되는 트위터는 휴대폰 문자메시지와 비슷한 성격을 가지고 있으며 2006년에 개설 후 세계적인 열풍을 일으켰다. 트위터는 블로그의 인터페이스와 미니홈페이지의 친구 맺기, 메신저 기능 등을 모아 놓은 가장 짧은 메시지를 통해 의사소통하는 소셜 미디어다. 트위터는 전파 속도가 소셜 미디어 중 가장 빨라 많은 이들이 열광한다. 또한, 대부분 PC 기반으로 이뤄졌던 네트워크 서비스와 달리 PC와 스마트폰을 동시에 기반으로 했다. 그래서 PC가 아니더라도 스마트폰을 이용해 언제 어디서든 원하는 내용을 확산시킬 수 있다. 그래서 스마트폰의 확산과 함께 언제 어디서든 트윗을 할 수 있는 트위터 열풍을 일으키게 되었다. 트위터를 통해 마이클 잭슨 사망, 인도 뭄바이 테러, 이란 반정부 시위 등 세계적으로 굵직한 사건들이 뉴스보다도 더 빠르게 온라인에서 먼저 퍼져나갔다. 특히, 2009년 뉴욕 허드슨 강에 항공기가 추락하는 대형 사고가 있었다. 그런데 놀랍게도 이 사고가 CNN이나 유명 언론사의 방송이 아닌 개인의 트위터로 가장 먼저 알려졌으며, 덕분에 기적적으로 모든 승객이 안전하게 구조되었다. 이 과정 또한 트위터로 세세하게 전달되어 많은 사람에게 안도와 구조의 기쁨을 안겨주었다. 이처럼 트위터의 전파력은 놀랄 정도로 빠르다. 게다가 개인 미디어로 사실을 알리고 전파하는 성격이 강하다. 언젠가 서울에서 갑작스러운 지진으로 모두가 깜짝 놀랐던 일이 있었다. 이때 사람들이 가장 먼저 확인했던 곳도 역시 트위터였다.

"이곳은 강남인데요. 땅이 지금 흔들리는 것 느꼈나요?"
"건물이 많이 흔들리는데. 이거 지진 맞죠?"
"여기 강북인데 지진 났어요."

당시 트위터를 통해 사람들은 실시간으로 정보를 공유했다. 약 10분 동안 계속 지진과 관련된 2,500개가 넘는 글이 실시간으로 올라올 정도였다. 그 이후 서울에 강도 3.0의 지진이 발생했다는 뉴스가 나왔다. 이처럼 트위터는 뉴스보다 빠르다. 이뿐 아니라 부산 지하철 사고, 서울 지진 등이 사건의 시작부터 끝까지 모든 상황이 온라인에 그대로 생중계되었다. 서울 홍수 사태 때는 강남역을 비롯한 곳곳의 침수 상황이 사진과 함께 트위터에 전파되어 홍수의 심각성을 보여주었고 이곳을 통행하는 운전자와 승객을 안전한 길로 안내하기도 했다. 이처럼 특별한 상황에서 SNS는 뉴스와 기자 그 이상의 역할을 해내기도 한다.

현대판 주홍글씨를
아십니까?

당신이 만든 좋은 평판은 누군가가 날카로운 날을 세우고 당신에 대한 정보를 수집하고 관찰하는 것을 부드럽게 넘어가게 해주며 당신이 원하는 방향으로 나아가게 해줄 것이다.

– 신용준·윤석일

최근 우리는 미디어의 새로운 발전을 목격했다. 라디오에서 TV에 이르기까지 의사소통을 하고 정보를 주고받는 방식에 급격한 변화가 있었다. 기술 혁신에 힘입어 미디어는 급물살을 타고 폭발적으로 성장했다. 정보가 차고 넘치는 이 시대, 인터넷은 집 안의 거대한 도서관과 같다. 다른 이와 즉시 소통할 수 있고 이제껏 경험하지 못한 최고의 효율성과 힘으로 정보를 퍼뜨릴 수 있게 됐다. 인터넷에서 벌어지는 자유로운 정보의 유통은 우리에게 자기 생각을 맘껏 표현하고 자유로운 의사소통을 할 수 있는 완전히 새로운 기회를 제공한다. 또한, 오늘날 디지털 시대에는 저장장치 기술의 발달로 인터넷 공간을 통해 인간에게 무한대의 기억력을 갖출 수 있는 원동력을 제공한다. 검색도 매우 쉽다. 정보를 얻고자 도서관에 직접 갈 필요도 없다. 네이버나 구글에서 간단히 검색어를 치면 원하는 정보를 곧바로 얻을 수 있다. 또 인터넷을 통해 정보 전달을 하면서 기존의 거리 제약이 사라졌고 공간의 구속으로부터 자유로워졌다. 또한, 국가 간 경계가 허물어진 진정한 글로벌 시대가 도래했다.

과거에는 일기장에 자신의 일상생활을 기록하는 것이 유일하게 정보를 저장하는 방법이었다. 하지만 지금은 개인정보는 물론, 사생활, 카드결제 소비패턴, SNS에 올린 글을 통한 작성자의 심리상태, GPS 정보로 얻은 위치데이터 등 방대한 양의 정보들이 정보공간에 쌓인다. 인터넷에서는 누구나 전 세계를 상대로 생각을 교류할 수 있다. 블로그 등 다양한 웹사이트를 통해 맘껏 정보를 올리고 얻을 수 있다.

그러나 여기에는 위험성도 함께 존재한다. 아이러니하게도 정보의 자유로운 유통이 앞으로 우리의 자유를 위협하게 될 것이다. 인터넷의 발달은 참으로 대단한 일이지만 한편으론 끔찍하다. 가십이나 모욕주기, 과거의 속박, 가십과 거짓 소문의 오명에서 헤어 나오지 못하게 될 수도 있다. 한번 뿌려진 정보는 누구나 언제라도 접근할 수 있어 평판에 엄청난 영향을 미치는 것은 당연하다. 인터넷에 쌓인 인터넷의 수많은 개인정보와 과거 흔적은 영원히 보존된다. 당신이 어딜 가든 어린 시절을 비롯한 과거 기록이 평생 온라인상에서 그림자같이 당신을 영원히 따라다닌다. 디지털 공간에서 정보를 새롭게 생산하고 배포하기는 매우 쉽다. 비용도 거의 무료다. 하지만 한번 뿌려진 정보를 회수하는 데는 천문학적 비용이 들기도 한다. 그만큼 인터넷에 올리기는 쉬워도 여기저기 흩어진 정보를 다시 거둬들이기는 무척 어렵다. 그래서 인터넷상의 자유를 억압하지 않고, 표현의 자유도 제한하지 않으면서 개인정보를 다루려면 어떻게 해야 하는지 한 번쯤 진지하게 고민해봐야 할 때이다.

현재는 SNS상에서 유흥업소 종사자의 개인정보와 사생활을 폭로하는 '강남패치' 등의 SNS 계정이 논란이다. 이 계정은 운영자가 인스타그램을 통해 개별적으로 강남 유흥업소에서 일하는 여성들에 대한 익명의 제보를 받아서 이를 직접 올리는 방식이다. 지극히 개인적인 연애사는 물론이고 인간관계, 성형, 과거사, 성격 등에 대한 비난이 여실히 드러나 있다. 한 여성의 사진과 함께 "이 여자는 원래 잘 사는 금수저인척하지만 유흥업소에 다니면서 스폰을 받아 돈을 썼던 것"이라는 충격적인 제보내용이 대부분을 이루었다. 이 계정은 한때 팔로워 수가 1만3000여 명에 달했던 신상 폭로 계정이다. 이 무시무시한 계정 때문에 명예훼손과 관련된 고소장이 끊임없이 접수되어 경찰이 수사에 나섰고, 운영자는 계정을 폐쇄하고 SNS 활동을 접은 상태다. '강남패치'의 뒤를 이어 등장한 '한남패치'는 유흥업소에 종사하는 남성들의 신상 폭로에 나섰다. 이 계정도 마찬가지로 익명의 제보자로부터 받은 내용으로 가득하다. 특히 유흥업소 종사자라고 제보되는 이들의 사진까지 공개해 물의를 빚고 있다. 이곳에는 연예인, 유명인과 관련된 사생활, 충격적인 일화 등도 게재되었다. 그러나 무분별하게 폭로된 정보들의 사실 여부가 명확하지 않아 비판의 시선이 많아지고 있다. 하지만 운영자는 사생활 침해 논란에도 불구하고 SNS에 "훼손될 명예가 있느냐, 훼손될 명예가 있다면 날 고소하라."라는 내용의 글을 남기기도 했다.

이 같은 일은 놀랄 일이 아니다. 원래부터 인간사회에는 항상 뒷말이 있었다. 일부 악소문을 퍼뜨리며 타인에게 모욕을 주는 것은 인간의 원초적인 특성이기도 하다. 원래 다른 사람에 관해 이야기를 할 때 가장 큰 흥미를 느끼기도 한다. 이 같은 사회적 행태는 이제 인터넷으로 그대로 옮겨져 큰 파문을 일으키게 된 것이다. 수많은 뒷이야기가 작은 집단에서 퍼졌다가 금방 잊히곤 했는데 위의 '강남패치', '한남패치'처럼 이제는 더 넓은 영역에서 영원한 삶의 기록이 되는 것이다. 가끔 온라인에 퍼지는 소문, 가십, 모욕주기는 개인의 생활에 참담한 결과를 가져오기도 한다. 전지전능해 보이는 인터넷의 편리함과 자유는 축복이자 저주가 됐다.

나다니엘 호손의 소설《주홍글씨》를 기억하는가? 마을 주민들이 헤스터 프린에게 주홍글씨 "A"가 수놓아진 옷을 강제로 입히려 한다. A는 불륜을 뜻하는 Adultery의 머리글자다. 인터넷은 지워지지 않을 과거 개인의 잘못을 기록하여 디지털 주홍글씨로 재현한다. 인터넷이라는 광활한 바다에서 일어나는 디지털 주홍글씨의 타격은 너무 크다. 위의 '강남패치' 외에도 그 유명한 개똥녀 사건이 대표적이다. 지하철 객실에서 한 젊은 여성의 애완견이 지하철 내부에다 똥을 쌌다. 주변 승객들은 똥을 치우라고 요청했지만, 그녀는 신경 쓰지 말라며 무시했다. 그 사건은 사이버공간에 급속도로 퍼졌다. 누군가가 그녀의 사진을 찍어, 한국의 유명 블로그 사이트에 사진과 설명을 올렸고, 그녀는 모두의 조롱거리가 됐다. 결국 개 주인에게는 개똥녀라는 별명이 붙었다. 그녀의 사진과 이를 비웃는 패러디가 삽시간에 인터넷에 퍼졌다. 며칠 후에는 그녀의 신상과 과거까지 공개됐다. 사람들은 원본 사진에 선명히 찍혀있던 그녀와 개와 가방, 심지어는 시계만 보고도 그녀를 알아보기 시작했다. 급기야 개똥녀 사건은 주류 미디어로 신속히 유입되어 뉴스에도 보도되는 기염을 토해냈다. 놀랍게도 이 사건은 돈 박이 그의 블로그Don park's Daily Habit에 글을 쓰며 미국에까지 알려졌다. 게다가 한 달에 1천만에 가까운 방문자 수를 기록하는 블로그 사이트 〈보잉보잉〉에 소개 돼 더욱 유명해졌다. 이곳은 수많은 신문과 잡지를 능가할 만큼의 엄청난 영향력을 자랑하는 블로그이다. 얼마 안 가서 각 신문과 전 세계 웹사이트들이 개똥녀 이야기를 다루었다. 결국, 전 세계가 개똥녀를 알게 된 것이다.

오프라인 세상이었다면 그녀가 지하철을 나선 순간 상황 종료였겠지만, 인터넷으로 전해지면서 그녀의 소행을 목격한 몇 사람들이 그 분노를 수백만 명에게 퍼뜨렸다. 공개적 모욕에 그는 다니던 대학까지 그만두게 되었다. 그런 사람은 '사생활' 운운할 가치조차 없다고 정당화시키며 모두가 한 행동의 결과이다. 이처럼 인터넷은 잔인한 역사가다. 그녀는 애완견의 똥을 치우지 않은 여자로 두고두고 회자할 것이다. 누군가가 저지른 사회적 일탈의 결과가 지워지지 않는 디지털전과기록이 되는 게 맞는 걸까? 이제 잘못된 행동을 한 사람이 숨을 곳은 없다. 그 실상이 화면으로 복사되어 인터넷 이곳저곳에 복사

되는 것은 일도 아니게 된, 무서운 시대이다. 이 같은 환경이 자기 행동에 책임을 느끼게 만드는 부분도 있지만, 너무 심한 모욕주기나 여러 부차적 일탈을 낳는 것도 경계해야 한다. 실수한 당사자는 너무 괴로울 것이다. 최근의 사건을 계기로 디지털 시대에 살면서 자신을 단련하기에 좋은 계기라 하기에는 대가가 너무 가혹하다. 그런데 불행하게도 앞으로는 이 같은 일들이 더욱 심해질 것이다.

06 당신의 상상 그 이상, 유튜브의 힘

발 끝으로 서 있는 자가 오래 서 있을 수 없듯이
자기 자신을 뽐내는 자가 그 이상으로 자신을 높일 수 없다.

– 노자

유튜브의 진정한 저력은 오바마 선거운동본부의 사례를 통해 실감할 수 있다. 민주당 전당 대회가 열릴 무렵, 사람들은 유튜브에서 오바마 선거 유세 관련 동영상을 보는 데만 1,400만 시간이나 썼을 정도로 엄청난 양의 콘텐츠가 게시되었다. 당시 유세 본부의 동영상팀에서는 2,000시간이 넘는 영상 자료를 촬영해 오바마 유튜브 채널에 1,100개 이상 동영상을 올렸다. 그리고 오바마 선거운동본부가 온라인에 게시한 동영상 자료의 조회 수를 모두 합치면 5,000만 건이 훌쩍 넘는다. 한마디로 유튜브에 오바마가 도배된 것이다. 동영상은 유세 중인 후보자의 모습, 대중연설과 TV 출연 모습, TV CF와 온라인 광고에 나온 모습 등 정치가의 선거 유세에서 보통 예상하는 후보자의 내용이 대부분 이었다. 그러나 오바마 이외의 사람들 영상을 담았다는 것은 눈여겨볼 만한 부분이다. 그 가운데 많은 영상이 오바마 지지자들에게 초점을 맞춘 것이었다. 특히 오바마의 인종 문제 연설에 특별히 반응하는 고등학생들 모습이 영상에 담겨 있기도 했다. 그리고 오바마를 위해 일하는 자원봉사자들을 소개하는 등 오바마 지지자의 모습을 영상에 담았다. 이처럼 단순히 오바마의 모습만 영상에 담은 것이 아니다.

선거운동본부의 전략과 예상은 적중했다. 그들 목표 중 하나는 사람들이 자기 삶에서 일어난 일들과 버락 오바마를 지지하는 이유에 대해 말하도록 하는 것이었다. 그리고 단순히 동영상을 보는 데서 그치는 것이 아니라, 사람들이 그에 대한 개인적인 의견을 남기고 또 친척이나 친구, 동료들에게 그 동영상을 계속 전송하여 퍼지도록 하는 것이었다. 사람들에게 얘깃거리를 주고 동영상을 퍼뜨리면서 대화를 확장할 방법을 제공한다는 전략은 배울 가치가 있다.

지금은 전 세계가 인터넷을 무대로 한 유튜브 천하라고 할 수 있다. 블로그 게시물은 원하는 내용을 찾기까지 시간과 노력이 필요하다. 그렇기에 간편하게 찾아서 바로 보고, 즉시 이해할 수 있는 빠른 정보의 흡수력으로 때로는 유튜브 동영상이 블로그보다 평판에 더 큰 영향을 미칠 수 있다. 세상 모든 것이 점점 글자나 텍스트보다 사진과 동영상 같은 시각적인 형태로 바뀌면서 이해가 쉽고, 흥미를 끌 수 있는 동영상의 인기가 높아지고 있다. 우리는 유튜브를 통해 언제든 전 세계에게 표현하고자 하는 것을 영상으로 전달할 수 있게 되었다. 단순히 영상을 보여주는 것에서 끝나는 것이 아니라 다른 사람에게 공유할 수 있다는 특징은 엄청난 파급력을 지닌다. 이렇게 '보여주고 공유하는' 힘이 유튜브의 핵심 강점이다. 유튜브는 우리가 상상할 수 없을 만큼 그 규모가 거대하다. 유튜브가 하나의 국가라면 전 세계에서 세 번째로 인구가 많은 국가라고 할 수 있을 정도이다. 전 세계에 3억 명 이상의 사용자를 보유한 유튜브는 그 규모가 중국과 인도 다음 순위를 차지한다. 또 유튜브는 구글 다음으로 규모가 큰 중요한 검색 사이트이기도 하다. 유튜브는 1분마다 열세 시간 분량의 동영상이 업로드 될 정도로 데이터의 양이 무지 크다. 가장 거대한 동영상 사이트인 유튜브는 앞으로 모든 이들의 동영상 평판의 핵심으로 당당히 자리 잡게 될 것이다. 커뮤니티까지 제공한다는 것이 다른 사이트와 차별되는 유튜브만의 가장 큰 장점이다.

요즘 유튜브를 통해 마케팅 효과를 가장 톡톡히 누리고 있는 분야는 K팝이다. 온라인 환경에 익숙한 전 세계 10~20대의 젊은 층들이 유튜브에 올라온 K팝을 클릭하여 능숙하게 한국 노래를 따라 부른다. 또 국내 가수의 춤을 그대로 따라하는 외국 청소년 그룹이 급격히 늘고 있다. 유튜브를 통해 전 세계를 K팝으로 물들였고, 인기 걸그룹 '소녀시대' 역시 유튜브에서 세계적인 스타가 되었다. 이처럼 유튜브는 노래, 춤, 공연 등의 영상분야에서 최적의 미디어다. 덕분에 한국이 세계에 알려졌고 한류열풍에 효자노릇을 하고 있다. 특히 소녀시대가 등장하는 동영상은 13만 개, 동영상 조회 수가 무려 17억 건으로 전 세계인으로부터 인기를 얻고 있다. 또한 여러 멤버로 구성된 소녀

시대 개개인의 동영상 총조회 수가 4백만 건이 넘었고, 〈더 보이즈〉는 신곡발표 4일 만에 유튜브에서 조회 수 1,000만 건을 돌파했다. 이처럼 소녀시대는 유튜브에서만 17억 4백만 건이 재생 될 정도로 인기를 끌었다. 우리나라 인구가 대략 5천만 명인 것을 고려하면 엄청나게 많은 외국인이 소녀시대를 좋아하는지 가늠할 수 있다.

이처럼 신한류 문화가 유튜브를 통해 뜨겁게 퍼져나가고 있다. 과거에는 한국의 드라마가 '한류'를 일으켰으나 이제는 신한류가 음악을 통해 급격하게 퍼져나간다. 드라마, 음악으로 시작된 한류는 다른 산업에서도 유튜브를 활용한 소셜마케팅의 덕을 톡톡히 볼 것이다.

유튜브 홈페이지를 클릭하면 가장 많은 댓글이 달린 동영상, 가장 많이 본 동영상, 즐겨 찾는 동영상, 특집 동영상 등의 탭을 볼 수 있다. 어떤 특정 주제 또는 특정 기업과 관련된 동영상을 쉽고 빠르게 검색할 수 있다. 유튜브 사이트는 누구나 쉽게 정보를 탐색하기 쉬우며, 모든 동영상에는 관련 동영상으로 연결되는 링크가 달려 있다. 그렇기에 꼬리에 꼬리를 물고 관련 동영상을 재생하게 된다. 검색한 해당 동영상이 나오고 그와 관련된 링크도 볼 수 있다는 점은 매우 좋다. 또 모든 동영상마다 댓글을 달 수 있고 커뮤니티 대화에도 참여할 수 있다.

앞으로는 시각적인 정보를 검색하거나 사진, 동영상과 같은 시각 위주로 구성된 온라인 콘텐츠가 텍스트 기반의 커뮤니케이션보다 훨씬 중요한 위치를 차지하게 될 것이다. 그래서 이런 링크의 중요성은 계속 커져갈 것이다. 유튜브는 무료 동영상 공유 사이트로 사용자가

영상을 올려 공유할 수 있게 되어 있다. 스마트폰과 태블릿 PC의 사용자가 증가하면서, 유튜브 또한 현재의 트랜드에 맞추어 다른 소셜 미디어 채널과의 연계를 통해 서비스의 다양화와 소비자의 접근성을 크게 향상시켰다.

디지털 평판이
당신의 부를 좌우한다

가치관이 행동을 좌우하고, 행동이 평판을 좌우하고,
평판이 이윤을 좌우한다.

– 워런 버핏

　　　　　'평판 자산'이라는 말이 생길 정도로 평판
의 중요성은 날로 커졌다. 누구나 실수를 하고, 어떤 조직이든 사람으
로 구성되어 있어서 어느 순간 불가피하게 불미스런 일이 생긴다. 이
때 평판 자산이 클수록 힘든 순간이 와도 자신을 지킬 수 있다. 반대
로 평판 자산이 적을수록 중대한 실수를 저질렀을 때 맹비난을 받고
회복이 어렵다. 좀도둑으로부터 재산을 보호하기 위해 힘쓰듯이 눈
에 보이지 않는 평판 자산을 지키기 위해 노력해야 한다. 부정적인 평
판으로 몰락한 대표적인 예로는 2001년 회계 부정으로 부도 처리된
미국의 엔론사를 들 수 있다. 이전에도 아서 앤더슨이 이 고객사의 재
무 보고서를 불법 조작하다가 걸린 적이 있었다. 이 회사는 평판이야

말로 자신들의 가장 중요한 자산인데도 평판보다 이익을 더 중요시했다. 엔론의 평판이 땅에 떨어지자 고객들이 떼를 지어 모두 떠났고, 결국 회사는 망하고 비극을 맞이했다.

인터넷의 발달로 국경 없는 세상에서 평판 자산은 더욱 중요해졌다. 지금의 수평적인 디지털 사회에서는 한 명의 화난 블로거가 개인이나 기업의 평판에 치명적인 해를 입힐 수도 있다. 소셜 평판이 위험에 처했을 때 그 엄청난 영향력을 알기에 이를 무시할 수는 없다. 특정 순간에 유권자의 호불호가 당락을 결정하는 선거철에는 소셜 미디어의 파급 효과가 크다. 과거에는 거리 유세와 TV 방송 프로그램, 언론을 통한 홍보 위주의 선거 전략이 주였는데 이제는 완전히 바뀌고 있다. 현재는 소셜 미디어가 선거에서 후보를 선택하는 중요한 창구 역할을 하고 있고 대한민국 선거의 핵심으로 자리 잡았다.

선거철만 되면 후보들은 대형 강당, 운동장에 유권자들을 모아 자신의 공약을 설명한다. 출마 후보가 어떤 정책을 어떤 방향으로 이끌어갈 것인지를 알아야 적합한 후보를 선택할 수 있기에 얼마나 많은 사람과 커뮤니케이션하는지가 선거의 핵심이다. 그런데 다들 바쁜 생업으로 연설장을 찾는 유권자 수도 점점 줄고, 그렇다고 후보자가 많은 이들을 찾아 발로 뛰어다니기에는 한계가 있다. 그러나 소셜 미디어를 활용하면 오프라인 연설보다 훨씬 효율적으로 대중을 만날 수 있고, 온라인상의 내용은 바로 사라지지 않고 확산하는 강점이 있다.

특히 소셜 미디어의 영향력이 가장 잘 나타난 것은 2011년 10월 서울시장 선거였다. 한나라당 나경원 후보와 범야권 박원순 후보가 경합을 벌인 서울시장 보궐 선거에서는 처음 출마할 때 5%대의 미미한 지지율로 출발한 박원순 후보가 최종 투표결과 큰 차이로 압승을 거두면서 대한민국의 '소셜 미디어 서울시장'으로 탄생하였다. 그는 선거를 준비하면서 전략적으로 소셜 미디어 마케팅을 기획하고 실행했다. 박원순 후보는 조직 없이 선거를 치렀으나 트위터가 중요 도구로서 박 후보의 지원 세력을 결집시켰다. 또한 투표율이 매우 중요한 변수였는데 투표독려 활동이 트위터로 퍼져 투표 당일 투표율은 치솟았다.

박원순 후보는 온라인에서 활용가능한 정책 내용, 동영상, 사진 및 각종 활용 가이드 자료를 지속적으로 업데이트하여 국민과 벽을 넘어 소통하는 노력을 했다. 또한 전문가, 직장인, 정치인, 대학생들까지 모든 유권자에게 다양한 소셜 미디어 채널을 통해 자기 정책을 구체적으로 전달했다. TV 연설이나 거리 유세에서 하기에는 시간이 부족하여 말할 수 없었던 내용들을 온라인으로 상세히 알려 유권자들로부터 공감을 불러 일으켰고, 소소한 일상까지 알리면서 친근감을 주는 전략을 펼쳤다. 또한 시장이 되고 난 후에도 소셜 미디어를 적극적으로 활용했다. 시정 관련 스토리를 장기적으로 전달해 이를 접한 이들은 당연히 2014년 서울시장 선거 때 박원순 시장의 재선을 적극적으로 지원했다. 이처럼 박원순 시장의 재선에는 소셜 미디어가 큰 힘을 발휘했다. 특히 박원순 후보의 'SNS멘토단'의 활약은 굉장했다. 이외수 작가, 공지영 작가, 신경민 전 MBC 앵커, 조국 서울대 법대 교수, 배우 문소리, 방송인 김제동 등 소셜 미디어에 영향력이 있는 유명

인사들로 구성된 SNS멘토단은 박 후보에게 많은 자문을 하는 동시에 선거에도 큰 영향을 주었다. 특히 젊은 층에 인기 높은 이들의 말 한마디가 투표율을 끌어올리는 일등공신이 됐다. 또 투표율이 저조한 선거일에 스스로 트위터와 다양한 소셜 미디어를 통해 "투표율이 저조해요, 도와주세요."란 말로 투표를 독려했다.

특히 박원순 후보는 부정적 견해의 콘텐츠가 올라오면 이를 반박, 대응할 수 있는 콘텐츠를 만들어 즉각 유포했다. 이처럼 부정적 내용의 즉각적인 관리가 중요하다. 박원순 후보를 지지하는 층은 소셜 미디어를 주로 사용하고 있는 20~30대기에 그들과 긍정적인 글을 공유하면서 더욱 신뢰를 키웠다. 실제 선거기간에 나경원 후보를 언급한 트윗 숫자가 더 많았지만 대부분 내용이 비판성 글이어서 온라인 평판에 나쁜 영향을 미친 것이다.

결국 시대의 흐름에 따라 소셜 미디어를 지배하는 자가 선거에서도 반드시 성공한다. 이제 '선택이 아닌 필수'가 된 소셜 미디어는 단지 자신의 선거 공약을 알리거나 유세일정과 장소를 전달하는 차원을 뛰어넘어 젊은 층의 정치 의견을 적극적으로 수렴하고, 그 견해를 즉각 보여줄 수 있는 커뮤니케이션 수단이어야 한다. 국민은 소통을 원하고 직접 자기 생각을 전하고 싶어 한다. 선거에 잘 활용하기 위해서는 그 특성을 잘 이해해야 하는데 소셜 미디어에서는 정치인의 정책, 공약보다 정치인의 성향, 개인 또는 측근의 비리, 사생활, 상대방에 대한 네거티브 스토리 등이 빠르게 전파된다는 특징이 있다.

또한 오바마 대통령의 승리에도 온라인 유세 방법에 대한 교과서를 만들어냈다는 찬사를 받을 정도 소셜 미디어의 영향력은 컸다. 오바마의 성공적인 온라인 유세는 최근 벌어진 우리 사회의 변화 및 미디어 생태계의 변화와 밀접한 관련이 있다. 오바마는 소셜 네트워크 사이트, 유튜브, 트위터 등 인터넷 곳곳을 파고들었다. 선거 유세가 끝날 무렵에 오바마는 페이스북에 380만 명의 후원자, 마이스페이스에 100만 명 이상의 친구가 생겼다. 또한 유튜브에 15만 1,000명의 구독자, 블랙플래닛에 49만 1,000명의 친구, 트위터에 16만 5,000명 팔로워가 생겼을 정도로 SNS가 오바마의 디지털 평판 구축에 큰 도움이 되었다. 이처럼 디지털 평판은 판도를 뒤엎는 힘을 가지고 있기에 한 나라의 대통령 후보를 승리로 이끌 수도 있고 망칠 수도 있다. 만약 대선에 나갈 계획이 있다면, 당장 자신의 디지털 평판을 연마하기 시작해야 한다.

절대 지워지지 않는
디지털 발자국

나쁜 평판에 대한 두려움은 죽음에 대한 공포를
극복할 수 있는 사람만이 떨쳐 버릴 수 있다.

– 《불경》

　　　　　　　알프레트 노벨과 관련된 유명한 평판 일
화가 있다. 1888년 그의 친형 루드비그 노벨이 사망했는데, 한 신문
사가 잘못 알고 다음과 같은 알프레트 노벨의 부음기사를 냈다. "죽음
의 상인, 사망하다!" 당시에 알프레트 노벨은 폭탄과 탄약 제조공장
을 운영하는 기업인이었다. 노벨은 기사에서 자신을 '죽음의 상인'이
라고 칭한 것을 보고 큰 충격에 빠졌다. 나중에 자신이 '죽음의 상인'
으로 기억될 것을 생각하니 기분이 불편했다. 깊은 고민 끝에 7년 후
1895년 자신의 전 재산으로 의미 있는 상을 만들겠다고 발표했다. 그
상이 바로 '노벨상'이다.

　　사람은 본능적으로 다른 사람의 기억 속에 내가 어떤 사람으로

기억될지 신경 쓴다. 나의 명성과 평판은 내가 직접 만들 수 없지만, 남들에게 비치는 내 '모습'은 스스로 만들 수 있다. 한 번 남겨진 디지털 발자국은 계속 남게 된다. 당신이 세상을 떠난 후, '사람들이 나를 어떤 사람으로 기억할까?'를 염려한다면 살아있을 때 어떤 삶을 살아야 할지 평판에 대해 다시 한번 생각해보게 될 것이다.

우리는 트위터나 페이스북 등 SNS를 보면 한 번도 만난 적이 없는 사람이라도 단시간 안에 그 사람을 어느 정도 파악할 수 있다. 대충 어떤 성향의 사람인지 성격과 생활 수준을 본능적으로 판단할 수 있다. 심지어 인터넷에 올린 사진이나 글을 통해 그 사람의 인격과 지적 수준까지 짐작할 수 있다. 말하는 것만 봐도 그 사람의 품격을 어느 정도 알 수 있다. 성품이나 품격에 들어가는 품(品)자는 입 구(口)가 3개 모여 만들어진 글자이다. 그런데 요즘과 같은 SNS 시대에는 말이 아닌 글을 통해서도 그 사람의 품격을 알 수 있다.

과거의 인터넷 검색 시대에는 '정보'를 얻는 게 중요했다. 그러나 소셜 미디어 시대에는 '의견'을 얻는 게 중요해졌다. 정보를 찾는 공간에서 의견을 청취하는 공간으로 바뀐 것이다. 이렇게 실시간으로 개인의 의견이 전파되다 보니 짧은 메시지로 인해 오해가 생기기도 한다. 온라인상의 평판은 내가 세상을 떠난 후에도 영원히 남고 파급력이 매우 크다. 그래서 사람들과 직접 만나는 과정에서 쌓이는 평판 못지않게 '온라인 평판'도 아주 중요하다. SNS를 통한 소통이 활발해지면서 온라인상에서도 개인의 평판이 생겨나기 시작해 큰 영향을 발휘한다. 우리는 언제부터인가 한 번도 본 적 없는 사람들에게 온라인으로 자기 이야기를 재잘거린다twitter. 가끔 그러한 가벼운 재잘거림이 오해를 불러일으켜 독이 되어 되돌아온다. 전파 속도가 엄청나게 빠르다는 것이 소셜 미디어의 가장 큰 특징 중 하나인데 신속함이라는 장점이 위기를 초래하는 독이 되기도 한다. 가끔씩 터져 나오는 연예인 자살사건을 비롯한 각종 사건 등을 통해 알고 있듯이 지금은 온라인상의 평판이 매우 큰 영향력을 발휘하는 시대다.

그런데 소셜 미디어가 이처럼 급격한 발전을 이룰 수 있었던 이유는 기술발전 외에 한국만의 독특한 민족성도 크게 한 몫을 했다. 우리나라는 타인에게 관심과 참견이 많다. 남의 집 숟가락이 몇 개인지 알 정도로 관심이 많은 것이 한국인 특유의 정서다. 또한 우리는 습관적으로 자신과 남을 비교하곤 한다. "엄친아(엄마 친구의 아들)"라는 신조어가 생길 정도로 우리 주변 사람과 자신의 상황을 끝없이 비교해 스트레스를 받는 경우가 종종 있다. 결국 끝없는 비교의 결과물은 열등감이라는 과실을 맺는다. 남들에게 항상 잘난 사람으로 보이고 싶은 욕망이 마음 깊숙이 잠재되어 있다. 이는 소셜 미디어에서에 음식, 관광지, 공연과 같은 사진을 올리면서 은근히 '자랑질'로 표출되어 열등감을 해소한다. 이로서 자랑하고 싶은 욕망을 충족시킨다. 혹시라도 자신의 글에 '좋아요'가 클릭이 되면 만족감은 극에 달해 기분은 급상승한다. 이런 심리가 SNS의 빠른 발달에 큰 역할을 했다. 또 유독 남에 대해 말하기를 좋아하는 성향도 한몫 했다. '여자 셋이 모이면 접시가 깨진다'라는 말처럼 한국 사람은 술자리나 각종 모임에서 안주삼아 타인의 말을 많이 한다. 특히 남의 '뒷담화'를 이야기할 때는 엄청난 몰입을 하며 시간 가는 줄 모르고 계속된다. 이런 욕구를 해소하지 못하면 갈증은 더욱 증폭된다. 그 갈증해소의 가장 좋은 수단이 온라인이다. 언제 어디서나 쉽게 접속할 수 있기 때문이다. 이런 독특한 특징을 가진 한국인들에게 소셜 미디어는 매우 손쉬운 의사소통의 창구가 되었다.

현재는 소셜 미디어가 채용에도 영향을 미친다. 취업 관련 포털 사이트 '인쿠르트'가 국내 기업 인사담당자를 대상으로 설문조사를 벌인 결과, 응답자의 21.5%가 입사지원서에 SNS 주소 기재를 요청받았다고 한다. 입사지원자의 SNS 주소를 알려고 하는 이유는 "실제 생활 모습이나 인맥, 사회성 등을 파악하기 위해서"가 68.1%(복수 응답 가능)로 가장 많았고, 그 다음이 "지원자의 신상을 자세히 보기 위해서"로 40.5%를 차지했다. 이처럼 SNS도 입사 지원할 때 준비해야 하는 하나의 스펙이 되었다. 아무리 면접 결과가 좋고 겉보기에 별 문제가 없어도 온라인상에서 논란의 소지가 있거나, 부정적 얘기를 많이 하는 사람이라면 기업입장에서는 채용을 다시 고려해볼 수도 있다.

또한 신입이나 경력직을 채용할 경우 페이스북과 같은 채널을 사용해 채용 공지를 올리고 이미 친구로 연결된 사람들로부터 추천을 받고 면접도 진행하고 있다. 무작위로 전혀 인연이 없는 새로운 사람을 뽑는 것보다 다른 사람들로부터 이미 검증된 사람을 선발하면 여러 장점이 있기 때문에 소셜 채용이 늘어나고 있다. 최근에는 기업에서 채용을 할 때 입사지원서에 미니홈피, 블로그, 트위터 등을 적도록 하는 경우가 있다.

소셜 네트워크 시대를
살아가는 방법

> 평판이라는 것은 눈에 보이지 않는 날개를 갖고 있어서
> 미처 생각지도 못한 곳까지 날아갈 수 있다.
>
> — 그라시안

흔히 인생은 광야에 비유된다. 인생의 광
야에서 살아남는 방법은 적응이다. 옆 사람과의 경쟁에 이겨서 살아
남는 것이 아니고 환경변화에 잘 적응하여 자기를 보호할 수 있어야
살아남는다. 강한 것이 살아남는 것이 아니라 살아남는 것이 강하다.
동물 세계를 살펴보자. 무당벌레, 얼룩말, 카멜레온 등은 주변 환경과
같은 보호색으로 위장해 주변 공격으로부터 자기를 보호한다. 멧돼지
새끼가 사자의 추격을 따돌리는 방법은 사자가 공격하면 일직선으로
도망가다가 갑자기 돌아서 다른 방향으로 달린다. 이것이 정글 세계
에서 약자가 살아남는 방법이다. 오늘날 기업과 개인을 둘러싼 환경
은 매우 냉혹하기에 변화하지 않으면 시련이 닥친다. 휴대전화 시장

에서 세계 1위를 하던 노키아는 스마트폰 시장을 준비해놓고도 기존의 피처폰에 얽매여 변화를 거부하다 낭패를 보았다. 완벽한 음향, 플랫폼, 통신 기술을 갖춘 소니도 고정관념에 사로잡힌 각 사업부가 통합 시너지를 내지 못해 왕의 자리를 애플에게 넘겨주고 말았다. 고인물은 결국 썩게 된다.

예전에는 우리가 삶의 변화 속도를 따라갈 수 있었지만 지금은 변화의 속도가 어지러울 정도로 빠르다. 몇 년 전만 해도 고속도로 톨게이트에는 돈을 받는 직원이 모두 창구 안에 있었는데, 이젠 기계장치가 그 자리를 대체해 사람이 전혀 없거나 한두 명이 고작이다. 이제는 모든 것이 기계화 되었고 변화속도는 빠르다. TV가 5천만 명의 사람에게 보급되는 데는 13년이 걸렸다. 인터넷은 3년, 아이팟은 4년, 페이스북은 1년 그리고 트위터는 9개월이 걸렸다. 변화를 느끼기도 전에 많은 것이 달라진다. 사회 질서가 요동칠 때 다가올 새로운 질서를 예측하는 사람은 빨리 기회를 잡을 수 있다.

우리 주변 환경을 살펴보자. 세상에서 가장 빠르게 변하는 나라는 대한민국이다. 1950년 전쟁으로 인해 모든 국토는 폐허가 되어 전 세계에서 가장 못 사는 나라였던 대한민국이 최빈민국에서 50년 만에 선진국 진입을 문턱에 둘 정도로 빠른 발전을 이루었다. 한강의 기적, 동방의 등불, 아시아의 용 등 수많은 수식어를 가질 정도로 빠른 경제성장을 이루었다. 이후 반도체 세계 1위, 조선 세계 1위, 휴대폰 보급속도 세계 1위, 신용카드 보급 속도 세계 1위, 인터넷 보급 속도 세계 1위, 초고속통신망 보급 속도 세계 1위 등 다양한 산업에서 1위를 차지했다. 특히 인터넷 관련 산업이 빠르게 발전했다. 우리나라에 컴퓨터가 본격적으로 도입된 지는 채 30년이 넘지 않았다. 하지만 지금은 IT강국으로 세계에 그 명성을 떨치고 있다. 인터넷 인프라 구축에 발맞추어 소셜 미디어의 국내 침투 속도도 무척 빠르다.

지금은 자신이 원하든, 원하지 않든 많은 정보가 찾아온다. 트위터, 페이스북 등과 같은 소셜 미디어에 하루에도 수백 개의 정보가 쏟아지고, 우리는 이 중 필요한 정보를 선택해 공유한다. 초창기 가입자가 겨우 25명에 불과했던 페이스북은 현재 사용자가 10억 명을 훨씬 넘었다. 이처럼 이미 소셜 미디어가 생활 깊숙한 곳까지 침투했고, 소셜 미디어 전략이 포함되지 않은 마케팅 전략은 이제 앙꼬 없는 찐빵이 되었다. 특히, 2008년 11월 4일은 소셜 미디어의 역사적인 날이었다. 민주당의 버락 오바마 후보는 국민투표에서 54%대 46%, 선거인단 득표에서 365대 173으로 공화당의 존 매케인 후보에게 완승을 거둠으로써 세계 최고의 권력 자리인 미국 대통령에 당선되었다.

그의 연설은 유튜브를 통해 전 세계로 전파되었고 다양한 소셜 미디어 채널을 통해 많은 유권자에게 노출되었다. '만약 소셜 미디어가 없었다면 그가 대통령이 될 수 있었을까?'하는 의구심이 들 정도로 소셜 미디어는 미국 대통령 선거에 큰 역할을 했다. 선거 과정에서 오바마는 소셜 미디어를 통해 두꺼운 지지층을 형성하게 되었으며, 이를 바탕으로 강력한 온라인 입소문과 여론을 형성하게 되었다. 선거가 종료된 뒤에도 오바마 대통령은 페이스북을 통해 국민과 직접적인 소통을 진행했다.

디지털 시대가 이미 활짝 열렸고, 지식의 생산과 소비는 시공간의 제한을 뛰어넘어 언제 어디서나 빠르게 진행되고 있다. 그 어느 때보다 빠른 변화와 새로운 흐름은 많은 사람들을 갈등하게 만든다. 시장은 점점 더 빠르게 변하고 있으며 예측할 수 없는 경쟁 상황 역시 계속 만들어진다. 기존에 없던 이동성과 성능을 갖춘 스마트 기기의 등장은 새로운 생활 방식을 만들기 시작했고, 사회 환경과 문화 역시 급변하고 있다. 소셜 미디어를 기반으로 한 새로운 연결을 통해 사람들은 더 이상 기업이 일방적으로 제공하는 정보를 무조건적으로 신뢰하지 않게 됐다. 소비자는 스스로 기업의 평판을 만들고 이를 다른 소비자에게 유통시킬 수 있는 힘을 갖게 됐다.

10 온라인 위기관리,
이렇게 하라

평판이라는 폭군은 우리가 겪는
어떤 폭군보다도 더 지독하다.

― H. 스펜서

　　　　　　　　　　　미국을 포함한 세계 경쟁자들이 빼어 든
반부패의 칼이 한국 기업의 아킬레스건을 향해 다가오고 있다. 지금
반부패의 움직임이 윤리성을 더럽히는 브랜드는 철저하게 외면하는
소비자 마인드의 변화를 타고 전 세계로 빠르게 퍼지고 있다. 이 변화
를 인식 못 하고 부패 문제를 여전히 개인의 윤리 문제로 보고 적발과
처벌에만 치중하는 국가와 기업은 세계 초일류 국가와 초일류 기업은
커녕 세계 경쟁에서 밀려 낙오될 것이다. 그래서 SNS가 주도하는 시
대적 흐름에 발맞춰 위기대응을 해야 할 것이다. 2000년대 중반부터
블로그, 트위터, 미투데이, 페이스북 등의 웹2.0 세상이 시작됐다. 이
들은 대화와 확산이라는 날개를 달고 기업의 위협으로 떠올랐다. 모

두 자신만의 미디어를 가지게 되었고, 그 미디어들은 실제 기업에 영향을 미친다. 온라인 세계 속에서, 수억 명의 사람들이 많은 양의 디지털 콘텐츠를 생산하고 소비한다. 통제되지 않는 세계 최대 공간이 인터넷인데, 기업들은 소셜 미디어 환경에 적응할 시간이 부족해 기업 위기가 발생하고 있다.

소셜 미디어의 영향력이 엄청나게 커졌지만, 아직 우리 기업 CEO들은 조중동과 KBS, MBC, SBS로 대변되는 오프라인 매체를 가장 중요한 이해관계자라고 생각한다. 새로 등장하는 커뮤니케이션 플랫폼들은 언제 어디서 누가 무엇을 어떻게 우리 기업에 위협이 될지 알 수 없어 기업에는 통제가 어려운 불편한 존재다. 이에 따라 오늘날은 이해관계자가 위기를 발생시킬 가능성이 커졌다. 소비자, 주주, 고용인, 지역사회 단체, 행동주의자들이 불만에 대해 점차 항의하는 일이 많고, 자유롭게 인터넷을 통해 생각을 표현한다. 인터넷은 웹페이지, 토론 게시판, 블로그, 소셜 네트워크, 정보 공유 사이트 등 이해관계자들이 의견을 표현할 수 있는 여러 수단을 제공한다. 이때 불만을 품은 이해관계자들이 온라인상의 다른 이해관계자들에게 공감을 불러일으킬 때, 위기가 발생한다. 그래서 'SNS 내 부정적 입소문을 어떻게 다스릴 수 있을 것인가'가 홍보 담당자들의 머리를 아프게 한다. 더불어 SNS상의 부정적 입소문은 시간이 지난다고 해서 사라지지 않는다. 오히려 지속해서 재생산된다는 것이 가장 무서운 특성이다. 그래서 이제 홍보실도 SNS 전문가 육성이 절대적으로 시급하다.

그렇다면 왜 기업은 온라인상의 위기에 취약할까? 온라인 시대에는 다수가 참여하여 강력한 힘을 발휘하는데, 부정적 이슈가 발생하였을 때, 번개 같은 확산 속도와 넓은 범위에 비해 이들의 의사결정은 너무 느려 위기대응의 골든타임을 놓쳐버리기 때문이다. 그래서 기업 내 확실한 가이드라인을 세워 급속한 확산을 막아야 한다. 또한 최고 경영진의 온라인에 대한 이해가 필요하다. 이들은 NGO, 정부규제기관, 언론 등 오프라인 이해관계자는 중요 압력단체로 생각하지만 트위터러, 미친(미투데이 사용자), 블로거, 카페 회원 등은 그저 가벼운 떠버리로만 생각해 관리 인력이나 예산 배정이 부족하다. 또 간혹 회사 관련 부정적 상황이 되었을 때, 직원이나 가족의 상황개입은 문제를 악화시킨다. 일부는 변호사나 로펌을 통해 해당 네티즌이나 블로거, 소셜 미디어 유저를 공격하기도 하지만 최근 부각된 SNS의 확산성과 부작용을 보면 효과적이지 않은 방법이다. 소셜 미디어를 통해 네티즌들은 더 이상 개인이 아닌, 거대 집단을 형성했다는 것을 기억해야 한다.

특히 소셜 미디어를 통한 위기관리를 할 때 감정적인 대응은 항상 경계해야 한다. 소셜 미디어 실무자들이 평소 공감 중심의 가벼운 감정적 커뮤니케이션에 익숙해서 감정적 대응을 할 수도 있지만, 위기 시에는 민감한 상황이기에 프로다운 자세를 보여줘야 한다. 그리고 소셜 미디어 플랫폼마다 각각 메시지가 다르지 않고 동일해야 한다. 대부분 위기 상황일 때, 오프라인 커뮤니케이션을 담당하는 홍보팀과 온라인을 담당하는 소셜 미디어팀이 서로 다른 팀이기 때문에 이런 일이 발생한다. 그러나 하나의 기업에서 여러 가지 다양한 공식

메시지가 나오면 혼란을 주기에 메시지를 반드시 통일시켜야 효과가
있다.

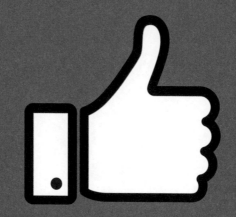

3장

투명하게 행동하고
특별하게 드러내라

"

**기업의 성공을 원한다면
내부고객인 직원에게 먼저 신뢰를 얻어야 한다.**

"

당신 회사에 진짜 인재가 모이지 않는 이유

> 좋은 평판은 좋은 의도와 마찬가지로
> 많은 행동으로 얻어지고, 하나의 행동으로 잃게 된다.
>
> – 제프리 경

평판은 평론할 평(評), 가를 판(判)이다. 평은 말씀 언(言)+평평할 평(平)으로 '인물을 공평하게 평정해 논하다', 판은 반 반(半)+칼 도(刀)로 '공평하고 분명하게 반으로 가르다'라는 뜻이다. 영어도 비슷하다. reputation은 re(다시)+putare(생각하다), 즉 직관적 즉결심판이 아니라 심사숙고해 사람을 평가한다는 뜻이다. 어떤 사람과 함께 하느냐가 개인은 물론 한 기업의 운명을 좌우하는 매우 큰 문제이기 때문에 평판을 통해 현명한 결정을 하고자 한다.

〈THE PR NEWS〉에 따르면 때에 따라서는 기업의 재정이나 경제적 이슈보다 평판이 더욱 중요해질 것이라고 한다. 특히 '겸허'는 동양만의 미덕이 아니다. 말없이 조용히 타인을 위해 일하는 덕을 갖춘 최고경영자는 기업 평판에 지대한 영향을 주는 것은 물론, 위기상황에서 그 저력이 여실히 드러난다. 굴지의 PR회사인 웨버샌드윅의 CEO 평판 조사에 따르면 최고경영자의 평판은 투자자 유치에 87%, 위기에 처했을 때 83% 그리고 인재 확보에 77%나 영향을 미친다고 한다.

특히 동양이든 서양이든 인물에 대한 평가는 한때의 기분이 아니라 곱씹어 생각한 후 근거를 갖고 이야기해야 한다고 한다. 남을 평가하는 사람은 물론이고, 듣는 사람 역시 잘 분간해야 한다는 이중적 의미를 포함하고 있다. 춘추전국 시대에도 나라를 무너뜨리는 결정적 술책은 대규모 전면전이 아니었다. 오히려 충신을 간신으로, 혹은 간신을 충신으로 평해 내부에 혼란을 일으키는 반간계(反間計)의 심리전이었다. 우리에게 쏟아지는 수많은 정보의 홍수 속에서 흔들리지 않고 정확히 좋은 정보를 알아보는 것이 중요하듯이 사람에 대한 평가 역시 잘 분간할 수 있어야 한다. 공자는 40을 불혹(不惑)이라 말했고 혹자는 이를 '세간의 평에 미혹되지 않고 사람을 바로 보기 시작한 것'이라 풀이하기도 한다.

리더가 덕을 갖추는 것만큼 중요한 것은 없다. 만일 당신이 출중한 인품과 수양을 쌓았다면 당신과 마찬가지로 우수한 인품을 갖춘 직원들이 다가올 것이다. 그러나 반대로 리더로서 필요한 인품을 갖추지 못했다면 그만큼 훌륭한 이들이 잘 다가오지 않고 직원들의 지지와 관심을 얻지 못한다. 동성상응 동기상구(同聲相應 同氣相求) '같은 소리는 서로 응하고, 같은 기운은 서로 찾는다'는 말이 있다. 즉 유유

상종이라는 뜻이다. 덕이 있는 사람은 분명 덕이 있는 다른 사람의 인정과 지지를 얻는다. 열악한 환경에서는 정의를 지키는 덕인이 배척을 당하기도 한다. 그러나 결국 사람들은 덕이 있는 사람에게 이끌려 그와 행보를 같이 하게 된다. 언젠가 진실은 밝혀지고, 진정성은 통하게 되어있다. 이것이 세상의 원리이다.

위의 구절은 본래 《주역》에 나오는 글귀인데, 비슷한 부류의 사람들끼리는 서로 통하여 자연스럽게 뭉치게 된다는 뜻이다. 율곡은 이 글귀를 인용해 "내가 학문에 뜻을 두고 있으면 반드시 학문하는 사람을 찾을 것이고 학문하는 사람도 나를 찾을 것"이지만, "학문한다고 말하면서 잡객들과 떠들며 세월을 보낸다면 좋아하는 바가 학문에 있지 않은 것"이라고 하여 동류끼리 어떻게 모이는지에 대해 설명했다. 내가 뜻하는 바가 무엇이냐에 따라 사귀는 사람이 달라지는 것이다. 결국 사귄다는 것은 '서로 사이가 가까워지도록 어울리는' 것을 말한다. 같은 소리일 때 서로 응하고 같은 기운일 때 서로 찾는 것처럼 좋은 사람과 사귀기 위해서는 먼저 내가 좋은 사람이 되려는 노력이 필요하다. 같은 취미를 가진 사람들의 모임을 동호회(同好會)라고 한다. 요즘은 동아리라는 표현을 많이 쓰지만, 예전에는 구락부(俱樂部)라고도 했다. 모두 좋아하는 것을 함께하는 모임이라는 의미이다. 이처럼 좋아하는 것이 비슷하면 서로 응하고 찾게 되는 것이 당연하다. 비슷한 부류가 끼리끼리 모인다는 말과도 비슷하다. 그렇기에 좋은 사람들과 함께 일하고 성장하고 싶으면 내 자신이 먼저 덕을 쌓는 것이 중요하다.

02

적은 내부에 있다?
내부고발의 실체

양심과 평판은 각기 다르다.
양심은 자신에게서 기인하고,
평판은 타인에게서 생긴다.

– 작자미상

'내부고발'이라는 단어는 1972년 미국
닉슨 대통령의 사임을 몰고 온 워터게이트 사건으로 대중에게 알려
졌다. 워터게이트 사건에서 내부 정보 제공자의 암호명이었던 '딥 스
로트'가 내부고발을 의미하는 고유명사로 굳어졌다. 내부고발은 조직
또는 조직 내부 구성원의 불법, 비윤리적 행위, 공공이익에 반하는 행
위 등에 대한 정보를 조직 내부나 외부에 신고하여 문제점을 들춰내
거나 공개하는 행위다. '휘슬 블로워Whistle-blower' 즉 호루라기를 부
는 사람. 이는 내부고발자를 뜻한다. 이들은 불의가 일어나고 있다고
소리치며 호루라기를 불어 세상에 알리는 사람들이다. 자신이 속한
조직의 이기주의를 이겨내고 전체 사회와 자신의 공동체와 국가의 일

이 더 중요하다고 생각하는 용기 있는 사람들이다. 이 일로 인해 자신에게 많은 불이익과 편견과 고통이 따른다는 사실을 알면서도 그러지 않으면 안 된다는 양심의 소리에 귀 기울이는 사람을. 이들은 분명 흔치 않은 의인이다. 다수의 이익을 위해 자신의 이익을 내려놓은 사람들이다.

그러나 십자가를 짊어진다는 각오로 내부비리를 고발하지만, 실직 등으로 가족에게 경제적 어려움이 닥치면 이 의인들은 자괴감에 빠질 것이다. 또한 내부고발자에 대한 사회적 인식이 워낙 차가워 재취업이 어려운 경우도 있다. 내부고발 문제로 재판에서 승소하고 복직도 했으나 직장을 그만두게 된 사례가 적지 않을 것이다. 미국이나 유럽연합의 경우에는 공익제보자를 경제적으로 지원하는 펀드가 잘 마련돼 있다. 우리나라도 시민단체가 일부 지원하기도 하지만 앞으로 더욱 살기 좋은 세상을 만들기 위해서는 공익 제보자를 보호하는 일이 시급하다. 우선적으로 공익제보자가 마음 놓고 활동할 수 있도록 그들의 신원에 대한 비밀을 완전히 보장하는 법이 강화되어야 한다. 이처럼 부정한 일을 본 사람이 침묵하지 않고, 거부할 수 있도록 하는 데 좀 더 힘을 실어주어야 한다. 누군가 특별히 불의나 부정을 보고 양심의 고통을 크게 느껴 그런 일에 항의한다면, 최소한 이들이 그렇게 했다고 해서 불이익을 받는 일만은 없어야 할 것이다. 내부의 부정을 나서서 거부할 수 있기는커녕 투서가 아니면 이것을 밖에 알릴 수조차 없다. 떳떳하게 나서서 막고 싶지 않은 사람은 없다. 그러나 우리 사회는 그렇게 하려는 사람들의 드문 용기를 체계적으로 받아들일 준비가 아직은 부족한 게 현실이다.

간혹 내부고발자를 큰 전염병이나 되는 것처럼 꺼리는 경우도 있다. 그 두려움은 바로 밝은 햇빛을 쏘여 더 이상 생존할 수 없는 위험을 두려워하는 어두운 박테리아들의 공포일뿐이다. 세상은 두 가지 부류가 존재한다. 흑과 백, 선과 악, 의인과 악인. 이 다양한 세상에서는 햇빛을 비춰 대대적으로 살균하고 좀 더 건강한 세상을 만들고자 자신의 에너지와 수고 그리고 상황에 따라서는 모든 것을 다 포기해야 하는 상황도 있다. 내부고발자들은 보호받아야 할 의로운 약자이다. 내부고발은 양심의 고백이고 구원의 호소이자, 외침이다. 이 사회에 달콤한 정의란 있을 수 없다. 그것이 언제였든, 누군가 크든 작든 고통을 지불한 대가이다.

내부고발자를 바라보는 시각은 매우 다양하다. 일단 내부의 문제를 조직 내부에서 신고하거나 공개하는 행위 자체를 용기 있는 행동으로 보기도 한다. 그러나 안타깝게도 아직은 조직을 배신한 행위로 보고 부정적으로 여기기도 한다. 실제로 대부분의 내부고발자가 이런 시각 때문에 자신이 속한 조직에서 배척당했거나 혹은 불이익을 감당하지 못한 채 조직을 떠난 일이 있다. 이런 현상은 아직도 진행되고 있다. 내부 문제점을 고발하는 행위는 쉽지 않다. 그러나 좀 더 살기 좋은 사회를 만들기 위해 내부고발자에 대한 보호가 시급하다. 그들만을 위해서가 아니다. 우리의 미래와 모두를 위해서이다.

〈A Few Good Men〉. 어느 영화의 제목이다. 의로운 일을 하다가 고통당하는 사람들이다. 자기 조직의 비리를 폭로할 때는 당연히 어려움에 부닥친다. 그러나 바로 이런 용감하고 정의로운 사람들이 있기에 세상은 그래도 좀 더 바르게 굴러간다. 우리나라에도 그런 사람이 없는 것은 아니다. 그러나 많지 않다. 'Few Good Men'일 뿐이다. 이 땅에서는 양심의 가책 때문에 그런 일을 한 사람을 핍박한다. 고자질을 한 사람이라고 비난하기도 한다. 그 대신 부패와 비리와 부정이 암세포처럼 번진다. 부정을 감싸는데 능숙한 비양심적인 의리가 날뛴다. 어느샌가 이 나라는 손댈 수 없는 완전한 부패 공화국이 되었다. 비양심이 너무 판치다 보니, 오히려 양심적인 행동이 의아하게 보일 때가 있다. 그러나 결코 이대로는 안 된다.

국경 없는 무한경쟁의 시대에 부패라는 썩은 악취를 품고는 결코 경쟁의 문턱을 넘을 수 없다. 국가의 평판에도 큰 영향을 미치는 것은 당연하다. 부패한 상태로는 국가의 건강한 번영과 생존도 보장할 수 없는 일이다. 내실 없는 고속성장이 더 무서운 법이다. 겉은 화려하고 멀쩡하지만 속은 썩어 문드러지면 언젠가는 아무리 향수를 뿌려 숨기려고 해도 부패한 악취가 새어 나오게 된다. 그리고 결국에는 모든 것이 한 번에 무너진다. 삼풍백화점의 대참사가 어떤 이유로 일어났는지 모두의 기억 속에 아직 남아 있다.

의사가 제약회사로부터 접대나 돈을 받을 때도 환자는 그의 처방에 건강을 맡길 수 없다. 국민은 공직자가 뇌물을 받을 때 그들의 말을 신뢰하지 않는다. 돈 봉투를 받는 기자의 말을 독자는 진실로 받아들일 수 없다. 뒷돈을 주고 사리사욕을 채우려 한 기업인의 제품을 우리는 더 이상 애용할 수 없다. 그러나 우리 사회에서 부패는 이미 심각한 상태이다. 또 어제 오늘의 일도 아니다. 치과로 치자면 충치가 깊어져 뿌리 깊숙이 신경치료를 대대적으로 해야 할 지경이다. 어디서부터 손을 써야 될지 모를 정도로 정치, 경제, 학계 등 모든 곳에서 정신없이 반갑지 않은 소식이 연일 귓가를 울려 머리를 어지럽힌다. 이제는 이런 부패로 얼룩진 불쾌한 소식들이 들려오는 것에 익숙해진다. 정말로 우리는 부패 공화국 그 한 가운데 사는 것인가? 인정하고 싶지 않은 이 한마디가 살짝 양심을 흔들고 마음이 아려 온다. 이러한 문제를 해결할 수 있는 방법은 있는 걸까? 아니 해결할 생각이 있는 용기 있는 사람들이 있는 걸까?

　권력기관은 항상 베일에 쌓여있다. 국민은 당연히 권력기관 안에서 일어나는 일을 낱낱이 알 수는 없다. 권력기관 내에서 누군가 권한을 남용하고, 국민의 건강과 안전을 위험에 몰아넣고 자신의 이기적 목적을 추구하고, 나라의 피 같은 곳간을 축낼 때, 우리는 그것을 알수 없다. 부패는 항상 어두운 그늘 아래에서 주변의 침묵을 먹고 싹이 난다. 그러다가 어떤 사건을 계기로 인해 어느 날 거대한 악의 모습으로 우리 앞에 등장한다. 검찰과 감사원도 그 모든 것을 알 수는 없다. 내부자가 알려주지 않는 한 알 수 없다. 전직 대통령들의 비자금도 정부는 조사할 필요가 없다고 했다. 국민에게 그것을 알려준 것은 은행 내부의 직원, 보통 사람들이었다는 사실이 많은 생각을 하게 한다.

　부패문제는 공직사회에서만 일어나는 게 아니다. 대형 백화점에서 미국산 닭고기를 국산 닭고기라고 포장해 팔다 들통이 난 사건이 있었다. 모든 국민은 그동안 속고 먹었던 것이다. 정부가 백화점마다 돌아다니며 그것을 일일이 확인한다는 것은 당연히 불가능한 일이다. 그럼 또 간섭이 심하다는 등 불평의 민원이 쏟아질 것이다. 이런 경우에 방법은 단 한 가지 밖에 없다. 내부의 누군가는 분명 진실을 알고 있었을 것이다. 그리고 대다수는 업무상 불이익을 이유로 모르는 척 눈을 돌릴 수밖에 없었을 것이다. 그들 중 도덕적인 이유로 양심의 가책을 느낀 자가 한 사람이라도 있을 것이다. 제조과정에서 이를 거부하는 것이 불가능하다면 타인을 생각해서라도 정부 등 관련 기관이나 언론에 귀띔해 줄 수도 있다. 양심의 가책에서 벗어나고자 한다면 두려움 없이 그것을 할 수 있는데 장애물이 없이 자유로워야 한다. 이것이 좀 더 살기 좋은 사회를 만들기 위한 모두의 숙제이다.

1990년대부터 최근까지 한국 경제계를 강타하고 있는 많은 기업 관련 사건들의 공통점은, 내부고발자에 의해 진실이 밝혀지고 있다는 것이다. 가령 현대자동차 비리나 SK그룹 분식회계, 삼성그룹 비자금, 두산그룹 형제의 난 등 굵직굵직하다고 할 수 있는 큰 사건들이 세상에 알려지게 된 것은 모두 내부고발자의 입김이 크게 작용했다. 이들의 신고 때문에 검찰이 수사에 착수한 결과인 것이다. 이처럼 내부고발이 기업의 안정성에 지대한 영향을 미치고 있기에 기업 경영의 측면에서 내부고발자에 대한 정확한 인식과 자체적으로 문제는 없는지 수시로 점검하는 습관이 위기관리의 기초라고 할 수 있다. 문제는 내부고발자가 아니다. 비리와 비양심적인 행동이 문제이다.

최근 들어 신고 대상이 정부기관이나 공익문제에서 기업 내부의 문제로까지 확대되고 있다. 앞으로는 국내 기업도 내부고발과 연관된 일들이 앞으로 더 많이 생길 것이다. 내부고발의 후폭풍은 내용에 따라 상상을 초월해 매우 치명적인 결과를 낳기도 한다. 몇몇 기업들은 내부고발로 존폐위기까지 온다. 한 사람의 양심의 무게가 이토록 무겁고 거셀 줄이야. 일이 터지기 전에는 아무도 예측할 수 없다. 내부고발자도 예측하지 못한 비극이 벌어져 모두가 놀라기도 한다. 이제는 기업을 포함해 내부고발을 피할 수 있는 무풍지대는 없다. 그래서 내부고발이 왜 발생하는지에 대한 이유는 반드시 고민해볼 필요가 있다.

우리 회사의 실체를 폭로합니다

타인으로부터 받는 존경에 대한 갈구는
배고픔과 마찬가지로 인간 본연의 욕구다.

– 존 애덤스

'내려!' 2014년 12월 어느 날, 대한항공의 모바일 익명 커뮤니티의 직장별 게시판에 이 같은 놀라운 제목의 글 하나가 올라왔다. 이는 어느 대한항공 직원이 올린 글인데 내용이 다소 놀라운 내용이었다. 이를 읽은 다른 대한항공 직원들의 반응은 "기가 막힌다.", "바깥에 알리자."라는 반응을 보이며 댓글을 달았다. 이는 세상을 한동안 시끄럽게 만든 '땅콩 회항' 사건이다. 이 글이 인터넷에 올라간 순간, 순식간에 땅콩 회항 사태라는 산불의 발화점이 되었다. 이 소식은 사건 당일부터 회사 내부에 급속히 퍼졌고 며칠 후에는 일부 언론에 보도되면서 파문이 걷잡을 수 없이 커졌다.

오늘날에는 과거에 상상도 못했던 일들이 스마트폰과 SNS의 발달로 충분히 가능해졌다. SNS는 국민 개개인이 자신만의 방송사와 신문사를 하나씩 소유하고 있다고 볼 수 있다. 회사 내부에서 파문을 일으킨 사건은 실시간으로 외부에 알려졌다. 이렇게 자신이 겪은 불편이나 부당함을 인터넷에 올리고 이에 공감하는 네티즌이 많아지면 사건을 둘러싼 휘발성이나 폭발성이 상상을 초월할 정도로 일파만파 커진다.

기업의 성공을 원한다면 내부고객인 직원에게 먼저 신뢰를 얻어야 한다. 기업의 훌륭한 평판도 이들의 손에 달려있다. 내부적으로 불미스러운 일이 터졌다고 해도 충성스러운 직원들이 많다면 시키지 않아도 서로 나서서 자발적으로 평판이 실추되지 않도록 노력할 것이다. 물론 내부 직원이 평소 불만을 품고 있었다면 당연히 반대의 결과가 나온다. 대한항공의 경우도 커뮤니티를 통해 고발한 직원이 평소 기업문화나 오너의 행태를 그리 탐탁지 않게 생각하고 있었을 것이다. 따라서 기업에서 리더십을 발휘해 사람들에게 어떤 영향력을 미치는지와 어떤 평판을 쌓게 될지는 연관성이 깊다. 좋은 평판을 위해서는 먼저 기업의 내부라고 할 수 있는 직원들을 설득하고 사로잡아야 한다. 좋은 소문과 평판은 고객도, 인재도 몰려들게 할 것이다. 물론 나쁜 평판은 왔던 인재도 회사를 나가게 만들 것이다. 구성원을 조직에 대한 팬으로 열광하게 할지, 방관자나 훼방꾼으로 바깥에서 맴돌게 할지는 결국 리더에게 달려있다.

미국의 유명 온라인 쇼핑몰 자포스의 CEO 토니 셰이는 "직원들을 행복하게 해주니 고객을 무한 감동하게 한 서비스의 전설들이 저절로 탄생했다"고 말했다. 그는 경영자의 임무를 "직원들이 창의적이고 그들 자신의 색깔을 지키며 새로운 아이디어를 내고 그걸 실행할 수 있도록 관료적 사고방식 등의 장애물을 제거하는 것"이라고 말했다. 이 같은 탁월한 기업 문화가 알려지면서 이 회사의 LA 본사는 견학손님들이 줄지어 있다. 우수한 기업문화를 직접 보고, 체험해서 영감을 얻고 싶은 것이다. 견학을 통해 자포스 문화는 과연 어떤 것인지 직접 눈으로 목격한 사람 중에는 고객, 또는 직원이 되겠다며 지원하는 이도 다수이다. '내부고객'인 직원을 웃게 함으로써 고객 확보는 물론이고 회사의 자산이 되는 훌륭한 인재 영입까지 하는 두 가지 효과를 누리게 됐다. 이처럼 직원 제일주의, 내부고객 만족을 우선시하는 법칙은 이제 21세기 조직의 경영철학에서 최우선이라고 할 수 있는 1조 1항으로 자리 잡을 것이다. 이는 공자가 말한 '근자열 원자래(近者悅 遠者來)' 원칙과도 통한다. 공자는 가까운 사람을 만족하게 해줘야 먼 사람들도 찾아들 수 있다며 가까운 자, 내부자 만족 우선의 법칙을 강조한다. 마찬가지로 사람들에게 좋은 평판을 얻기 원한다면 가장 가까운 주변 사람들의 호응을 얻어야 멀리 있는 대중에게도 사랑받을 수 있다.

평판학 전문가인 로사 전 스위스 국제경영개발연구원IMD 경영대학원 교수의 조언도 이와 비슷하다. 그는 "전도유망하던 회사의 매출액이 떨어지고 있을 때 비상대책회의에서 논의할 것은 최고의 전략 수립, 매혹적 마케팅 방안이 아니라 내부 직원들의 '평판'을 끌어올리는 일"이라고 강조했다. 외부 평판보다 내부 평판인 직원 만족도가 형편없는 회사치고 성과가 높게 나온 회사가 없더란 지적이다. 내부 평판이 나쁘다는 말은 직원과 비전을 같이 공유하지 못한 채 제각각이라는 것을 의미하기 때문이다. 조직의 성과와 직원이 비전을 같이한 채 '단합'한 조직을 당해낼 수는 없다. 이만큼 내부평판을 우선적으로 신경 써야 한다. 실제로 한 직장인 대상 설문조사에서 응답자의 67%가 자신의 고용주를 외부 비판으로부터 보호한 적이 있다는 응답이 나왔다. 또한 75%가 자신의 고용주와 관련된 사진이나 비디오, 메시지 등을 소셜 미디어에 게재한 적이 있다고 나타났다. 고용주에 대한 칭찬이나 긍정적인 코멘트를 온라인상에 남긴 응답자는 53%였으며, 부정적인 코멘트나 비판을 남긴 응답자는 33%였다.

위기 대부분은 내부의 적에서 비롯된다고 해도 과언이 아니다. 그 누구보다도 내부사정은 실제로 기업에 근무했었던 직원이 가장 잘 알기 때문이다. 과거 '관리의 삼성'이라고까지 했던 삼성그룹에서도 구조조정본부 법무팀장 출신이 양심선언을 했다. 내용은 다소 충격적이었다. 삼성이 자신의 명의를 빌려 비자금을 관리해 왔다는 것이다. 삼성은 이런 사실을 알고 최고경영진으로부터 자신을 회유하기 위해 좋은 대우와 보수를 제의해 왔다. 그러나 그는 양심을 속이기 힘들어 모두 밝혔다. 그는 자신의 폭로를 계기로 삼성이 투명한 기업으로 거듭나길 원하는 마음으로 양심 고백을 한 것이다. 물론 털어서 먼지 안 나오는 사람 없듯이 기업도 마찬가지다.

기업 입장에서 보면 일종의 내부 관리가 실패한 것이다. 이런 내부의 불만 세력이나 문제 인식을 가진 직원들이 문제를 외부로까지

새 나가게 한 것이 가장 큰 문제였다. 내부에 적당한 소통창구가 있고, 서로의 의견을 받아들이는 열린 기업문화라면 이런 일이 발생할 확률은 줄어들 것이다. 문제는 외부에는 SNS를 비롯해 너무나도 많은 폭로장치가 있다는 것이다.

이 같은 내부고발 사례는 사실 비일비재하다. 몇 년 전 TV 고발 프로그램에서 건설회사의 한 직원이 내부 원가 내역서를 언론에 공개해 큰 논란을 겪었다. 굴지의 현대자동차 사태 역시 그 소문의 중심에는 한 퇴임 임원의 사건 고발이 있었다. 심지어는 검찰이 현대자동차 본사를 수색할 때 금고 위치가 어디에 있는지 정확히 파악했을 정도로 제보 내용이 매우 상세했다. 이 밖에도 모 제약회사의 한 영업 담당 간부가 잘리자 뇌물 장부를 가지고 협박하며 수억 원의 퇴직금을 달라고한 사건, 공장 직원의 안전사고를 은폐하려다 내부 직원의 제보로 언론에 공개된 사건, 제품 생산 공정상의 문제를 잘 알고 있는 노조가 이를 무기로 노사 협상에 활용한 사건 등 기업에서 내부 고발로 인해 논란이 된 사건은 매우 많다. 물론 기업의 경우만 그런 것은 아니다. 요즘에는 정부 부처도 내부 문서들이 야당과 언론에 수시로 유출돼 곤욕을 치르는 것을 자주 볼 수 있다. 단순히 위기관리나 커뮤니케이션 문제는 아니다. 근본적으로 올바르고 정도를 지키는 경영이어야 문제가 생기지 않는다. 굳이 해법을 생각한다면 당연히 윤리적이고 투명한 경영을 하는 방법밖에 없다.

04

한국의 평판,
안녕하십니까?

나쁜 평판은 두려움 중에서
제일 큰 두려움이다.

– 카우틸랴

국제사회에서는 국가의 이미지와 평가가
쌓여 그 나라 평판이나 이미지로 굳어진다. 과연 한국은 국제사회에
서 어떤 이미지일까? 과거 빈곤국이었던 한국은 지난 50년간 기적 같
은 성장을 일궈내 세계를 깜짝 놀라게 했다. 빠른 속도로 뻗어 나가는
세계화 덕분에 오대양 육대주를 누비는 수출국으로 국제사회에 당당
히 자리 잡았다. 그렇다면 세계 속에서 비치는 한국의 진짜 이미지는
어떨까? 지구촌 곳곳을 다니다 보면 한류의 놀라운 힘을 느낀다. K팝
을 즐겨 듣는다는 동남아 식당 주인, 능숙하게 K팝을 부르는 유럽 청
년들, 싸이의 〈강남 스타일〉에 맞춰 춤을 추며 손을 흔드는 중동 사람
들. 어느새 한류의 바람이 전 세계에 물들어 이들의 마음을 흔들고 있

다. 문화라는 부드러운 소프트파워가 외교관 역할을 톡톡히 한 것이다. 한류의 인기로 한국에 대한 호감도와 관심이 높아지고 있는 지금, 한국의 국가 브랜드 또한 상승했으리라 기대하기 쉽다. 그러나 아쉽게도 한국의 경제적 위상은 2015년 국내총생산GDP 기준 세계 11위인 데 비해 국가브랜드 지수NBI는 2014년 50개 국가 중 27위에 머물렀고 한국의 국가평판 순위는 2015년 36위를 기록했다. 아직도 국제적인 부분에서 한국의 평판과 이미지 격상은 한참 더 노력해야 할 과제일 것이다. 이처럼 저평가된 국가 브랜드 파워는 수출을 비롯한 각종 분야에서 여전히 '코리아 디스카운트'의 요인으로 작용하고 있다. 무한 저성장의 시대, 이런 간극을 어떻게 좁힐 수 있을지 고민해봐야 한다.

국가평판을 끌어올리는 것은 왜 중요할까? 국가평판이 높다는 것은 그만큼 방문하기에 매력적인 국가라는 뜻이다. 그만큼 외국인 관광객이 크게 늘어 관광수입이 증가한다. 당연히 외국인의 한국 투자도 늘고 해외에서 우수 인재를 영입하거나 우수한 신기술을 들여오는 데도 유리하다. 또 한국 제품에 대한 신뢰도가 높아져 수출도 원활해진다. 대외 신임도를 비롯한 국제사회에서의 공신력이 올라가 더 강력한 외교력을 발휘하는 데도 유리하다.

한국의 국가 이미지와 평판에 대해 살펴보고자 〈뉴욕 타임스〉에 게재된 한국 관련 기사를 분석했다. 그 결과 한국 관련 기사들은 시간이 흐를수록 국방이나 정치, 경제와 같은 하드파워 주제보다는 예술, 문화, 스포츠, 생활 등 소프트파워 관련 주제로 옮겨가는 것으로 나타났다. 특히, 문화에서 가장 큰 변화를 보였다. 세계에서 한류문화에 관심을 갖고 있다는 기사가 자주 보일만큼 문화는 기회이자 희망이다. 또한 해외 석학들은 국가 브랜드를 논할 때 문화의 중요성을 강조해왔다. '경영학의 구루'로 추앙받는 피터 드러커는 "21세기는 문화에서 각국의 승패가 결정되며, 최후 승부처는 문화산업이 될 것"이라고 강조했다. 프랑스의 세계적 문명비평가인 기 소르망 역시 "문화경쟁력이 국가 발전을 결정짓는 주요 변수"라는 말에 전적으로 공감했다. 이렇게 한 나라의 매력적인 문화와 콘텐츠가 세계인의 관심을 끌고 공감을 얻을 때, 비로소 문화경쟁력이라는 무기를 확보할 수 있다.

다행히 한국의 문화 콘텐츠 산업은 꾸준히 성장하고 있으며, 대한민국의 고부가가치 산업으로 떠오르고 톡톡히 효자노릇을 하고 있다. 문화상품 수출은 2010년 이후 5년간 연평균 6.7% 성장했고 2014년에는 역대 최고인 53억 달러 수출을 이뤄냈다. 특히, SBS 드라마 〈별에서 온 그대〉는 엄청난 인기를 끌었고, 한국에 중국인들이 대거 방문해 치맥 파티를 벌이는 이색 이벤트가 벌어져 이슈가 되었다. 또 2016년 방영된 KBS 드라마 〈태양의 후예〉는 중국 온라인 스트리밍 사이트에서 20억 회 이상의 조회 수를 기록하는 등 세계는 지금 대한민국을 주목하고 있다. 세계적으로 관심 받는 한류 문화콘텐츠는 우리의 기회이며 자산임에 틀림없다. 세계 속의 문화라는 소프트파워를 등에 업고 대한민국 국가 이미지도 한 단계 높이고, 관광산업 발전도 꾀할 수 있는 방법이 무엇이 있을지 고민해봐야 한다. K팝으로 시작해 점차 범위가 커지고 세계 속에서 영향력이 커지고 있는 한류 문화 콘텐츠 산업을 통한 국가브랜드 전략을 진지하게 모색할 때다. 이게 바로 대한민국을 세계에 분명히 인식시키고, 한국의 새로운 도약을 할 수 있는 든든한 도구가 될 것이다.

문화가 국가의 자산인 것은 미국 경제지 〈포브스〉가 선정한 '2015 세계에서 가장 평판 좋은 나라 10곳'의 결과를 봐도 알 수 있다. 그 결과 캐나다가 1위를 차지했고 아시아는 10위권에 들지 못했다. 평판 좋은 나라로 뽑힌 나라의 특징을 살펴보면 다음과 같다. 10위 벨기에는 맥주와 초콜릿으로 유명하며, 만화 〈스머프〉와 〈탱탱의 모험〉의 고향이면서 수도 브뤼셀에는 관광코스로 유명한 오줌싸개 동상이 있다. 9위 네덜란드는 빈센트 반 고흐 등 세계적인 화가를 많이 배출한 국가이고 축구 강국이자 스케이트 강국으로 명성이 높다. 8위인 덴마크는 동화작가 한스 크리스티안 안데르센이 태어난 나라로 문맹률이 낮고, 높은 교육열을 자랑한다. 7위는 지상 최후의 낙원으로 불리는 뉴질랜드이고 6위 핀란드는 호수·섬의 나라, 5위 오스트레일리아는 1인당 GDP가 여섯 번째로 높은 대표적 선진국이며 다채로운 문화 축제와 행사가 관광객의 눈길을 사로잡는다.

이어서 4위는 스위스인데 국토 대부분이 산지로, 동서로 뻗은 알프스 산맥과 북동으로부터 남서로 뻗은 쥐라 산맥이 있는 곳이다. 3위는 스웨덴으로 가장 전폭적인 복지정책을 추진하는 나라로 꼽힌다. 2위는 세계 네 번째 원유 수출국이자 세계 세 번째 가스 수출국인 노르웨이이다. 〈인형의 집〉 극작가 헨리크 입센, 〈절규〉 에드바르 뭉크 화가가 유명하다. 대망의 1위는 3년 연속 선정된 캐나다이다. 세계

10위권 경제대국이자 애니메이션, CG, 우주 산업 등이 유명하다. 전체적으로 10위권 안에 들어있는 국가의 특징을 살펴보면 문화·예술에 대한 정체성이 강하고, 청정지역 등의 해당 국가만의 자연적인 강점을 갖추고 전 세계인이 관광하고 싶은 우수한 문화콘텐츠와 볼거리를 지니고 있다는 공통점이 있다. 이러한 국가이미지는 모든 산업에도 긍정적인 영향을 주고, 관광객의 방문 활성화 등으로 인해 국가경쟁력을 갖추게 되는 선순환을 이루게 된다.

부패 코리아,
이젠 졸업하고 싶다

당신이 가질 수 있는 보물 중 좋은 평판을
최고의 보물로 생각하라.

– 소크라테스

지난 50년간 우리나라가 이룬 기적 같
은 경제성장은 우리나라를 '아시아의 호랑이'로 불리게 했다. 그런데
아쉽게도 해외에서는 이 호랑이를 부패한 호랑이로 본다. 이 호랑이
는 자신의 몸을 썩게 만드는 부패에 너무 익숙해졌다. 우리는 심각성
을 알지만 너무 익숙해 무뎌졌다. 그러나 경쟁자들 눈에는 이것이 아
시아의 호랑이를 넘어뜨릴 수 있는 치명적인 약점이자 절호의 기회로
보일 것이다. 세계화 시대, 생존을 위해 결코 부패를 가볍게 생각할 수
없다.

50년 남짓한 한국 자본주의의 역사에서 우리나라 기업들은 부패
라는 추악한 질병의 원인에 대해 잘못된 진단과 처방을 내려왔다. 또

는 이를 오래 방치함으로써 시간과 비용을 낭비하고 사태를 악화시켜 오늘날에 이르렀다. 신문을 봐도 여기저기 부패한 냄새가 난다고 한다. 어디서부터 손을 대야 할지 모를 정도로 하루가 멀다 하고 사건이 계속 터져 나온다. 이젠 무감각해지다 못해 관행쯤으로 여기고 부패척결 자체를 포기해버리게 되는 것은 아닌지 모르겠다. 이제 우리나라 국민은 기업이나 공무원의 부패 사건이 터져도 아무 감각이 없다.

이처럼 한국은 경제수준이 비슷한 타국에 비해 우리 기업은 물론 사회 전반에 걸쳐 부패 문제가 심각하다는 것은 어제오늘의 일이 아니다. 국세청에 따르면, 2010년 국내 기업의 접대비용은 4조7,000억 원이다. 이 가운데 룸살롱과 골프장에서 쓰인 접대비가 39%인 1조8,330억 원이나 됐다. 특히 2008년 유엔 반부패의 날을 맞아, 부패 문제에 있어서 국제적으로 가장 권위를 인정받는 부패 감시 비정부기구인 국제투명성기구TI, Transparency International가 발표한 뇌물공여지수 순위에서 우리나라는 조사대상인 경제협력개발기구OECD 국가 14개국 중 13위를 기록하여 밑바닥 수준을 면치 못했다. 이는 한국 기업들이 국제 기업 활동 과정에서 공무원에게 뇌물을 줄 가능성이 OECD 최고 수준이라는 것을 뜻한다. 그럼 한국의 부패문제에 대한 세계 언론의 생각을 들어보자.

이명박 정부가 경제 분야에서 반부패 활동을 벌여왔지만 성과는 미흡하다. 거물급 경제사범들이 단죄되기보다는 면죄부를 받는 추세라며 다음 대통령이 결단을 발휘하지 않으면 MSCI나 다른 '벤치마크 지수'가 어떻게 결정되든 한국의 선진국 진입은 요원하다.

출처: 〈블룸버그〉, 2011. 06. 14.

한국에서 온 고위급 올림픽 관계자들의 부패가 국제올림픽위원회를 당황하게 했다. 김운용 전 국제올림픽위원회 부위원장은 횡령죄를 저질러 2005년 부위원장직을 사임했고, 삼성그룹의 회장이면서 올림픽 후원자인 이건희는 탈세를 해서 2008년 국제올림픽위원회 위원회직을 사퇴했다. 박용성 위원장은 횡령죄로 유죄 판결을 받았지만 2007년 사면되었고, 조양호 위원장도 탈세를 해서 1999년 3년형을 받았지만 120억 원 상당의 보석금을 내고 풀려났다.

출처: 〈뉴욕 타임스〉 2011. 07. 07.

이처럼 해외 언론은 우리나라와 우리 기업을 부패국가, 부패기업으로 지목해왔다. 한국은 경제력이 세계 10위권 이지만 반부패지수 세계 40위권이라는 불명예를 얻었다. 이제는 부패 문제를 기존에 생각해왔던 단순 기업윤리 문제가 아닌, 국제사회의 분명한 경영리스크로 보고 이에 대응해야 한다. 세계적 기업들은 이미 부패방지를 중요한 경영전략 요소로 삼기 시작했다. 지금은 미국을 비롯한 세계 경쟁자들이 빼어 든 반부패의 칼날은 누구를 겨냥하고 있는지 분명히 예의주시해야한다. 세계적 기업들이 어떻게 부패방지를 경영전략 요소로 삼기 시작했는지 다음의 위협적인 변화를 주시해야 한다.

첫째, 내부고발자에 의한 기업 부패행위 적발은 훨씬 높아질 것이다. 디지털 기술의 발전으로 정보 공유가 편해졌고 내부고발자 보호 및 보상의 사회적 인식변화 및 입법적 조치에 힘입어 부패에 취약한 기업을 위협하는 무서운 세력이 될 것이다.

둘째는 미국중심의 국제적 기업들이 아시아의 위협적인 경쟁자들을 제거하려는 목적으로 부패 문제를 전략적으로 활용하기 시작했다. 이는 경쟁자들을 세계 시장에서 없애는 수준에 이를 정도로 여파가 클 것이다. 한국 기업들이 세계시장에서 생존하기 위해서는 2008년 이후부터 본격적으로 쏟아진 각종 국제적 반부패협약에 서명하고 부패방지기구의 혹독한 평가를 받고 부패행위 시 엄청난 제재 금액의 출혈을 감수해야 한다.

이러한 변화를 중심으로 부패의 터널에서 벗어나지 않고서는 도저히 세계 시장에서 살아남지 못할 것이다. 환경 변화를 제때 인식 못 하면, 한국 기업은 세계 초일류기업은 이미 물 건너 간 것이고 세계 시장에서 생존할 수 없다. 미국을 시작으로 부패방지의 세계적 요구는 점점 강도가 세지고 있다. 2000년대 들어 미국은 만든 지 30년이 넘는 해외부패방지법을 꺼내 들었다. 미국 내 본사는 물론 해외 지사 임직원이 해외 공무원에게 뇌물을 제공하면 본사 경영진까지 처벌할 수 있는 해외부패방지법 위반에 대한 조사와 처벌을 강화하기 시작했다. 또한 미국 부시 대통령은 2002년 경영진이 회계 자료의 정확성을 보증하고 기업의 회계 부정 발생 시 경영진을 처벌 하는 사베인스-옥슬리 법에 서명했다. 이 법은 기업에 내부고발을 위한 핫라인 설치를 요구했다.

특히, 2011년 국제표준화기구ISO는 사회적 책임에 대해 국제표준 ISO 26000을 발효해 기업의 부패 문제를 지적하고 이에 대한 방지 시스템을 요구하고 있다. 부패 감시, 내부고발자 보호, 공정경쟁을 주요 내용에 포함시키고 있어 이제 국제 입찰에 참여하는 한국 기업들은 부패 문제로 인한 불이익이 잠재되어 있다.

그런데 왜 해외언론은 틈만 나면 한국 기업의 룸살롱 문화를 다루고, 한국 기업 총수들의 횡령, 탈세, 배임 문제에 지면을 할애하는 것일까? 이들은 한국 기업이 그동안 부패를 눈감아주며 경제성장을 이루어 냈고 이런 부패 관행에서 쉽게 벗어나지 못할 것이라고 예측하고 있다. 그들은 우리 약점을 잘 알고 있고, 한국 문화와 기업 지배구조로는 이런 약점을 극복하기 쉽지 않다는 점도 잘 안다. 그렇기에 반부패를 그들의 전략으로 삼고 국제적 요구에 힘을 실어주고 있는 것이다. 그래서 G20 정상이 서울에 모여 반부패협약을 선언한 것 등 모든 상황을 살펴봐야 한다. 이처럼 국제사회는 우리나라 부패문제의 심각성을 지적하는데 우리는 문제에 대한 인식과 대응 부족으로 아무리 비용과 노력을 쏟아도 여전히 반부패지수는 40위권을 벗어나지 못하고 있다. 우리가 우물쭈물 하는 사이에 국제 사회의 날로 예리해지는 반부패의 칼날은 우리나라 기업을 향해 다가오고 있다.

고객의 지갑을 열게 만드는 브랜드의 힘

앞으로 할 행동으로
평판을 쌓을 수는 없다.

– 헨리 포드

21세기 정보화 시대의 기업 경영에서 브랜드 전략은 매우 중요하다. 브랜드가 중요한 이유는 매우 똑똑해진 소비자들 때문이다. 디지털 시대 정보의 발달로 소비자는 언제 어디서나 쉽게 정보를 접할 수 있게 되었다. 수많은 제품을 비교하고 최상의 제품을 고를 수 있는 안목과 지식을 갖추게 되었다. 좋은 제품을 가려낼 수 있는 엄청난 정보력을 갖추었다는 것은 그만큼 제품을 만드는 기업의 평판과 브랜드에 따라서 사랑받게 될 것인지, 외면 받고 사라지게 될 것인지가 결정될 것이다.

요즘 소비자들은 물건을 구매하기 전, 모바일을 통해 상품 후기를 실시간으로 공유하면서 똑똑한 선택을 하는 것이 너무나 자연스러운 일상이 되었다. 특히 IT산업의 발달로 시장의 경계가 무너지고 글로벌 경쟁이 더욱 치열해졌다. 오늘날에는 기술력이 평준화되어 품질 차이는 거의 없다. 모두 거기서 거기인 품질이기에 소비자의 선택에 타당성을 제공해줄 결정적인 계기가 반드시 필요하다. 결국 제품의 품질은 기본이고 매력적인 브랜드가 중요해질 수밖에 없다. 이젠 브랜드가 신뢰를 대표하는 간판이 된 것이다. 사실 우리 주변에는 모든 것이 브랜드이다. 매일 마시는 물부터, 가구, 화장품, 식품, 생활필수품, 자동차, 명품 등 모든 것이 브랜드이다. 이처럼 우리는 매일 브랜드를 소비하면서 산다.

과연 브랜드란 무엇일까? "브랜드는 노르웨이의 Brandr에서 유래했다. 낙인이라는 어원을 가지고 있으며 사육하는 가축들이 자기 소유임을 알리기 위해 사용되기 시작했다. 판매자, 판매자의 상품, 판매자의 서비스를 식별하고 경쟁자들의 것과 차별화하기 위하여 사용되는 독특한 이름이나 상징물을 의미한다. 브랜드의 사전적 정의는 '상표, 기업이 판매 또는 제공하는 상품, 서비스에 대하여 다른 것과 구별 짓기 위해 사용하는 이름, 상징물 등의 결합체'를 말한다. 그런데 브랜드는 단순히 제품이나 서비스를 인식하는 이름이 아니다. 그 이름이 지닌 성격과 연상되는 이미지까지도 다 포함해 다른 무수한 것들과 구별하는 기능을 지닌 것을 의미한다. 여기에서 중요한 것은 모두 비슷한 것들 중에서 특별히 구별하게 만든다는 것이다.

즉 제품이나 서비스뿐 아니라 브랜드를 통해 연상되는 모든 이미지까지도 포함해 브랜드 자체가 독립된 하나의 가치를 형성한다. 사람이 느끼게 되는 감성의 대상으로 브랜드를 만들어 소비자와 직접 소통하는 것이다. 어떤 선택을 할 때 브랜드 이름만 들어도 머릿속에 바로 떠오르는 생각이나 어떤 느낌이 있다. 이것이 브랜드의 이미지이다. 만일 해당 브랜드의 기업 CEO가 불미스런 일로 논란을 일으켰거나 제품의 성분이나 다른 문제로 신뢰를 잃게 되면 브랜드에 대한 소비자 충성도가 급격히 떨어진다. 매출도 당연히 줄어들 것이다. 결국 브랜드는 소비자의 구매의사를 결정하는 수단이 되기에 생존과 연관이 깊다.

커피 하면 제일 먼저 떠오르는 브랜드가 무엇인가? 바로 '스타벅스'이다. '나는 스타벅스의 커피를 마시는 것이 아니다, 나는 스타벅스라는 문화와 가치를 마시는 것이다.'라는 말을 들어보았을 것이다. 이처럼 브랜드는 우리가 의식하든, 의식을 하지 않던 상관없이 지금도 사람들의 생각을 지배하고 실제로 엄청난 영향력을 끼치고 있다.

이처럼 고객이 권위 있는 브랜드에 지갑을 여는 것은 당연하다. 예를 들어 사람들이 언론사의 기사를 신뢰하는 이유는 뭘까? 대중은 그들이 만드는 뉴스를 신뢰하고 그 의견에 귀를 기울이고 독자들은 신문사와 방송사를 믿는다. 사실 언론사는 생각보다 규모가 크지 않다. 그러나 사람들은 언론사 기자들의 권위를 인정한다. 여기서는 당연히 기자 개인의 권위가 아닌, 언론사 전체의 권위를 말한다. 독자들은 기자가 모인 언론사를 믿고 언론사가 뉴스를 제작하는 고유의 시스템을 신뢰한다고 볼 수 있다. 이 때문에 어떤 언론사를 믿으면 그 언론사가 제공하는 모든 서비스를 스스럼없이 받아들이게 된다. 사실이 부분은 장단점이 있는데 언론사의 권위만 맹신해 모든 정보를 스스럼없이 받아들이는 것은 상황에 따라서는 위험할 수 있다. 결국 우리는 그들이 올바른 정보를 찾아내고 치밀하게 분석하고 정확하게 판단할 능력을 갖고 있다고 인정하기에 언론사에 권위가 생기는 것이다. 이 같은 권위를 개인이나 기업이 만들어낼 수 있다면 그들이 제공하는 모든 것은 지금보다 한 차원 높게 평가받을 수 있다. 물론 회사의 가치도 높게 평가받고 한 단계 더 상승하는 것은 당연하다.

소비자들은 제품을 사는 것이 아니라 가치를 사는 것이다. 소비자가 기업의 제품을 구매할 때 품질을 일일이 다 조사하지는 못한다. 그 제품이 주는 이미지가 자신에게 어떤 가치를 주느냐를 살펴본 뒤, 그 가치에 대한 돈을 쓰는 게 합당하다고 결정했을 때 제품을 구매한다. 고객이 구매하는 것은 단순히 서비스나 콘텐츠가 아니다. 소비자는 브랜드를 구매한다. 그들의 권위를 사고, 신뢰에 기꺼이 돈을 지불하는 것이다. 그렇기에 대중의 사랑과 선택을 받기 위해서는 권위를 인정받을 수 있도록 노력하는 것은 필수이다.

어딜 가도 항상 팔리는 상품과 유난히 끌리는 사람이 있다. 비슷한 기능과 가격, 유사한 디자인과 제품 콘셉트로 소비자들은 어떤 것을 선택해야 할지 혼란스럽다. 수많은 제품의 홍수 속에서 요즘 소비자들이 느끼는 감정은 지루함이다. 대중은 항상 '좀 새로운 것 없을까?' 참신하고 독특한 것에 목말라하고 있다. 성공하는 제품이나 서비스를 살펴보면 분명 탁월한 콘셉트와 마케팅 전략이 있다. 물론 사람도 마찬가지다. 오늘과 같은 무한경쟁 시대에 독보적이고 독특한 존재로 살아남고 기억되고 싶다면 스스로에 대한 충분한 성찰의 시간이 필요하다. 그 이후에는 강점과 단점을 정확하게 파악하고, 본인만의 차별화 전략을 수립하는 전략이 필요하다.

당신의 브랜드로
몸값을 두 배 올려라

전장처럼 돈과 관련된 사업체일 경우에는 두말할 나위 없이 善한 이름을 지어야 할 것이다. 물론 자신만의 간판에 힘을 실어주기 위해서는 겉치레보다 진실하면서도 생동적인 행실이 중요하다.

― 호설암 어록

이제 '평생직장'의 시대는 갔다. 이직이 보편화 되고 채용시장에서 경쟁이 치열하다. 최근 조사에 따르면 대졸 신입 사원 28%가 입사 1년 내 퇴사하고 신입 사원 4명 중 1명이 1년 이내에 퇴사한다고 한다. 과거에는 큰 사고만 없으면 몸담은 조직을 떠나는 일은 드물었다. 그러나 이제 그런 시대는 오지 않는다. 경제 환경 악화, 구조조정 등 모두를 위기로 내모는 요인이 주변에 널린 시대이다. 지금과 마찬가지로 미래 비즈니스 환경도 '변화'를 동반한다. 미 노동부에 따르면, 현재 대학 졸업생들은 38세가 될 때까지 대략 10~14개의 직업을 전전하게 될 것이고, 2010년 기준 가장 인기 있는 직업 10개는 2004년도에는 존재하지 않았던 것이다.

이와 같은 변화와 더불어 끝없이 검증을 요구하는 역동적인 사회에서는 개인의 브랜드 가치와 평판이야말로 유일한 판단 근거가 될 것이다. 가장 최근에 맡은 프로젝트가 무엇이고, 어떤 성과를 보여주었는지가 개인의 능력을 평가하는 척도가 될 수밖에 없다. 그래서 퍼스널 브랜딩만이 유일하게 인정받는 가치가 될 것이다. 위기의 시대에 당신의 직업적 안전을 보장해줄 자산이자 든든한 무기가 된다. 효과적인 퍼스널 브랜딩과 평판 관리는 개인의 기량과 열정, 그리고 강점을 드러내 새로운 기회와 경제적 보상, 사회적 성공을 이루도록 도와줄 것이다.

오늘날은 샐러리맨에게 분명 위기의 시대이다. 이들 삶에 불안정성이 날로 커지는 지금, 직장인들은 어떻게 자신의 가치를 높이며 살아남을 수 있을까? 몸값을 높이고자 단순히 스펙을 쌓고 업무성과를 높이는 것으로는 한계가 있다. 이것은 누구나 갖추고자 노력하기에 모두 비슷한 수준이다. 조직에서 생존하고 자기 몸값을 높이려면 '오직 한 사람only one'이 되어야 한다. 경쟁사회에서 살아남기 위해서는 샐러리맨이든, 전문직이든 CEO이든 수만 명 중에서 자기 자신을 확실히 남과 구별시킬 수 있는 차별화 요소는 필수이다. 나만의 강점과 차별화된 특징을 발굴해 사람들의 뇌리 속에 깊이 각인시킬 수 있는 브랜드를 만들면 작은 노력으로도 당신의 몸값을 지금보다 몇 백배 더 높일 수 있다.

이처럼 무한경쟁 시대는 개인도 브랜드를 갖고 있어야 존재감이 드러난다. 고품질 제품도 소비자들이 알지 못하면 외면당한다. 우리는 정보화 시대에 살고 있다. 소셜 네트워크와 인터넷으로 홍수처럼 넘치는 정보 속에서 사람들 인식 속에 강하게 자리 잡기 위해서는 인상적이고 강렬한 정보여야 한다. 특히 자기 회사 이름보다 자신만의 브랜드와 이름 석 자가 더 유명한 '브랜드 직원'은 당연히 구조조정에서도 감원될 확률이 낮다. 혹시 운 나쁘게 조직에서 방출되어도 자기 브랜드로 확실한 정체성을 갖춘 사람은 어디서든 환영받는다. 그래서 윗사람에게 충성하고 업무성과에만 매달리기보다, 나만의 브랜드를 창조해 나만의 무기로 무장하는 것이 중요하다.

퍼스널 브랜드는 한마디 개인의 재능이나 전문적 능력 등 모든 이미지의 총체로 남과 구별되는 핵심 가치이다. 핵심인재는 퍼스널 브랜드의 성공적 구축으로 인력 시장에서 높은 가치를 인정받는 직장인을 말한다. 남과 차별화된 재능과 능력을 보여준 퍼스널 브랜드를 갖춘 인재는 당연히 더 높은 보상과 연봉을 받는다. 실제로 미국의 한 조사 결과에 따르면, 브랜드 콘셉트와 비전을 가지고 있는 직장인이 그렇지 않은 직장인보다 10% 이상 높은 연봉을 받고 있다고 한다. 기업은 제품을 팔지만, 소비자는 브랜드를 산다는 말이 있다. 특히 명품 브랜드일수록 소비자들의 선호도가 높다. 모양이 비슷한 가방이라 해도 소비자들이 유명 브랜드 제품을 더 높은 가격에 구매하는 것과 같다. 백화점의 유명 브랜드에서 제작한 티셔츠와 시장에서 판매하는 티셔츠는 디자인과 질이 비슷해 보여도 엄청난 가격 차이를 보인다. 이 차이는 바로 브랜드의 가치이다. 이는 인간의 경우도 마찬가지이다.

퍼스널 브랜딩이 아주 잘 된 대표적 예로는 국가적 브랜드인 김

연아, 〈강남스타일〉의 싸이, 반기문 유엔 사무총장이다. 제품마다 브랜드가 있듯이 개인에게도 퍼스널 브랜드가 있는 것이다. 故 스티브 잡스는 아이폰, 맥북 등을 통해 IT 생태계를 창조한 '혁신의 아이콘'으로 브랜드를 만들었다. 전 세계 젊은이들을 '잡스 교인'으로 만들었다. 또 개그맨 유재석을 생각하면 자연스럽게 '메뚜기', '국민 MC'가 떠오르는 것도 개인 브랜드 구축을 통해 만들어진 이미지이다.

특히 유명 CEO나 임원들은 그들만의 특별한 역량과 성과를 갖추었음은 물론 특별한 브랜드 관리를 통해 자신을 제대로 홍보하는 경우가 많다. 예를 들어 경쟁이 심한 성형외과 의사는 자신이 쓴 책을 가지고 토크쇼에 출연해 엄청난 수입을 올릴 수 있다. 또 시간당 20만 원을 받는 평범한 강사는 방송출연으로 유명해져 책과 블로그, 카페 운영 등으로 기업체에 초빙되어 그전의 10배에서 100배가 넘는 강사료를 받는 스타강사가 될 수 있다. 이렇듯 퍼스널 브랜딩은 인지도를 높인 한 사람이 브랜드가 되는 과정에서 꼭 필요한 것이다.

CEO들이 자기 업적을 전략적으로 알려 브랜드 파워를 얻듯이, 브랜드는 평범한 사람을 유명인사로 바꾸는 마력이 있다. 평범한 가정 주부였던 마샤 스튜어트 이름이 붙은 가정용품은 미국에서 다른 상품들보다 두 배 이상 비싸다. 그녀는 정원 가꾸기와 빵 굽기, 빨래하기 같은 집안일을 좋아하던 평범한 전업 주부였다. 그녀는 자신의 집 지하실에 사무실을 내고 주부들의 각종 살림을 도와주는 사업으로 서비스를 확장했다. 사업 시작 후 그녀는 방송의 주요 MC가 되었고 사업도 삽시간에 번창해 굴지의 기업으로 키워냈다. 힐러리 클린턴의 뉴욕 상원의원 출마에 가장 큰 후원자가 될 정도로 부자가 되었다. 그녀는 '프로 살림꾼'이라는 독창적인 브랜드를 구축해 자신의 가치를 높였다. 이처럼 누구든 자신의 긍정적 이미지를 전략적으로 알려 브랜드 파워를 만들어 몸값을 크게 올릴 수 있다.

자신을 매력적으로 표현하고 차별화된 브랜드를 만드는 과정은 남들과 다른 차별성을 만든다. 다른 경쟁자들과는 전혀 다른 형태의 경쟁우위를 갖춤으로써 치열한 경쟁사회에서 살아남을 수 있다. 아무리 뛰어난 것도 알려지지 않으면 소용없다. 아무리 능력이 뛰어나도 자신을 알리고 홍보하지 않으면 누구도 인정 하지 않는다. 예전처럼 '맡은 일만 묵묵히 하면 된다'라는 생각은 통하지 않는다. 나의 업무역량과 전문성을 키우면서, 동시에 나를 알리는 나만의 브랜드를 창조하기위해 힘써야 한다.

중국 청나라 시대의 거상 호설암도 브랜드와 평판이 사업에 미치는 중요성을 분명하게 인식하고 있었다. 그는 심혈을 기울여 자신의 이미지를 만들었고 독특한 상품개발로 브랜드 창출에 성공했다. 그의 말처럼 특히 장사를 할 때는 이름을 대수롭지 않게 여겨선 안 된다. 사업은 평판을 통해서 번성하기도 하고 쇠락하기도 한다. 평판이라는 것은 이름을 통해서 고객에게 전달되는 것이다. 안목 있는 상인들이 상호에 고심하는 것도 바로 이런 이유에서이다.

든든한 동아줄,
퍼스널 브랜드를 만드는 방법

인격은 나무와 같고 평판은 그림자와 같다.
그림자는 우리가 그것에 대해 생각하는 것이다.
나무는 그것의 진짜 모습이다.

– 에이브러햄 링컨

'퍼스널 브랜드'는 행동이나 말투, 일하는
스타일은 물론 인생 전체를 복합적으로 봐야 알 수 있다. 결국 '퍼스널 브랜드'는 내면 깊숙이 잠재된 가치관이 여실히 드러나게 한다. 갖춰지지 않은 허상을 과대 포장하면 본연의 실체가 드러난다. 그래서 성공하기보다 빨리 망한다. 보이는 겉모습보다 내실을 쌓는 것이 퍼스널 브랜드의 기본이다.

자신만의 진정한 퍼스널 브랜드를 만들기 위해서는 우선 철저한 자기 분석이 필요하다. 장점을 어떻게 어필하고 단점을 어떻게 커버하느냐가 핵심이다. 경영학의 구루 피터 드러커의 명언처럼 '강점 위에 설계'하는 게 더 현명하고 이와 동시에 자신만의 차별화된 능력을 보여주는 것이 핵심이다. 또한 만들어진 퍼스널 브랜드를 전략적으로 홍보하는 것도 중요하다. 기업이 지속적인 마케팅과 홍보로 브랜드파 워를 키워나가야 한다. 먼저 자신을 포지셔닝 해야 하는데 정치인이 라면 '어디까지 올라가고 어떤 정책에 자신을 헌신할 것인가?' 직장인 이면 '어떤 분야에서 최고가 될 것인가?'에 맞춰 전략을 짜야 한다. 또 트렌드에 맞게 온라인의 각종 채널로 자기 자신을 마케팅 할 수 있다.

이때는 자연스럽게 받아들일 수 있는 스토리텔링이 가장 효과적 이다. 이는 오바마가 잘 보여줬다. 그가 대통령 후보로 부각된 것도 말 때문이었다. 2004년 부시 대통령과 겨뤄야 했던 민주당 존 케리 후 보가 오바마의 설득력을 눈여겨보다 민주당 전당 대회의 자원 연설 을 부탁했다. 그 연설은 미국 전체를 들썩이게 했다. 오바마는 다른 정 치인들이 미국의 문제점을 말할 때 흑인 아버지와 백인 어머니에게서 태어난 자기 같은 사람이 하버드대학을 나와 사회의 주요 인물이 될 수 있는 나라는 지구상에 미국 밖에 없으며 그런 미국의 위대함을 되 찾을 사람은 존 케리라고 말해 박수갈채를 받았다. 그의 말은 '미국인 의 자부심'을 되찾게 했다. 오바마는 한 번의 연설로 무명의 지방 상 원 의원에서 전국적인 유명 인사로 떴다. 그래서 2005년 연방 상원의 원 공천을 받고 당선도 되었다.

오바마는 남의 말에 상처를 많이 받으며 자라 어떤 말이 상처를 주는지 알게 되었다. 그런 훈련 덕에 오바마는 대통령 유세동안 한 번 도 흑인을 차별한 백인들을 비난하지 않고 흑백 문제를 다루었다. 오 바마는 설득력을 길러 미국인들을 사로잡고 최초의 흑인 대통령이 되었다. 또 다른 홍보 전략으로 책 출판도 효과적이다. 평범한 직장인들이 책으로 베스트셀러 저자가 되어 자신을 널리 알린다. 이후 개인 연구소를 설립해 강의를 하고 홀로서기에 성공한다. 방송 기자 출신인 전여옥 씨도 일본 특파원 시절의 경험을 바탕으로 《일본은 없다》라는 베스트셀러를 내고 사업가로 도전했고 국회의원이 되었다. 국회의원이 된 후에도 주목 받을 말로 자신의 존재를 알리고 있다.

오늘의 정보화 시대에는 퍼스널 브랜딩이 어렵지 않다. 정치인과 CEO, 대학교수뿐 아니라 유명해지고 싶은 일반인도 인터넷에 활동 소식을 알리고 홍보영상이나 강의를 블로그와 유튜브에 홍보할 수 있다. 정보기술의 발달로 적은 금액으로도 폭넓게 자신을 홍보할 수 있다. 또한 자신만의 독특한 퍼포먼스로 존재감을 드러낼 수 있다. 정치인들이 자기 이름 걸린 행사를 많이 하는 것과 같다. 퍼포먼스는 괴짜 정신으로 유명한 리처드 브랜슨이 선수다. 고등학교를 꼴지로 졸업하고 난독증으로 글조차 잘 읽지 못하는 그가 세계적인 기업가가 되었다. 자유분방한 그는 틀에 박힌 대기업 조직도 싫어했다. 1960년대의 영국 기업들도 한 때 한국처럼 명문대학교 경영대 출신끼리 모여 사업 정보를 주고받고 핵심 업무를 도맡았다. 리처드 브랜슨은 그런 기업 리더들의 태도가 싫었다. 특히 그들이 정장과 타이로 무장하고 다니는 것에 반발해 튀는 옷을 입고 튀는 행동을 해 하나의 신선한 브랜드로 만들었다.

그는 코카콜라의 본고장 미국에 버진 콜라를 출시할 때 버진 콜라 트럭을 타고 워싱턴 스퀘어 가든을 누벼 화제를 모았다. 그는 신제품 출시나 사업 영역을 확대할 때마다 월 스트리트에 탱크를 타고 나타나는 등 깜짝 놀랄 만한 이벤트를 한다. 영국의 기업가인 그가 이벤트 장소를 런던이 아닌 뉴욕으로 택한 것은 세계의 심장부인 뉴욕은 한 번의 행사만으로도 시선을 집중시킬 수 있기 때문이다. 그의 전략이 맞아 떨어져 그의 이벤트는 세계 대부분의 신문에 실린다. 특히 정치인이나 연예인처럼 브랜드 인지도가 직업에 직접적 영향을 미치는 사람들에게는 자기 연출이 매우 중요하다. 매스 미디어가 발달한 미국의 정치인이나 연예인들은 자기 연출에 훨씬 더 치밀한 계획을 세운다.

2000년 11월 미국 대통령 선거를 앞두고 열띤 신경전이 일어났을 때였다. 민주당 앨 고어 후보의 취약점은 재미없고 지루한 모범생 같은 느낌을 주는 것이었다. 그래서 고어는 뉴햄프셔의 예비 선거에서부터 정장을 벗고 혁대에 휴대 전화까지 찬 채 유세를 해 역동적 이미지를 심기 위해 노력했다. 또 고어는 1,500명이 넘는 지지자들이 모인 집회에서 독특하게도 록밴드 연주에 맞춰 짧게 자른 연설문장으로 연설해 열광적 박수를 받기도 했다. 그가 얻고 싶은 이미지와 브랜드는 '활동적이며 다양성을 받아들일 줄 아는 대통령 후보'였다. 그는 훌륭한 자기 연출로 변신 했다. 그가 의도하는 브랜드를 얻기 위해 치밀하고 다양한 자기 연출을 했듯, 일반인들도 꿈꾸는 브랜드에 맞는 자기 연출을 위해 노력을 해야 한다.

또한 대중들은 무의식적으로 받아들였지만, 빌 클린턴도 철저한 전략으로 자기 연출을 해왔다. 1992년 선거에서는 40대 중반의 나이가 대통령 후보로 너무 젊다는 여론을 의식해 은발을 더욱 돋보이게 하고 곱슬머리를 펴 나이 들어 보이는 스타일로 변신했다. 또 1996년 선거에서는 은색 머리를 약간 어둡게 하고 곱슬머리를 그대로 두어 젊어 보이는 스타일을 연출했다. 다시 그의 임기 말기인 2000년에는 아내인 힐러리 클린턴의 뉴욕 상원의원 출마 발표와 함께 나이 들고 무력해 보이는 '하우스 허즈번드' 이미지인 희고 부스스한 스타일로 변신했다. 힐러리 클린턴 역시 치밀한 연출의 선수이다. 클린턴 임기 초기, 힐러리는 지나치게 똑똑한 퍼스트레이디를 꺼려하는 유권자들을 의식해 '하우스 와이프' 느낌을 주는 긴 단발머리를 연출했다. 그러나 뉴욕 상원의원 출마 발표 후에는 전문직 여성 이미지를 주고자 짧게 자른 커트 머리로 변신했다. 국무장관이 되고는 전문직 여성다운 짧은 커트머리를 하고 원색의 옷을 입어 나이보다 활동적이라는 것을 드러냈다. 이처럼 간단한 패션과 헤어스타일 변화만으로도 원하는 이미지를 연출이 가능하다. 무심코 봤던 빌 클린턴 부부의 헤어스타일 하나에도 상황 설정에 맞춘 치밀한 연출이 있었다는 사실을 보면 리더가 되려면 대중에게 보이는 자기 연출이 얼마나 중요한지 알 수 있다.

09 당신의 평판을 제대로 관리하는 방법

명성은 불과 같아서 일단 불을 붙이면
그 불꽃을 유지하기가 비교적 쉽지만,
꺼뜨리고 나면 다시 그 불꽃을 살리기가 지난하다.
– 소크라테스

사람은 기본적으로 호기심이 많다. 지금 껏 경험하지 못했던 신비한 사물을 보면 흥미를 느낀다. 그래서 낯선 사람일수록 알고 싶은 마음을 갖게 된다. 이런 심리를 교묘하게 이용해 흥미를 유발하고 대중의 관심을 끌 수 있다. 그 이후에는 신비주의로 갈 수 있는 돌파구를 마련해야 한다. 드러난 부분은 흥분을 일으키고 감추는 부분은 관심을 고조시킨다. 이것이 신비감이다. 꾸준하게 관심을 받는 매력적인 평판으로 관리하려면 신비감을 잘 조성해야 한다. 우리가 말하는 '카리스마'는 신비감과 다르지 않다. 카리스마 있는 사람에게 신비로움을 느끼게 된다.

사람들은 유명인을 존경하거나 보고 싶어 한다. 그러나 그들을 만나보면 생각만큼 특별하지 않다. 직접 만난 이후에는 신비감이 사라져 점점 흥미를 잃는다. 이는 연애와 비슷하다. 연애 초기에는 서로에 대해 아무 것도 몰라 끌린다. 흥미와 기대를 불러일으키는 중요한 요소가 된 것이다. 그러나 만나는 시간이 길어지면 서로 싫증난다. 상대에 대해 많이 알게 되고 호기심도 사라졌기에 신비감이 사라진 것이다. 유독 조용하고 술자리에서도 가끔씩 공적인 이야기만 할 뿐 개인적인 이야기를 잘 안하는 사람이 있다. 그런 사람을 보면 이상하게 신비감이 생기고 툭 터놓고 대화 하고 싶은 욕구가 생긴다. 이처럼 과묵함에서 오는 신비감 역시 호기심을 일으킨다. 항상 모든 것을 드러내지 말고, 전부 밝히지 마라. 한꺼번에 가진 것 모두 드러내기보다 조금씩 공개하며 신선함을 유지하라.

신비로움을 오래 유지하기 위해서는 자주 모습을 드러내거나 쉽게 말을 섞지 마라. 종종 연예인들도 왕성한 활동 이후 갑자기 잠적한다. 대중에게 익숙해지는 것을 막기 위해서다. 이런 신비주의가 그들의 가치와 수명을 더 높이는 역할을 한다. 신비감을 이용한 연예인들이 실제보다 더 부풀려진 가치를 형성하게 된다. 사람이 있는 곳은 어디든 마찬가지다. 신비로운 사람은 그의 원래 역량보다 더 커 보인다. 직접적인 정보를 주기보다 애매한 문구나 이미지를 통해 호기심을 유발하는 티저 광고가 늘어나는 것도 신비로움을 유발하기 위한 전략이다. 이처럼 신비감과 좋은 평판을 불러일으키는 것만큼 이를 유지하도록 관리하는 것도 중요하다. 코카콜라는 탄산음료 시장에서 단연 독보적인 상품이지만 멈추지 않고 노력한다. 많은 기업과 브랜드가 생기고 사라지는 시대에 한 기업이나 브랜드가 30년 이상 업계 1위를 유지하는 것은 쉽지 않다. 코카콜라 출시 이후 100년 이상 '미국의 상징'으로, '1등 브랜드'로 위치를 유지할 수 있었던 것은 꾸준히 평판 관리를 했기 때문이다.

코카콜라는 끊임없이 광고와 다양한 프로모션을 진행한다. 겨울이 되기 전 신선한 콘셉트의 광고를 내보내고, 올림픽 등 전 세계적 행사가 있을 경우 거금을 투자해 메인 스폰서 참여로 코카콜라 브랜드를 홍보한다. 사람도 좋은 평판을 유지하려면 이처럼 꾸준한 관리가 필요하다. 그런데 신비주의로 가기 전에 미리 거쳐야 할 단계는 '타인의 관심을 끌어 모으는 단계'이다. 아무런 관심을 못 받는 자가 신비스러울 수는 없다. 일단 관심을 끌어 모으는 데 집중해야 한다. 부정적이든 긍정적이든 일단 모든 관심을 모아야하다. 그리고 관심을 끌게 되면 그 관심이 다른 사람에게로 향하기 전에 당신이 잡고 놓지 않는 것이 포인트다.

그런데 신비감을 비롯한 평판 관리를 잘하기 위해서는 평판에 영향을 미치는 모든 것의 본질에 대한 이해가 필요하다. 밖으로 노출된 정보는 어떤 대상에 대한 이미지가 형성될 때 불확실한 부분을 채우는 보조자료 역할을 한다. 왜곡된 정보라 해도 노출된 정보가 대상에 대한 이미지를 형성하게 된다. 사회에 노출되는 정보가 매우 중요하기에 외부에 공개할 정보에 대해 신중히 검토해야 한다. 특히 대상에 대한 정보가 부족하고 의문이 들수록 사람들은 외부 정보에 더 의존한다. 자신이 잘 모르는 대상이고 알려진 것이 적을수록 왜곡된 이미지가 형성된다. 잘 아는 것은 외부 정보를 무조건적으로 받아들이지 않는다. 잘 알지 못하는 것은 자기 판단만으로 명확한 이미지 형성이 힘들어 사회적으로 노출된 정보가 발휘하는 영향력은 커진다.

이때 이미지 형성에 큰 영향을 주는 정보를 노출시킨 자가 얼마나 사회적으로 영향력이 있는 사람인지에 따라 대상의 이미지가 왜곡되기 쉽다. 어떤 위치에서 무슨 일을 하는 사람인지가 '거짓도 진실로 믿게 하는 힘'을 발휘하게 되는 것이다. 사회적으로 강한 영향력을 가진 사람이 노출한 정보일수록 대중은 정보의 진위여부 상관없이 쉽게 받아들인다.

한 예로 파워블로거가 작성한 제품 사용 후기가 일반인의 후기보다 큰 영향력을 갖는다. 특히 방문자가 많고 인지도 높은 파워블로거라면 그 영향력은 더 크다. 대중은 '유명한 블로거가 직접 써 보고 칭찬한 제품'이라는 정보만으로 '좋은 제품'이라는 이미지가 강하게 형성된다. 일생에 한 번도 써 본적 없는 제품이라고 해도 영향력 있는 사람이 노출시킨 정보라는 것만으로 블로거가 의도한 이미지를 그대로 주입시키기에 충분하다. 이런 과정에서 별 볼일 없는 것도 매우 화려한 이미지로, 대단한 것도 별것 아닌 이미지로 왜곡될 수 있다. 사람은 보는 그대로를 믿으려 하는 단순한 면이 있기 때문이다.

또한 매스미디어 보도에 나온 정보는 언론사의 신뢰도가 더해져 평판에 더 강한 영향을 미친다. 사회적으로 영향력이 있는 자가 노출시킨 정보 때문에 이미지가 왜곡되는 현상은 쉽게 볼 수 있다. 앵커가 말하는 정보를 의심 없이 그대로 믿지 않은가? 이 때문에 사실보다 이슈에 초점을 맞춰 언론 보도되고 수많은 정보가 뿌려지는 것은 사회적으로 큰 문제를 야기할 수 있다. 이처럼 평판 관리를 잘 하려면 사람의 이미지 형성에 미치는 모든 사회 전반적인 이해가 필요하다.

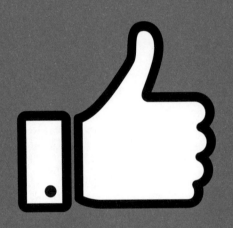

4장

비루한
기회주의자가 되지 마라

"

냉면그릇처럼 큰 그릇으로 살 것인지,
간장종지처럼 작은 그릇으로 살 것인지
그것은 자신의 선택이다.

"

영원히 따라다니는 거머리 같은 그림자

재능은 하늘이 주는 것이다. 감사해라.
평판은 인간이 주는 것이다. 겸손해라.
자만은 스스로 주는 것이다. 조심해라.

– 존 우든

　　　　　평판은 세상에 널리 퍼진 소문 또는 나를 바라보는 세상 사람들의 평(評)이라고 할 수 있다. 평판은 마치 그림자와 같다. 머리 위의 태양을 사회 내 권력이라고 가정하고 머리 위의 태양이 만드는 발아래 그림자를 평판에 비유할 수 있다. 이 그림자는 언제나 당신 주변에 있지만 그림자의 존재를 전혀 의식하지 않고 없는 듯 잊고 지낸다. 평판도 이와 비슷하다. 우리는 공기의 존재에 대해 평소 전혀 의식하지 않는다. 그러나 공기가 없는 곳이나 공기가 오염된 곳에 가면 공기의 소중함을 절실히 느낀다. 요즘 미세먼지로 건강도 우려되고 여간 불편하다. 이제야 우리는 깨끗한 공기의 소중함을 온몸으로 느끼는 것이다. 그래서 우리가 의식한다고 존재하고, 의식하지 않는다고 없는 것은 아니다.

그림자나 평판도 마찬가지로 우리가 의식 하든, 의식하지 못하든 잠시도 우리 곁을 떠나지 않는다. 문득 누군가 당신의 평판이라 할 수 있는 그림자에 대해 말하거나 그림자를 신경 쓸 수밖에 없는 동기가 생기면 그때야 그림자의 존재를 인식하고 되돌아보게 된다. 매 순간마다 평판이 큰 영향력을 행사하거나 신경 쓰게 하지는 않다. 그래서 평판은 늘 방치되기 쉽다. 평판은 매 순간, 나를 따라다닌다. 심지어는 내가 죽은 후에도 나에게 머물러 있다. 이 사실이 인간을 갈등하게 만든다. 몸은 세상에 존재하지만 평판은 과거와 현재 그리고 미래의 시공(時空)을 넘나든다. 육체는 죽음 이후에 사멸하지만 평판은 타인의 기억 속에 남아 영생한다. 그 누구도 나쁜 사람으로 기억되고 싶지는 않을 것이다. 그렇기에 생전에 사람들의 마음에 현재의 이미지로 기억되어도 괜찮은지 항상 되돌아봐야 한다.

평판은 인간관계의 출발이자 종착역이다. 사람을 만나기 전에 우리는 그 사람에 대한 평판을 먼저 만난다. 직장생활을 하다보면 근무지가 바뀔 때 사람보다 평판이 먼저 도착한다. 평판을 먼저 만나기 때문에 색안경을 끼고 그 사람을 볼 수밖에 없다. 그런데 편견이라는 무시할 수 없는 힘이 있다. 평판은 내가 살아온 일상의 흔적과, 과거 행동의 성적표로 내 인생에 계속 영향을 미친다. 사람은 누구나 타인의 평가를 받는다. 내가 살아온 긴 인생이 평판이라는 투명한 거울에 그대로 비친다. 물론 내가 생각한 나의 이미지와 다른 사람이 생각한 이미지가 전혀 다른 모습일 때가 있다. 사람은 자신만의 착각에 빠지기 쉽고, 제 눈의 안경이라는 말이 이래서 생긴 것이다. 사람에게 만족이란 없다. 항상 타인의 인정과 호감에 목말라하는 것이 인간의 본성이다. 그래서 인간을 칭찬에 약한 동물이라고 한다.

그림자의 주인보다 주변에서 그 그림자를 바라보는 사람들이 그림자를 더 잘 보는 것처럼 평판도 당사자보다 그 주변 지인에게 더 잘 들린다. 이게 바로 평판의 특징이다. 평판은 오랜 시간에 걸쳐 형성된 지속적이고 보편적인 평가로 여러 경로를 통해 전파되는 일종의 집합적 기억이다. 그리고 모두가 어떻게 생각하는지에 대한 각각 이미지의 공통된 교집합이자 다수의 목소리다. 사람들은 다른 사람에 대해 뒷말을 하는 것을 무척 좋아한다. 신경 쓰지 않으려고 해도 나에 대한 이야기는 귀를 쫑긋하고 유난히 집중해서 듣게 된다. 그런데 평판은 내가 결정할 수 없다. 전략적으로 어떤 이미지로 의도할 수는 있지만, 최종적으로는 타인의 의견으로 결정된다.

사람이 오기 전에 소문으로 도착한 부정적인 평판은 그 사람의 이미지에 치명적으로 작용한다. 한번 나락으로 떨어진 평판과 이미지 회복은 결코 쉽지 않다. 그렇기에 우리는 남의 평가와 평판을 두려워한다. 술자리에 한 사람이 없으면 어느새 술안주가 되어 그에 대한 뒷담화가 펼쳐지곤 한다. 인간은 항상 남을 판단하는 습성을 갖고 생활한다. 특히 미국이나 유럽 등 선진국에서도 직급이 올라갈수록 평판으로 임용 여부가 결정된다고 한다. 실제로 인사이동 철이면 사람의 평판을 많이 접하곤 한다. 이처럼 평판의 위력은 대단하다. 아니 앞으로는 우리 인생의 전부가 될 지도 모른다.

평판이 좋지 못하면 권력으로 영향력을 행사하고 싶어도 한계에 봉착한다. 좋은 평판은 결코 연예인, 정치인 같은 유명인의 전유물이 아니다. 모두에게 살아가는데 큰 영향력을 발휘한다. 좋은 평판은 힘든 세파를 견디며 돌파하는 강력한 에너지가 된다. 그러나 부정적인 평판은 불이익을 주기도 한다. 사람에 대한 가지각색 평판이 입소문을 타고 전해진다. 특이하게도 좋은 내용 보다는 부정적인 내용이 사람들에게 잘 기억된다. 긍정보다 부정이 더 큰 여운을 남긴다.

특히 디지털 시대가 열리면서 전 세계는 좁은 지역사회로 줄었다. 지구 맞은편에 사는 친구와 자주 연락을 주고받고, 온라인에서 언제든 자유롭게 대화할 수 있다. 현재 우리는 모든 물리적 경계를 뛰어넘고 있다. 밤낮으로 유튜브, 트위터, 페이스북 그리고 구글을 통해 서로 자나 깨나 실시간으로 연결되어 있다. 모든 세계가 가까워졌으며 점점 모든 것이 연결되어 쉽게 공유하고 거래할 수 있게 되었다. 심지어 마우스 클릭 몇 번으로 지구 반대편에서 배우자를 찾을 수도 있고, 시간당 7달러의 저렴한 비용으로 동남아에서 개인 기사를 구할 수 있는 시대이다. 그러나 이러한 시대가 편리함만을 주지는 않는다. 편리함과 동시에 분명 위험 요소도 함께 공존한다. 모든 일에는 흑백이 있다. 클릭 한 번으로 지구상의 다른 모든 이에게 당신의 사생활과 평판이 노출될 수 있다.

어쩌면 불법행위를 한 사진이 유명 파워블로그의 게시물로 올라와 수많은 사람이 덧글을 남겨 비난받을 수도 있다. 또한 지방 신문에 실린 기사 하나가 논란을 불러와 유튜브에서 치열한 공방전이 벌어질 수도 있다. 실제로 이런 일이 있었다. 미국의 한 유치원 교사가 원생들을 대상으로 수업을 방해하는 급우를 퇴원시키는 것이 옳은지 옳지 않은지를 투표에 붙인 것이다. 그런데 이 사건은 단순히 유치원 원장이나 학부모들의 관심만 끈 것이 아니었다. 인터넷을 통해 교사의 해고를 요청하는 수천 통의 청원서가 전 세계로부터 그 지역 교육청에 쏟아진 놀라운 일이 일어났다. 이제 세상은 하나의 작은 무대가 되었다. 그 누구도 무대 위에서 언제든 스포트라이트를 받을 수 있다. 당신이 무심코 한 사소한 행동 하나가 운명을 결정할 수도 있다. 당신의 행동이 전 세계적인 논란이 되어 그동안 쌓아온 업적을 단번에 무너뜨릴 수도 있다는 것을 명심하자.

평판은 당신의 생명줄과도 같다

> 때때로 당신의 성격에 존재하지만
> 해롭지는 않은 결함을 드러내라.
>
> – 그라시안

한 침팬지가 싱싱한 블루베리 열매가 열린 나무를 발견하면, 당연히 이 사실을 자신이 속한 무리에 보고해야 한다. 만일 이 사실을 알리지 않고 몰래 숨어서 블루베리를 독식하다가 걸리면 그 침팬지는 호된 대가를 치르게 된다. 이처럼 평판이 나쁜 침팬지는 다음 기회에 받을 음식물의 배급량이 줄어들거나 배급 대상에서 아예 제외되는 등의 커다란 응징과 보복을 당한다. 인간 사회도 당연히 마찬가지다. 사람이 사는 사회나 침팬지 사회에서의 평판은 아주 중요한 영향력을 미친다. 특히 상호간에 협력하지 않으면 살아남기 어려웠을 원시 시대 때부터 협력과 동맹에 방해가 되는 이기주의자나 사기꾼 같은 질 나쁜 자들을 구별해 내는 일은 생존에 매우 중요한 역할을 했을 것이다. 어떤 사람과 일을 같이 하기 전, 수소문해 그 사람의 평판 조회를 미리 해보는 것도 자신을 지키고 보호하고자 하는 활동이다.

'좋은 평판'이 백만 군사보다 낫다. 누군가가 당신을 만나려고 할 때 당신보다 먼저 만나는 것이 '당신의 평판'이다. 사람들은 상대를 직접 만나지 않고도 그의 평판을 통해 우습게 볼 수도, 존경할 수도 있다. 이런 평판의 힘이 당신에게 뜻밖의 행운을 가져다줄 수도 있고, 오히려 불운을 가져다줄 수도 있다. 어떤 사람의 평판이 좋다고 소문이 나고 명성을 얻으면 그 사람은 당연히 사람들로부터 환영받고 존경받는다. 또 나에 대한 평판이 좋지 않게 들린다면 이를 신경 쓰지 않고 넘어갈 사람은 없다. 평판은 누군가를 어떻게 대하고 일을 어떻게 처리했는지에 대한 결과라고 볼 수 있다. 평판이 나쁘게 들려오면 먼저 내 주변 사람과의 관계 맺기에 문제는 없는지 살펴봐야 한다.

그렇다고 좋은 평판을 받기 위해 오글거리는 아부와 눈치, 체면과 거짓꾸밈, 비열한 사내정치 편승과 편 가르기, 관행과 관료주의, 패거리 정서와 내실 없는 허세, 가식적 의리와 비굴함, 허풍과 마음에도 없는 빈말, 쓸데없는 겉치레, 오만한 겸손과 과장된 제스처, 계산적인 행동과 같은 꾸며진 행동에 일상을 종속시키는 인생은 비루하기만 하다. 겉모습을 신경쓰기보다 자기 내면을 되돌아보고 가꾸는 근본적인 노력이 필요하다. 때론 평판을 의식하지 않고 살 정도의 용기와 여유가 있어 남을 의식하지 않고 사는 사람의 자유로운 일상이 사실 부럽다. 남 눈을 의식하고 산다는 것은 피곤한 일이다. 자기 자신에게 먼저 진실 되고 좋은 사람이라고 자부할 수 있는 사람은 평판에서 자유로울 수 있다. 큰 노력이 없이도 온 세상을 따뜻하게 감싸고 밝게 비추는 태양과 보름달 같이 누군가에게 아름다운 사람으로 기억되는 이가 가장 행복한 사람일 것이다.

심리학자 스턴버그는 "성공은 단순히 아이큐가 높은 사람이 하는 것이 아니고 자신이 원하는 것이 생겼을 때 언제 누구에게 어떻게 말을 해서 최대의 효과를 거둘 수 있는지를 아는 실용지능Practical Intelligence이 높은 사람이 한다."라고 말했다. 좋은 평판을 갖춘 상태에서 더불어 사람 대하는 능력이 탁월할수록 성공할 기회가 많다. 모든 일은 결국 많은 사람을 통해서 이뤄지기 때문이다. 일이 성공적으로 완성되는 데는 그만큼 수많은 훌륭한 사람들의 협조가 필요하다. 좋은 평판을 갖추면 당연히 주위 사람들의 존경과 관심을 갖게 되고 이들과 원활한 관계를 유지하는데 훨씬 유리하게 작용한다. 반면에 나쁜 평판으로 인해서 본인의 말이나 행동과 무관하게 첫 인상에서부터 부정적인 선입견을 갖게 된다면 모든 일을 도모하는데 원활한 협조가 일어나지 않을 가능성이 높다. 이처럼 결정적으로 중요한 일에 큰 영향을 미치는 평판은 개인에게만이 아니라 기업 전체의 생존에도 당연히 큰 영향을 끼친다.

기업에 대한 평판은 기업의 사회적 위상과 매출에까지 직결되는 막강한 힘이 된다. 다수가 내는 소리는 굴지의 세계적인 기업을 문 닫게 만드는 엄청난 영향력이 있다. 특히 우리나라 기업들은 20세기 후반까지도 경제개발과 성장에만 매달렸다. 내실 없는 성장은 매우 위험하다. 평판을 의식하지 않고 앞만 보고 달려왔다. 그러나 현대 사회는 소비자를 비롯한 이해관계자들의 평판이 기업의 생존에 큰 영향을 미치는 주요 변수로 급부상했다. 업계 1위를 달리는 굴지의 대기업 총수가 카메라 앞에서 고개를 푹 숙이고 흐트러진 머리로 연신 "죄송합니다."라며 몸을 조아리는 모양새가 그리 좋아 보이지 않는다. 요즘은 고객을 의식하지 않고 심지어 속이려 하는 것은 기업의 자살행위와 같다. 날로 발전하는 최첨단 미디어 기술과 인터넷 등 수많은 커뮤니케이션 도구가 생기면서 소비자와 시장 참여자들이 세상에 확성기를 대고 자기 생각을 폭로하기 너무 쉬워졌다. 또한 기업을 더욱 신속, 면밀하게 감시할 수 있는 도구들이 많아졌다. 기업 관련 일거수일투족이 시민기자와 네티즌, 블로거라고 불리는 24시간 풀가동되는 많은 디지털경찰들의 눈에 포착되어 실시간 확산된다. 해당 내용이 한국 최대의 포털 사이트라는 네이버의 실시간 인기검색어에 오르는 순간부터 폭주해 수많은 대중이 소식을 접하게 된다.

가령 비위생적인 식자재로 식품을 제조하는 식품회사나 자신의 운전기사에게 막말을 퍼붓고 화풀이 대상인 것 마냥 손찌검을 하는 생활용품 기업 회장, 약국의 임상실험 결과가 인체에 치명적인 영향을 끼치게 된다고 밝혀졌을 경우 해당 기업은 파국을 면치 못한다. 이처럼 평판이 개인과 기업에 미치는 영향력은 지대하다. 그 만큼 평판을 제대로 관리하기 위한 노력과 훈련에 대한 투자를 아끼지 말아야한다. 평판은 가장 좋을 때 관리하는 것이 가장 좋다. 이미 훼손된 평판을 복구시키는 것은 너무 힘들고 비용이 많이 들어갈 수 있다.

03

남의 눈을 의식하는 한국문화

겉만 번지르르하고 알맹이가 없다는 말을 듣기보다는
신용을 중시하는 사람이라는 평판을 듣도록 노력하라.

– 그라시안

우리는 분명 평판 사회에 살고 있다. 그만큼 타인의 눈을 항상 의식하고 '사람들이 손가락질 하는 일을 하지는 않을까' 매 순간 긴장을 하며 산다. 그러나 자신의 평판을 관리하는 것은 결국 좀 더 멋지고 만족스러운 인생을 살기 위함이다. 결코 다른 사람의 눈을 만족하기 위한 것이 아닌, 나의 행복과 만족이 우선이다. 인생은 내가 주인이며, 가장 중요한 것은 누구보다도 나 자신이다. 지나치게 남의 눈을 의식해 쓸데없이 감정을 소모하는 것은 옳지 않다. 그러기 위해서는 먼저 나 자신에게 떳떳한 사람이 되어야 하는 것은 당연하다.

적어도 미적지근한 사람이 되지 말아야 한다. 물에 물탄 듯, 술에 술탄 듯이 이도 저도 아닌 것은 매력이 없다. 맹맹하고 심심하다. 정말 확신이 들고 나의 경험과 지혜로 판단했을 때 옳다고 생각하면 그대로 밀어붙이는 소신 있는 행동도 필요하다. 우리는 좀 더 화끈한 인생을 살 필요가 있다. 그만큼의 옳은 판단력을 갖추기 위해서는 먼저 나 자신을 정확히 알고, 세상에 대한 깊은 통찰력이 필요하다. 요즘 같은 시대에는 컬러가 분명해야 인정도 받고 존재감도 있다. 누군가 분명 해야 할 말이며, 해야 할 일이라고 생각되면 내가 하면 된다. 언젠가 할 일이라면 지금 당장하면 된다. 어차피 해야 할 일이라면 이곳저곳 눈치 보지 말고 지금 바로 소신 있게 행동하면 된다. 다른 사람에게 잠시 비난 받으면 어떤가. 내가 떳떳하면 언제나 당당할 수 있다. 진실은 결국 밝혀지고 진정성은 통하기 마련이기 때문이다. 옳다는 생각이 들면 신념대로 저지를 줄도 알아야 멋진 사람이다. 신념이 있는 사람은 언젠간 알아보는 사람이 생긴다. 좀 더 큰 그릇이 되고자 한다면 신념을 갖고 소신껏 행동해야 한다. 이게 큰 그릇의 마인드이다. 작은 그릇처럼 지금 당장 몸을 사리기에만 급급하고 여기, 저기 눈치만 보고 주저하면 아무 것도 할 수 없다. 냉면그릇처럼 큰 그릇으로 살 것인지, 간장종지처럼 작은 그릇으로 살 것인지 그것은 자신의 선택이다.

인간에겐 항상 행동이 중요하다. 아는 것이 힘이 아니라 실천 즉, 행동하는 것이 힘이다. 쓸데없이 체면을 차리거나 내숭 떨지 말고 일은 화끈하게 저질러야 한다. 소신껏 행동한다는 것은 올바른 사고와 덕을 갖춘 사람만의 특권이다. 인생에서 좀 더 용기를 내고 싶으면 그만큼 내면 훈련과 올바른 사고력을 갖추기 위해 노력해야 한다. 깊은 내공이 쌓인 사람은 어떤 말을 해도 명언이 된다. 빈 깡통은 아무리 발로 차도 깡통 소리만 울릴 뿐이다. 제야의 종소리처럼 맑고 청아한 소리를 내고자 한다면 불로 우리를 연단하는 고통과 번뇌의 시간이 필요하다. 아픈 만큼 성숙한다는 말과 일맥상통한다.

자기 자신을 믿을 준비가 되어 있다면 신념대로 행동하라. 그리고 좀 더 자신을 절대적으로 신뢰할 수 있게 훈련시켜라. 그러면 다른 사람이 당신을 전적으로 믿어줄 것이다. 내가 나를 못 믿는데 누가 나를 믿어줄 수 있단 말인가. 인간의 신뢰와 최고 매력은 자신감에서 나온다. 지나치게 평판이나 남의 눈을 의식하는 사람은 맘에도 없는 어색한 말이나 행동이 나온다. 뭔가 모르게 보는 사람이 불편하고 자연스럽지 않다. 쉽게 말해 이를 일종의 가식이라고 볼 수 있다. 그러나 너무 심하게 자신을 포장해서 다른 사람들이 봤을 때 어색하게 느껴질 정도라면 차라리 솔직한 게 더 낫다. 마치 본래 타고난 못생긴 얼굴을 가리고자 심하게 두꺼운 화장을 하여 변장을 하는 것과 같다. 또한 심한 성형수술을 해서 자연스럽지 않은 인조인간 얼굴은 모든 이들의 눈살을 찌푸리게 한다. 차라리 수수한 맨얼굴 그대로가 더 매력 있다. 솔직함과 진솔함은 인간의 매력이다. 속마음은 전혀 아닌데 좀 더 멋져 보이는 사람으로 보이고 싶은 욕심에 행동이나 말에 허세가 섞여 있으면 보는 이로 하여금 어색함을 느끼게 한다.

인간은 매우 직감적인 동물이다. 그래서 알게 모르게 모든 진실을 간파한다. 한 사람의 겉과 속이 다르다는 것을 모두 느낄 수 있다. 특히, 정치인이나 많은 사람들을 이끌고 가는 리더들은 자신의 신념이 분명하다면 다른 사람 눈치 보지 않고 소신 있는 행동이 더 긍정적인 평판을 얻을 수 있다. 어떤 일이든지 모두를 만족할 수는 없다. 모든 일에는 여러 이해관계자가 얽혀 있어서 모두에게 사랑받는 것은 불가능하다. 일부 사람들로부터 비난을 받더라도 다수를 위해서 과감히 옳은 결정을 할 줄 아는 정치인은 결국 존경받는다. 다양성은 인정하되 모두의 지지를 받을 수 없다는 사실을 냉정하게 인정해야 한다. 소신행동을 하는 사람은 '소신 있고 용기 있는 믿음직한 사람'이라는 평판이 쌓이게 된다.

한 나라를 이끌어가는 대통령이 여기저기 눈치 보고, 여론 눈치 보며 아무 일도 못하고 우물쭈물하면 나라도 국민도 모두 불행해진다. 다수를 위해서 옳은 판단이라고 판단이 되면 강하게 밀어 붙이는 과감성도 리더에게 반드시 필요한 카리스마이다. 또한 우리는 대통령에게도 쓴 소리를 할 줄 아는 소신을 갖춘 리더를 원하고 있다. 또 소신 있는 공직자라면 상사의 눈치를 보지 말고 공익을 고려하면서 허가 등의 가·부를 소신껏 결정하여야 하는 것이 공직자의 기본자세이다. 또한 국민은 권력 눈치를 보지 않고, 공정하고 소신 있게 검찰 권한을 행사할 검찰을 원한다. 아들러는 이런 말을 했다. "자기 자신이 타인에 어떻게 보일지라도, 자기 자신의 가치가 변하는 것은 아니다." 이처럼 주체적으로 자신을 믿고, 미움을 받더라도 보다 적극적, 역동적 그리고 자연적으로 자기 인생을 살아가는 것이 필요하다. 어떤 이데올로기나 조직논리에 구속받지 말고 신념대로 행하는 리더가 세상을 바꾼다.

'허세'로 도배된 SNS

> 좋은 평판을 쌓는 방법은 자신이 보여주고 싶은 모습을
> 갖추기 위해서 노력하는 것이다.
>
> – 소크라테스

좀 있어 보이는 것도 하나의 능력으로 보는 시대가 왔다. 이를 두고 최근에 등장한 재미있는 신조어가 바로 '있어빌리티'다. '있다'와 능력을 뜻하는 영어단어 '어빌리티ability'를 합친 있어빌리티는 온라인의 SNS등을 통해 그럴듯한 연출사진과 설정을 통해 자기를 최대한 과시하는 것을 의미한다. 있어빌리티의 신조는 '그럴싸하게'이다. 설사 마이너스통장을 쓰고 있더라도 무조건 있어 보여야 하고, 책장에는 오래도록 읽지 않은 두꺼운 고전 책들이 여럿 꽂혀있고 각종 외제차와 명품, 해외 명소, 각종 고급음식, 번쩍번쩍 빛나는 고급 물건들과 함께 멋진 포즈를 취하며 "아, 정말 행복해"라는 황홀한 표정으로 찍은 사진이 SNS에 화려하게 장식되어 있

어야 그나마 있어빌리티 세계에 명함을 내밀 수 있을 정도이다.

최근에 있어빌리티, 혹은 허세는 정치에서도 주목받는 키워드가 되었다. 공화당 대선 후보인 부동산 부자 도널드 트럼프가 전략적인 허세 캐릭터로 인기를 끌고 있다. 다른 후보들이 주로 자가용과 기차로 미국 각 주를 이동하며 유세를 한다면 트럼프는 고급 전용기를 타고 대륙을 누빈다. 다른 후보들과는 역시 스케일이 달라 보인다. 진정한 허세의 최고봉을 보여주고 있는 트럼프의 '트럼프 포스원Trump Force One'으로 불리는 보잉 757기종은 유튜브에 공개된 내부 영상으로 보면 그야말로 눈이 휘둥그레지고 입이 딱 벌어진다. 생전 처음 보는 화면이 눈길을 끈다. 세면대를 포함해 내부 곳곳이 금으로 장식돼 있고 가죽 쇼파에는 태블릿PC 등 IT기기가 있다. 기내 전면의 커다란 스크린은 필수이다.

오늘도 수많은 전 세계 있어빌리티들은 SNS를 통해 자신의 존재감을 맘껏 표출하고 있다. 그러나 '나의 본모습'보다는 '남에게 어떻게 보이는가'하는 자신의 이미지에 집착하는 것은 다소 정서적으로 위험할 수 있다는 일부 전문가들의 지적이 있다. 생각보다 그리 행복하고 좋아 보이지 않는 것은 왜 그런 것일까? 가끔 사진 속의 활짝 웃는 표정에서 뭔지 모르게 어색함이 느껴진다. 항상 본질이 중요하다. 그럴싸한 포장은 거품과 같다. 과대포장과 허풍, 허세 이러한 것들은 긍정적인 것들이 아님에 틀림없다.

한국 사람들은 특히 타인의 눈을 의식하며 산다. 우리나라는 옛부터 허세가 심한 민족성을 지닌 나라다. 과거에 못 살고 가난했으며 양반과 상놈의 뚜렷한 계급 사회에서 시달려온 탓일지 모르겠다. 우리는 주변 시선을 신경 쓰게 되고 주위 분위기에 휩쓸리기 쉽다. 자기 자신과 자아는 도통 찾기 어렵다. 이런 허세와 타인을 지나치게 의식하는 태도는 우리 인생의 행복을 앗아가는 좀도둑이 되었다. 이는 간단한 문제가 아니기에 한번 진지하게 생각해 봐야 한다. 과거 남의 눈을 신경 써서 지나친 허례허식에 비난 받았던 결혼식과 장례식, 차례 등과 관련한 관혼상제(冠婚喪祭)의 허세가 점점 줄어드는 듯 했다. 그러나 여전히 우리 주변에 퍼져 있는 허세라는 '거품'을 쉽게 목격할 수 있다. 그러나 한국이 세계 10위권의 경제대국으로 부상한 지금은 분명 그런 허세를 부리지 말고 내실을 기해야 할 시점이다.

최근에는 소셜 네트워크 서비스SNS 등의 활성화로 대인관계는 눈덩이처럼 확장되고 있다. 본래 목적이던 소통에서 벗어나 현대인들의 행복과 허세겨루기의 장으로 병든 SNS가 된 것이다. 이는 또 허례허식을 확대재생산하는 중심지 역할을 하고 있다. 온종일 SNS와 매우 밀접한 관계를 맺는 우리는 좀 더 많은 허세에 노출되어 과거에는 없던 피곤함을 종종 느끼고 있다. 특히 자녀 교육 등 새로운 분야에서도 허세문화가 생기고 신종 과시와 낭비가 시작됐다. 또 페이스북이나 블로그에서는 '좋아요'와 공감의 숫자에 유난히 신경을 쓰게 된다. 이러한 현상은 남들에게 인정을 받지 못하고 있는 것이 아닐까 걱정하기 때문에 일어난다. 남의 눈을 의식하는 행동이 SNS를 통해 폭발된 것이라고 생각될 정도이다.

마치 SNS 속 허세겨루기 경기를 보는 것처럼 너도 나도 "나 엄청

좋아 보이지? 화려하게 잘 살고 있어 너도 부럽지?"이런 표현을 하며 앞 다투어 자신을 포장하고 과시하고 있다. 이렇게 일명 허세샷이 대세인 요즘 재력·인맥·경험 등을 우회적으로 과시하는 SNS를 우리는 쉽게 목격할 수 있다. 특히 인증샷을 올리기 위해 일부러 여행 가서 스냅사진을 찍는 것은 아닐지라도 남들에게 좋아 보이기 위해 SNS에 올릴 사진을 남기려 일부러 비싼 공간을 빌려 생일파티를 하거나 비싼 명품이나 외제 차의 로고가 꼭 보이도록 사진을 찍는다는 양심고백을 한 네티즌도 있을 정도이다. 이런 허세샷을 보면 모두들 기분이 썩 좋지는 않다. "왜 나만 빼고 다들 '행복해' 보이는 걸까"하는 생각에 자괴감에 빠지고 우울해 질 수 있다. 실제로 SNS를 통해 타인의 행복을 직간접적으로 자주 접하는 젊은이들은 무력감을 크게 느끼고 있다. SNS상에 올라온 화려한 타인의 일상이 초라하거나 평범한 자신의 현실과 비교되는 순간 울컥하기도 한다.

또한 전문가들은 이러한 인증샷과 허세샷 그리고 '좋아요' 반응에 집착 하는 모습이 심해지면 'SNS허언증'으로까지 발전할 수 있다고 한다. 조금씩 포장하다보면 나도 모르게 어느새 과대포장 하게 되고 심해지면 SNS 허언증에 빠지게 된다. 자신의 일상을 자연스럽게 올리며 즐기는 것이 아닌, 남에게 어떻게 보여 지는지만 지나치게 의식하게 된다. 이처럼 지나친 행동을 하게 되는 이유는 점점 각박해지고 힘든 현실세계가 자신의 욕망을 모두 채워주지 못해 공허함이 생겼기 때문이다. 특히 현실세계에서는 별로 주목받지 못하는 이들이 사회적인 심각한 외로움을 견디지 못하고 계속 SNS 속의 삶으로 도피하고 텅 빈 내면을 허상으로 채우려는 심리에서 비롯된 것이다.

이는 결코 한국만의 문제는 아니다. 최근 미국 〈뉴욕타임스〉 인터넷판은 SNS에 게시되는 자랑 및 허세 게시물이 늘어나면서 열등감에 사로잡힌 미 명문대 학생들의 자살이 늘어난다고 보도했다. 인터넷 공간에서 인정받기 위해 거짓을 꾸며 글을 올리는 경우도 많은 만큼 사용자들이 선별적으로 받아들이는 과정이 반드시 필요하다. 또한 다른 사람에게 인정받으려고 하고 남과 비교하는 것보다 자신을 먼저 사랑하고 삶에 만족할 줄 아는 자세가 필요하다. 프랑스의 실존주의 철학자 장 폴 사르트르는 이런 말을 했다. "인간은 타인의 눈길에서 지옥을 경험한다. 남의 눈을 의식하는 데서 벗어나는 게 얼마나 중요한지 모른다." 인간은 집단 본능이 있어서 타인을 전혀 의식하지 않을 수 없다. 사람은 남과 비교했을 때 그들과 내가 다르게 보이는 것을 두려워하는 본성을 갖고 있다. 하지만 좀 더 행복한 후반 인생을 살아가려면, 남의 눈을 의식하지 않는 것도 중요하다. 나이가 들수록, 지위가 높아질수록 남들의 시선을 신경 쓰기 쉽다. 그러나 자기만족과 행복을 추구하며 소신껏 살아갈 수 있어야 행복할 것이다. 다른 사람들이 보는 나의 행복이 중요한 것이 아니다. 남에게 너무 인정받으려고 감정을 소모하지 말고 오늘의 나를 사랑하자. 그러면 자연스럽게 다른 사람도 당신에게서 분명 좋은 기분을 느낄 것이다.

성공의 중심에는 늘 '사람'이 있다

나쁜 상처는 고칠 수 있지만
나쁜 평판은 고칠 수 없다.

– 하버트

"인간의 성공은 그의 활동 반경과 직접적인 관련이 있다."라는 말이 있다. 그만큼 인맥이 중요하다. 성공한 사람은 여러 분야에서 양질의 인맥을 쌓는데 돈과 시간을 아끼지 않는다. 이는 일종의 투자다. 적은 자본으로 큰 이익을 얻을 수 있기 때문이다. 사람이 곧 재산이다. 반면 무슨 일을 해도 잘 풀리지 않고 매번 실패만 하는 사람은 다 이유가 있다. 한 사람이 아무리 뛰어나도 모든 분야를 두루두루 섭렵한다는 것은 한계가 있다. 완벽한 사람은 없으며 누군가의 도움은 좀 더 빠르고 수월한 진행을 도와준다. 인맥이 좁아 어려움이 생겨도 도움 요청할 곳이 없는 사람은 원하는 바를 쉽게 성취하기 어렵다. 인맥도 돈 못지않게 매우 중요하다.

사람과 사람 사이의 관계는 친구 또는 적이다. 아닌 것 같지만 인간의 행동양식을 살펴보면 결국 이렇게 두 부류로 나뉜다. 친구 한 명이 생기면 적 한 명이 줄어든다. 모든 사람 뒤에는 250명이 있다는 250의 법칙처럼 친구 한 명이 생기면 잠재적 친구 250명이 생긴다. 또한 적이 한 명 늘면 잠재적인 적이 250명이나 늘어나는 셈이다. 사람마다 일정한 인맥의 범위가 있기 마련인데, 당신을 돕기 위해 한 사람이 자신의 뒤에 있는 250명을 동원한다면 어떻게 될까? 이렇게 많은 사람이 당신을 전적으로 돕는데 해결 못할 문제가 세상에 어디 있겠는가?

반대로 우리가 다른 사람과 항상 담을 쌓고 손해 보지 않으려고 자신을 좁은 세상에 가두려고만 한다면 어떻게 될까? 당장은 아무런 불편 없이 자유롭고 자신을 쓸데없는 피곤함에서 보호할 수 있다고 생각할 수 있다. 그러나 시간이 지나면서 친구와 점점 멀어지고 결국 모든 사람을 잃게 된다. 그렇게 되면 위급한 순간에 당신을 돕거나 지지할 강력할 힘은 없을 것이다. 급박한 순간에 손 내밀 곳이 없어 마치 외딴 섬에 혼자 고립된 심한 고독감을 느낄 것이다. 평소 왕래가 없던 주변사람에게 부탁하면 '왜 하필 필요할 때만 갑자기 연락을 하냐'며 불쾌해하기도 한다. 가장 얄미운 사람은 평소 연락이 전혀 없다가 돌잔치나 결혼식에 뜬금없이 연락이 오는 이들이다. 누구나 한 번쯤 이런 경험을 해봤을 것이다. 그만큼 평소에 인간 관리를 잘해야 당신의 인생이 외롭지 않다.

그래서 '인생에서 길은 많이 내고 담은 적게 쌓아야 한다'는 이치

에 따라야 한다. 친구는 되도록 많이 사귀고 적은 적게 만들어야 승승
장구 할 수 있다. 친구 한 명 한 명이 당신의 길에 디딤돌이 되어 성공
으로 인도한다. 한 사람의 힘은 한계가 있지만, 친구가 많으면 그만큼
힘이 커진다. 혼자 해결 못하는 일이 생겼을 때 친구의 인맥까지 동원
해 도와줄 사람을 찾는다면 훨씬 효율적으로 일을 처리할 수 있다. 성
공하기 위해 가장 필요한 것은 무엇일까? 우선적으로 주위 사람들의
협력이 절대적으로 필요하다. 세계적인 갑부나 위대한 정치가들의 전
기를 읽으면 모두가 하나같이 다른 사람들의 크고 작은 도움을 받았
음을 알 수 있다. 타인의 협력과 조화 없이 혼자 힘만으로는 원대한
꿈을 이룰 수 없다. 인생에서 성공하고자 한다면 주위 사람들과의 인
간관계에 각별히 신경을 써야 한다.

인적 네트워킹은 당신에게 인생의 결정적인 순간마다 강력한 무
기가 되어준다. 누구나 자신의 일이 술술 풀릴 때가 있다. 이들은 하나
같이 주변에 자신을 도와줄 헬퍼가 많다. 하나의 시장에 몸담으면 다
양한 사람들과 관계를 맺게 된다. 활동적인 네트워킹을 잘하면 이를
통해 자신의 한계를 뛰어 넘어서 영역을 더 넓힐 수 있는 기회를 만들
수 있다. 만일 지인들에게 어느 날 갑자기 무턱대고 '일자리 좀 알아
봐 달라'고 한다면 당연히 부담이 될 것이다. 대신 평소에 자연스럽게
나의 차별화된 능력과 그동안의 성과 그리고 하고 싶은 일에 대한 뚜
렷한 관심과 목표에 대해 넌지시 언질만 주는 것이 더 효과적이다. 그
러면 그간 탄탄하게 쌓아왔던 네트워킹의 진가를 발휘해 원하는 것을
가져다 줄 것이다. 물론 이것은 그들이 당신에 대한 긍정적인 평판을

갖고 있으며 당신의 일에 대한 열정과 신념에 깊은 신뢰를 가지고 있다는 것을 모두가 인정한다는 가정 하에 해당되는 말이다.

한 번은 미국 카네기 공과대학 졸업생 중 성공한 사람들 1만 명을 추적해 성공 비결을 조사한 적이 있다. 그들은 공통적으로 "전문지식이나 기술은 성공하는 데 15퍼센트의 영향밖에 주지 않는다. 나머지 85퍼센트는 좋은 인간관계에 있었다."라고 답했다. 성공의 중심에는 반드시 사람이 있다. 개인의 네트워킹이 성공여부를 가른다. 그래서 다들 그 바쁜 와중에도 더 좋은 관계를 맺기 위해 어떻게든 인맥을 쌓겠다며 모임에 나가고 명함을 교환한다. 시간이 가면서 명함은 차곡차곡 모인다. 그러나 그 명함들을 활용해 나의 인연으로 만들지 못하면 그 뿐이다. 인맥을 성공의 지름길로 인도하는 금맥으로 만드는 것은 나에게 달려있다.

그렇다면 인생에서 성공하려면 가장 중요한 것이 무엇일까? 한 설문조사에 따르면 응답자의 30% 이상이 이 질문에 역시나 'NQNetwork Quotient=공존지수'라고 응답했다. 그러나 인맥은 양보다 질이 중요하다. 만일 1,000명의 사람을 알고 있다 해도 많은 숫자가 중요한 것이 아니다. 이 사람들과 좋은 관계를 유지하지 못하면 실속 없이 그저 아는 사람으로 끝나 버린다. 반면에 10명을 알아도 그들과 특별한 인연을 맺고 있다면 언제 어디서든 서로 어려울 때 도움을 받을 수 있다. 이때 중요한 것은 기브앤테이크다. 어느 한 쪽에서만 도움을 줄 수 있는 관계는 오래 가지 못한다. 서로에게 Win-Win 할 수 있는 상호 보완적인 관계가 가장 이상적이며, 심리적 안정감을 준다. 그래서 좋은 인맥을 유지하고 싶다면 그만큼 나 자신도 그들에게 기여할 수 있는 무기와 재능을 갖추고자 부단히 노력해야 한다.

그런데 사람관계는 반드시 '신뢰'가 뒷받침되어야 인맥으로 발전한다. 힐러리 클린턴의 자서전 '살아있는 역사'에서 회고한 말은 다음과 같다. "퍼스트레이디 시절, 내가 배운 가장 중요한 교훈 중 하나는 세계무대의 외교 정책이 리더들끼리의 개인적 관계에 의해 좌우된다는 것이었다. 이념적으로 다른 국가라도 리더들 사이에 신뢰감이 있다면 협력 가능하다." 이처럼 국가지도자 간의 친분관계가 국가의 존망에도 영향을 미칠 정도로 인간관계는 매우 중요하다.

복 중의 가장 큰 복은 인복이라는 말이 있다. 그리고 인복은 내가 다른 사람에게 쏟는 정성에 따라 달라진다. 인맥을 단지 '성공하기 위한 하나의 수단'이라고만 생각하면 많은 사람과 알고 지낼 수는 있지만 진정한 내 편으로는 만들기 어렵다. 사람을 소중히 여기고 '그 사람이 나에게 무슨 도움이 될 것인지'를 생각하기보다는 '내가 그 사람에게 어떤 도움을 줄 수 있는가'를 먼저 생각할 수 있어야 실속 있는 NQ를 높아질 것이다. 장래에 필요한 사람들을 내 옆에 두는 것이야말로 그 무엇보다 든든하고 값진 재산이다. 좋은 인맥을 유지하는 비결은 간단하다. 골든룰 처럼 내가 대접받고 싶은 대로 남을 대접하면 된다. 선물을 받고 싶으면 먼저 상대에게 선물을 주어야 한다. 칭찬을 받고 싶으면 먼저 상대를 칭찬해 주면 된다.

06

당당히 극복할 것인가, 나락에 떨어질 것인가

위기를 기회로 만들어라.
모세의 뛰어난 능력을 드러내기 위해서
이스라엘 백성들이 이집트의 지배를 받을 필요가 있었으며,
테세우스가 탁월한 재능을 발휘하기 위해서는
아테네인이 뿔뿔이 흩어져 있어야 했다.

– 〈군주론〉

　　　　　　　　　우리는 위기라는 말을 자주 한다. 동시에 우리는 항상 다양한 위기에 노출되어 있다. 그러나 위기에 대한 새로운 시각을 갖는 것도 좋다. 나를 둘러싼 위기가 나에게 항상 부정적인 것은 아니다. 위기(危機)라는 단어 자체가 위험(危)인 동시에 기회(機)라는 뜻이 있다. 예로부터 중국인들은 위기(危機)의 뜻을 '위험은 잠재적으로 사람을 다치게 하므로 항상 이를 조심하고 경계해야 하지만 반면 이런 위험은 상당히 좋은 또 많은 기회를 동반 한다'고 생각해왔다. 그래서 평소에 내가 얼마만큼 준비되었느냐에 따라 모든 위기는 자신을 한 단계 성장시킬 수 있는 좋은 기회가 될 수 있다. 인생은 새옹지마라는 것을 기억해야 한다. 좋은 일이 있으면 힘든 일이 있다. 역

경 후에는 항상 빛이 있다. 힘들다고 좌절하지 말고, 잘나간다고 우쭐하면 안 된다. 중국인들이 가장 숭배하는 호설암의 저서 《상경》에 나온 다음의 어록처럼 역경에 처할 때 그 사람의 진정한 가치가 드러나기 마련이라는 것을 알 수 있다.

"사람은 어려움을 만나야 자신의 의지력을 발휘할 수 있다. 때문에 모든 일이 순조로울 때는 절제를 잃고 산만해져 많은 세월과 기회를 허비하기 쉽다. 심지어 아무런 행동도 취하지 않아 생활의 원칙과 방향을 상실하기도 한다. 인간의 의지력은 인생의 모든 시간과 공간을 관통하는 요소로서 인간 활동의 모든 상황에 절대적으로 필요한 것이다. 돈이 많으면 절약을 잊어 재산을 탕진하게 되고 지위가 높으면 절제를 몰라 권력을 잃게 되며, 큰 명성을 누리다 보면 지조를 잃어 이름을 더럽히게 된다. 인간이란 존재는 고난을 잘 이겨내야 무슨 일에서든지 능력을 발휘할 수 있다. 고난을 이겨내지 못하면 자신을 망치게 되고 행운이 다가와도 이를 제대로 소화하지 못하면 그냥 밟고 지나가게 된다."

난세에 영웅이 탄생한다는 말이 있다. 아무리 뛰어난 장수라도 난세가 아니면 힘을 보여줄 수 없다. 태평성대에는 전쟁이 일어나지 않아 자신의 숨겨진 진짜 실력을 제대로 발휘할 기회가 전혀 없기 때문이다. 위기가 그 사람의 내면 깊이 잠재된 힘을 끌어올려준다. 그렇기에 난세는 진짜 실력을 드러낼 수 있는 기회이다. 오늘날의 비즈니스는 그야말로 전국 시대라고 할 수 있다. 대부분의 직장인들은 뜻하지 않는 구조조정에 마음이 불안하다. 경제위기로 회사가 문을 닫는 것은 아닌지 항상 좌불안석이다. 그러나 반대로 생각해보면 이것은 큰 기회일 수도 있다.

우리는 인생의 벼랑 끝에 몰렸던 사람들이 화려하게 성공하는 모습을 종종 본다. 극한의 어려운 상황이 인간의 잠재능력을 최대한으로 끌어올리고 목표에 집중할 수 있는 에너지를 모아주는 계기가 된 것이다. 만약 이스라엘 백성들이 평화로운 삶을 살고 있었다면 모세는 드러나지 않았을 것이다. 불황이라 해서 좌절 할 수 없다. 시각을 조금만 바꾸면 지금이 바로 절호의 기회이다. 그렇기에 난세라면 오히려 열정적으로 행동하고 남들이 하지 않는 일을 시도하라. 그러면 당신도 이 상황을 구할 구세주가 될 수도 있다. 위기상황에서 해내는 사람은 확 뜰 수밖에 없다. 그들을 성공신화의 주인공이라고 내세우는 자들이 생기고 영웅이라는 평판을 얻게 된다. 세상에 확실한 존재감을 드러내고 영웅의 평판을 만들고 싶으면 당장 시도하라. 모든 것이 어려운 상황에서 돋보이면, 과거에 비해 당신은 조금만 노력해도 스타가 될 수 있다. 지금이야말로 좋은 평판을 장식하기에 좋은 기회이다. 좌절하지 말고 나만의 멋진 평판을 개척해야 한다.

연기자 김혜수 씨의 위기관리 사례를 살펴보자. 몇 년 전 KBS 〈직장의 신〉이라는 드라마를 차기작으로 안방극장에 화려하게 복귀하려던 김혜수 씨에게 '논문 표절' 기사가 쏟아져 나왔다. '김혜수'와 '표절'로 검색하면 네이버에서만 607건 가량의 뉴스가 나올 정도였다. 그런데 놀랍게도 김혜수 씨는 부정적인 이슈 발생 하루가 채 지나기도 전에 이에 관한 입장정리 후 즉각 발표했다. 그 내용은 잘못에 대한 '인정'과 '사과'였다. 그리고 드라마 〈직장의 신〉 제작 발표회에서 이와 관련 질문이 나오자 깔끔하게 고개 숙여 인정하고 다시 사과했다. 더불어 논란의 근본 원인이었던 학위까지 반납해 모든 논란의 뿌리까지 제거했다. 이는 매우 깔끔하고 신속한 대응이었다.

실제로도 김혜수 씨가 학력을 반납한 뒤 그녀를 바라보는 언론의 부정적인 태도도 사라졌다. 만일 제대로 초기대응을 못했다면 새로 시작하는 드라마 제작자, 방송사까지도 부정적인 이슈가 옮겨가 이미지에 큰 피해를 입을 수 있는 시기였다. 보통 이슈가 발표되면 사실 확인 분석, 여론 확인, 대응 수위 조절과 같은 여러 단계를 거쳐 위기관리 절차가 진행된다. 이 과정이 길어질수록 위기관리 비용도 증가하고 효과도 떨어진다. 그러나 발 빠른 대응으로 비난을 신속히 잠재우고 그에 대한 긍정적인 내용이 온라인상에 퍼지기 시작했다.

이 시대는 온라인의 광활한 바다 위에서 평판·이미지가 좌우하는 시대이다. 소셜 네트워크가 글로벌 커뮤니티화가 된 시대에는 아무리 사소한 부분이라도 이슈가 된다. 페이스북, 트위터와 같은 SNS가 이슈를 확산시키는 속도가 매우 빠른 이때에 그녀의 대응은 완벽한 프로의 해결 방식이었다. 결국 진실이 이기는 법이다. 세상에 비밀은 없고, 이왕 드러날 수밖에 없는 사건이라면 잘못에 대한 사과를 거듭하고 정확히 진실을 빠르게 밝혀 의혹과 비난을 잠재우는 것이 최상이다. 잘못이 크건 작건 최단 기간 내에 솔직하게 모든 것을 공개하는 것이 효과적이다. 이 같은 능숙한 대응방식은 개인은 물론 기업이 보고 배워야 할 부분이다.

역사에서 배우는 평판 관리의 지혜

인간사에는 안정된 것이 하나도 없음을 기억하라.
그러므로 성공에 들뜨거나
역경에 지나치게 의기소침하지 마라!

– 소크라테스

　　　　셰익스피어의 비극 〈오셀로〉에는 평판 때문에 괴로워하는 사람이 나온다. 간악한 이아고의 계략에 빠진 오셀로 장군의 부관 카시오다. 카시오는 자신이 오셀로의 부인 데스데모나와 불륜에 빠졌다고 오셀로가 오해해 자신의 평판이 나빠지고 명예가 훼손되어 다음과 같이 통탄한다. "평판! 평판! 평판! 오, 나는 내 평판을 잃었네. 불멸의 존재이자 내 일부인 평판이 사라지니 짐승과 다를 것이 없어." 이처럼 평판은 개인에게 정신적으로 차지하는 영향력이 결코 작지 않다.

　　성경에도 평판의 특징에 대해 잘 알 수 있는 구절이 나온다.《구약 성경》의 〈열왕기〉에는 솔로몬의 자자한 명성을 듣고 아라비아반도 시바라는 곳에 사는 여왕이 솔로몬을 시험하고자 찾아오는 이야기가 나온다. 시바의 여왕은 솔로몬의 지혜를 확인하고 많은 예물을 바친 뒤 자기 나라로 돌아간다. 또한《신약》에도 예수에 대한 좋은 평판을 듣고 사람들이 구름처럼 몰려드는 장면이 있다. "예수께서 갈릴리 지역을 두루 다니시며 회당에서 가르치시고 복음을 전파하시며 사람들의 모든 질병과 아픈 곳을 고쳐주셨습니다. 예수에 대한 소문이 온 시리아에 퍼졌습니다. 그리하여 사람들이 병을 앓는 모든 사람들을 예수께 데리고 왔습니다." 이처럼 평판은 주위에 사람들을 끌어당기거나 혹은 떨어져나가게 만드는 위력을 갖고 있다.

진화심리학 전문가들은 자신이 속한 집단의 이익에 기여하지 않는 사람들과 평판이 좋지 않은 사람들을 몰아내거나 피하는 것이 얼마나 그 집단의 단합과 발전에 중요한 역할을 하는지에 대해 잘 알고 있다. 또한 타인이나 집단을 위해 이타적인 행동을 하는 사람들은 마음 깊은 곳에 다른 사람들로부터 좋은 평판을 얻고 싶다는 약간의 계산이 깔려 있다. 다소 속이 보이는 행동일 수 있지만 훌륭한 평판을 얻기 위해 자신의 본 모습 이상의 노력하는 모습은 분명 우리 사회에 긍정적인 영향을 미친다. 그러나 남의 눈을 의식해 포장한 '헛된 명성' 보다도 진정성으로 드러난 '좋은 평판'을 얻는 것이 최상이다.

고사성어 '해현경장(解弦更張)'은 '느슨해진 거문고의 줄을 풀어 다시 팽팽하게 조이고 맨다'는 의미다. 이는 기본으로 돌아가 원칙에 충실해야 한다는 것을 나타낸다. 이는 중국 한나라 때 유학자 동중서가 무제에게 올린 글이다. 진에 이어 대륙을 통일한 한나라는 나라를 반

석 위에 올려놓는 일이 급했다. 동중서는 "거문고 소리가 조화를 이루지 못하면 줄을 풀어 다시 매야 하는 것처럼 정치도 옛것을 바꿔 개혁해야만 잘 다스릴 수 있다."라고 강조한 것에서 나온 말이다. 이처럼 어지러운 상태를 다시 새롭게 하고 개혁을 하고자 다시 기본으로 돌아가 올바른 원칙을 세우고 난 이후에 정도를 걷는 것은 예나 지금이나 변함없이 소중한 철학이다.

얽혀있는 실타래를 괜히 어설프게 풀기 위해 당기면 당길수록 더욱 엉켜서 풀기 힘들어진다. '원칙'이 없는 우리의 인생은 얽혀있는 실타래와 같이 복잡해진다. 상황에 따라서 이리 휘둘렸다, 저리 휘둘렸다 중심을 못 잡고 상황이나 감정에 치우쳐 맘대로 행동하게 된다. 그러나 원칙이 있는 삶은 반드시 올바른 행동을 낳는다. 또 올바른 행동은 좋은 평판을 낳는다. 좋은 평판은 성공적인 인생을 살 수 있는 핵심요소이다. 그러므로 원칙이 있는 삶은 성공적인 인생과 직결된다.

우리는 항상 무한 경쟁 시대에 살고 있다. 누구나 승자가 되고자 치열한 자본주의 게임판 위에서 열띤 싸움을 한다. 그러나 원칙 없이 경쟁하는 것은 작전 사인을 정하지 않고 경기를 하는 것처럼 불안정하다. 원칙이 없는 삶은 온전치 못하다. 가벼운 위기가 와도 쉽게 동요해 어떤 기준과 판단으로 행동해야할지 스스로 결정하지 못한다. 그러나 어떤 순간에도 변하지 않는 굳건한 '원칙'은 자신을 강하게 만든다. 아무리 힘든 상황에도 정확한 목표를 갖게 만든다. 이처럼 원칙은 자신의 역량을 한 곳으로 모아주고 당신을 생존할 수 있게 한다.

19세기 중국 청나라 말 중국 최고의 부자였던 호설암의 다음 어록을 통해 부자가 될 수 있었던 비결을 알 수 있다. "누구나 돈을 벌고 싶어 한다. 그러나 상인은 정직하고 성실한 방법으로 돈을 벌어야지 횡재수나 일확천금을 기대해선 안 된다. 돈만 바라보고 다른 모든 것을 무시하는 사람들은 돌을 들어 제 발을 찍는 화를 자초하게 된다. 때문에 돈을 벌되 반드시 정도에 따름으로써 명리(名利)를 한꺼번에 잃어버리는 일이 없어야 할 것이다." 이처럼 호설암은 분명 자신만의 '원칙'으로 큰 성공과 존경을 받는 대표적인 인물이다. 그는 '봉건 시대의 마지막 위대한 상인'이라고 평가받았을 정도로 중국인들이 존경하는 상인이다. 호설암은 모든 경영활동에서 절대적인 원칙을 세우고 이를 실천했다. 그는 최고 부자였지만 선행을 베풀고 어려운 사람들에게 아낌없이 돈을 베푸는 것에도 1등이었다. 단지 거대한 부만 얻은 것이 아니라 사람들의 존경까지 받는 훌륭한 평판까지 두루 갖춘 인물로 기억됐다.

명예롭지 못한 이익은 오래 가지 못한다. 반드시 명예를 이익보다 우선으로 해야 한다. 호설암의 경영원칙을 통해 알 수 있듯이 그는 단순히 이익만 좇지 않고 멀리 내다보는 그릇이 큰 인물이었다. 자기 사업을 국가와 국가적 요인들과 연결시켜 나라를 위해 적극 헌신했다. 많은 국민이 그의 의로운 행동을 지켜보고 높이 평가해 자연스레 그의 사업을 홍보하는 전도사가 되었다. 이처럼 돈 한 푼 안 들이는 홍보 전략은 결국 호설암에게 막대한 부를 가져다주었다. 그의 올바른 철학과 원칙이 그를 성공과 부의 길로 인도한 것이다.

그렇다면 이처럼 훌륭한 평판을 위한 올바른 행동을 하고 스스로의 철학을 세우기 위해 어떤 노력을 해야 할까? 해답은 '인문학'에 있다. 인문학은 전통적으로 '진(진리)', '선(도덕)', '미(아름다움)'를 추구해왔다. 인문학으로 '후천적' 도덕성을 키울 수 있다. 공자는 춘추전국 시대에 도덕과 인륜이 무너지는 것을 보고, 인간의 도덕성 회복 목적으로 유교를 창시했다. 유교의 가장 중요한 네 가지 덕목은 '인', '의', '예', '지'이다. 인은 '사람을 사랑함'으로 해석되고, 의는 '정의'. 예는 '사회에서 지켜야 할 예법', 지는 '지혜'를 뜻한다. 그중 공자는 특히 도덕성 그 차체인 '인'을 가장 중요한 덕목으로 보았다. 인문학은 본질적으로 '이상을 향한 순수한 정신'이다. 인문학적 정신은 기회주의를 배격하고 순수성과 절대성을 추구한다.

인문학에서 말하는 순수한 절대적 가치는 높은 고상함과 품격, 가장 올바른 진리와 '최고의 선함'을 추구한다. 즉, 도덕적으로 가장 올바른 것이 진리이고, 가장 높은 품격을 가진다는 것이다. 특히 소크라테스는 평생 도덕 문제에 대한 성찰을 주 연구대상으로 삼을 만큼 윤리적 문제에 몰두했다. 또한 자신이 옳다 생각한 바를 죽음에 처해도 지키고자 했다. 그의 제자 플라톤은 최고의 이데아를 '선'의 이데아로 보았다. 이데아란 우리가 지향해야 할 이상이다. 이처럼 인문학을 통해 선인들의 올바른 생각, 원칙을 세우고자 어떤 고민을 했는지 살펴보면 자신만의 훌륭한 원칙과 철학을 세우는데 표본이 된다.

덕 있는 사람은
외롭지 않다

평판은 한 사람에 관한
집합적이고 공유된 개념이다.

— 스티븐 녹

　　　　　　　　　사회에서는 결국 '사람 좋다'는 평을 받
는 인물에게로 모두 전구의 불나방처럼 모여든다. "그 사람과 함께 일
해보고 싶다.", "그 사람 정말 괜찮은 것 같다."라는 말을 들으며 주위
에 사람이 모여드는 사람은 무슨 일을 해도 성공한다. 좋은 평판을 쌓
기 위한 비결은 수없이 많다. 그 중 최고의 방법은 덕을 쌓는 것이다.
이 한 마디에는 수많은 의미가 함축되어 있다. 겉으로 보이는 모습만
신경 쓰면 내실 없이 포장만 요란한 허세로 보인다. 진정성은 늘 통한
다. 마음에 없는 꾸며진 모습을 사람들은 간파한다. 겉으로만 포장된
위선은 모래성 위에 집을 짓는 것과 같다. 아무리 거금을 들여서 멋진
집을 지어도 기초가 튼튼하지 않아 작은 흔들림에도 거침없이 붕괴되

어 그 안의 보이지 않던 흉측한 철근 까지 들키게 될 수 있다.

'덕 있는 자는 외롭지 않으니, 반드시 이웃이 있다.' 덕불고 필유린(德不孤 必有隣)이라는 공자의 말처럼 군자는 혼자 있어도 외롭지 않다. 정치인 같은 권력자 곁에는 항상 사람이 따른다. 역사적으로 보면 제갈량으로 대표되는 현자들이 한 축을 이루고, 십상시처럼 평소 굽신거리다 결정적 순간에 뒤통수를 치고 권력을 찬탈하는 무리가 다른 축을 형성한다. 그런데 두 부류 모두 평소에는 이웃이나 친구의 모습을 하고 있다. 문제는 여기서 나온다. 진짜 도움이 될 참모인지 아닌지를 판단하고 적재적소에 맡기는 것이 결코 쉽지 않다. 진정성이 없는 사람은 주위에 좋은 사람이 없어 늘 외롭고 곤란하다.

보통 존경받는 인물에게는 '인망'이라는 것이 있다. 이는 '인기'와는 전혀 다르다. 인망 있는 자가 '훌륭한 덕이 있는 사람'이다. '인망'은 인덕에서 생긴다. 덕 있는 사람은 주위 상황으로부터 초연하기에 간혹 외로울 때가 있다. 그런데 '덕은 외롭지 않다'는 말대로 반드시 그를 알아보고 적기에 돕는 사람이 나와 고립되는 일은 없다. 인물은 인물을 알아보는 법이다. '인망'있는 자들에게는 '사심'이라고는 찾아볼 수 없는 순수한 열정이 있다. 리더는 사심이 없어야 한다. 그래야 부하는 '공적을 세우고 싶다', '칭찬을 받고 싶다', '라이벌에게 이기고 싶다'는 사심을 에너지로 전환하여 더욱 힘껏 일할 수 있다. 리더가 자기 욕심만 채우려 눈이 벌겋게 달아오르면 부하는 '어차피 공은 윗사람 몫이다', '괜히 이용당하고 싶지 않다', '그렇게 이용될 거면 편하게 눈치나 보며 편하게 있어야 겠다'는 마음이 들게 된다.

또한 '인망'있는 사람은 자신이나 다른 사람이 손해 보는 경우가 있어도 '보다 큰 가치'와 '많은 이들의 행복'을 위해 굳이 비난 받을 배짱도 있다. 그러나 '인기인'은 화려한 인기가 순식간에 사라지면 물거품처럼 모두의 기억에서 지워지고 휘발되는 허무한 특징이 있다. 그래서 인기를 얻고자 노력하는 것이 아니라, 덕을 쌓고자 노력하면 훌륭한 평판과 인기는 저절로 쌓인다. 프란체스코 귀차르디니는 이 말을 했다. "야망 그 자체가 악한 것은 아니다. 공공을 위해 야망을 불태워 고상하고 당당한 방법으로 명성을 쌓은 사람은 실로 존경할만하다. 악한 것은 자기이익을 위해 야망을 품은 사람이다. 그런 사람에게는 공공을 위한 마음도 양심도 없다."

결국에는 덕을 갖추고 평판 좋은 사람이 승리한다. 별로 중요하지 않은 일은 단순 능력만 잘 갖춘 사람에게 맡길 수 있다. 그러나 수천억 원의 대형 프로젝트나 회사나 국가의 사활이 걸린 중대한 일은 절대 아무에게나 맡길 수 없다. 단순히 능력에만 초점을 맞춰서 일을 맡기는 일은 절대 없다. 결국 덕이 있는 자가 큰일을 할 수 있다. 당장 눈앞에 이익만 추구하는 사람은 다른 이들의 협조를 얻는 데 실패한다. 큰일일수록 여럿이서 해야 이뤄질 수 있다. 덕이 있는 사람은 좋은 평판을 갖추게 되고 많은 사람들의 지지와 협조를 잘 이끌어낸다. 인품이 결여된 사람은 아무리 능력이 출중하고 외모가 수려해도 언젠가는 문제를 일으키고 더 이상 성장하기에는 한계가 있다.

인품과 재능이 없는 사람을 일명 '폐품'이라 한다. 재능은 없고 인품만 있는 사람은 '반제품'이라고 하며, 인품은 없고 재능만 있는 사람은 '위험물'이라는 말이 있다. 훌륭한 인품과 재능을 동시에 겸비한 사람만이 이 사회에서 귀하게 쓰이는 '최상품' 즉 '인재'인 것이다. 이처럼 인품 없는 사람은 인간으로서 기본이 없는 것과 같다. 순간적인 잔꾀나 재주로 다른 것을 많이 얻었다 할지라도 오래 가지 못한다. 결국 모든 것을 잃게 된다. 옛말에 "공 있는 자에게 녹을 내리고, 덕 있는 자에게 지위를 내린다."라는 말이 있다. 여기서 공(功)은 말 그대로 공적, 업적이고, 녹(祿)은 보수이다. 업적이 높은 사람에게는 상여와 같은 보수로 보답하고, 덕이 있는 자에게는 승진 같은 보다 높은 지위를 내린다는 말이다.

정치를 하는 사람도 덕을 갖춰야 하는 것은 당연하다. 일을 잘하고 못하고는 신경 쓰지 않는다 해도 덕이 없는 지도자의 덕이 없는 행위를 몇 년 동안 지켜봐야 하는 것처럼 곤란한 일은 없다. 우리 모두의 스트레스가 된다. 한마디로 덕이 부족하다는 나쁜 평판을 가진 리더가 선택된다면 모두의 불행이다. 덕이 없는 사람에게는 당연히 남을 이해하는 포용력은 물론, 모두가 보편적으로 생각하는 상식적인 정치를 기대할 수 없다. 정계는 정계대로 재계는 재계대로 교육계는 교육계대로 자신의 이해득실을 우선으로 따지는 자들로 가득하면 불행해진다. 그리고 피해는 항상 서민들의 몫이 된다.

보통 자리가 사람을 만든다는 말이 있다. 그러나 정치 리더들이 가진 품성은 세월이 가도 변하기 쉽지 않다. 덕이 없는 리더는 여전히 덕이 없고 소통이 안 된다는 평을 받아온 리더는 늘 소통부재임을 우리는 경험으로 익히 알고 있다. 덕을 제대로 갖춘 리더가 누구인지 구별할 수 있는 안목이 중요하다. 선거 때만 살짝 변한다면 이는 목적을 위한 위장이자 술수에 불과하다. 행복한 삶을 위해서는 논어의 '위정이덕(爲政以德)' 즉 덕 있는 정치가를 변별하고 선택하는 지혜가 우리의 좋은 삶을 보장하는데 관건이라는 말을 새겨야 한다.

09 좋은 평판을 만드는 비법 공개

> 너무 완벽한 사람으로 보이지 마라.
> 남들보다 나은 사람으로 보이는 것도 위험하지만,
> 가장 위험한 것은 전혀 결점이나 약점이 없는
> 사람으로 비치는 일이다.
>
> – 로버트 그린

낭중지추(囊中之錐)라는 말이 있다. 이는 '주머니 속의 송곳'이라는 뜻으로 재능이 아주 뛰어난 사람은 숨어 있어도 저절로 남의 눈에 드러난다는 의미이다. 평소에 남모르게 준비된 인재는 기회가 왔을 때 언젠가 빛을 발하게 된다. 또 조용히 덕을 쌓고 훌륭한 평판을 쌓기 위해 노력한 사람은 가만히 있어도 빛난다. 평판이 좋은 사람은 이루고자 하는 목표를 좀 더 수월하게 이룰 수 있다. 또한 보다 많은 기회가 다가와 행운을 잡을 확률이 높다. 게다가 위기가 다가왔을 때 당신의 좋은 평판은 충격을 막아주는 방지 턱이 되어 당신이 해를 입는 것을 막아줄 것이다. 좋은 평판은 이처럼 든든한 보험 역할도 한다. 요란스럽게 화려한 불빛을 발하다 금방 없어지는 섬광이 아닌, 언제 분출될지 모르지만 저 밑에서 끊임없이 끓고 있는 거대한 화산이 되라고 한다. 반기문 UN사무총장도 낭중지추라는 고사 성어를 빌려 재능과 능력을 연마하되 요란한 소리 없이 조용히 갈고 닦으라는 교훈을 주었다.

뾰족한 송곳은 주머니 안에 숨겨져 있어 애써 드러내려고 노력하지 않아도 언젠가는 반드시 밖으로 나오게 되는 법이다. 빨리 성공하려고 애쓰기 보다는 묵묵히 능력을 갖추고 덕을 쌓는 사람은 언젠가 알아보는 이가 생긴다. 자신을 일부러 드러내지 않아도 세상 밖에서 인정을 받는 주머니 속의 송곳과 같은 존재가 될 수 있도록 묵묵히 준비하는 사람은 기회를 잡는다. 그런데 어떻게 생각하면 처세도 능력이다. 완벽한 사람은 아무도 없고, 사람의 부족한 2%를 채워주는 '태도'는 좋은 평판을 얻기 위해 갖춰야 할 중요한 조건이다. 사회생활에서 '태도'란 달리 말해 '처신'이라고 할 수 있다. 가장 이상적인 처신은 스스로 옳다고 생각하는 행동이나 말은 소신 있게 하되 늘 겸손해야 한다. 겸손한 사람은 출중한 능력을 갖추었어도 주변에서 보내는 질투의 화살을 피해갈 수 있다.

어느 회사의 사장실 입구가 유난히 무척 낮았다. 문 천장에 머리를 한 번씩 꽝 부딪치고 난 뒤에야 사람들은 고개를 숙이고 자세를 낮추며 조심히 들어간다. 사장은 문이 낮은 이유에 대해 이렇게 말했다. "내 방을 들어오고 나가려면 늘 고개를 숙여야 합니다. 대업을 이루려면 자신을 낮추는 겸손한 자세가 항상 필요합니다. 그 점을 잊지 않도록 방문을 낮게 만들었습니다." 이렇게 말한 그의 태도를 보면 사장의 평판이나 명성이 어떨지 대략 미루어 짐작할 수 있다.

20세기 초 개화기 우리나라에서 매우 특이한 대나무 컵이 팔리고 있었다. 이 컵을 '계영배'라고 하는데, 어떤 정치인이 지인들에게 선물로 주어 유명해진 적이 있다. 그런데 이 컵은 물을 부어 80%(팔푼) 정도가 되면, 밑이 빠져 물이 다 쏟아져 버린다. 이는 단순한 컵이 아니었다. 밥을 먹어도 팔 푼을 넘겨 먹으면 배탈이 나고, 부귀와 권세도 팔 푼을 넘으면 이 컵의 물처럼 쏟아져 버리므로, 겸손하고 자신을 항상 낮추라는 교훈을 주는 귀한 물건이었던 것이다.

겸손은 강한자의 특권이다. 강한 사람은 겸손해질 수도 있고, 거만해질 수도 있다. 강한 사람이 자신을 낮추는 것은 겸손이고, 자신을 높이는 것은 거만이다. 약한 사람은 자신을 낮출 수 없어 겸손할 수 없다. 약한 사람이 자신을 낮추는 것은 비굴이고, 자신을 높이는 것은 허풍이다. 겸손한 사람은 존경받는다. 겸손해지려면 먼저 강해져야 한다. 약한 자에게 겸손은 선택할 수 없는 덕목이다. 강한 사람만이 겸손을 선택할 수 있다. 이처럼 항상 겸손하고 다른 사람에게 너무 완벽한 사람으로 보이지 않는 게 좋다. 우리는 대부분 자신을 과대평가하기에 자신을 뛰어넘는 사람을 보면 자신이 얼마나 평범한 존재인지, 그리고 자신이 생각만큼 그리 대단하지 않다는 사실을 깨닫는다. 이런 식의 자극은 상대의 마음이 불편해지고 분명 질투, 열등감과 같은 안 좋은 감정을 불러일으키게 된다.

질투를 직접적으로 표현하는 것은 자기가 열등하다는 사실을 인정하는 것이다. 그래서 질투는 깊은 내면에 감춘다. 그리고 다른 방법으로 위장되어 상대를 비판하고 깎아내린다. 그들은 이렇게 자신을 위로하려 한다. "그가 나보다 능력이 조금 많을지는 몰라도, 도덕이나 양심 같은 것은 없는 사람이야. 그가 나보다 돈이 더 많을지는 모르지만, 그것은 그가 양심을 버리고 돈을 번거라 무의미해." 이처럼 권력의 세계에서는 예상치 못한 성공이나 승리 혹은 승진했을 때 가장 조심해야 한다. 동료들의 질투심을 자극해 나에게 비난으로 돌아오기 때문이다.

남다른 성공을 이루었다면 타인의 질투심을 자극하지 않으려고 영리하게 대처해야 한다. 상황에 따라서 자신의 장점을 숨기고 그저 운이 좋아서 성공할 수 있었다고 하는 것이 현명하다. 이처럼 겸손의 미덕을 갖춘 사람에게 질투의 발톱을 들이댈 사람은 없다. 그리고 사람들의 마음을 편하게 만들기 위해, 자신은 아무것도 변하지 않은 것처럼 겸손하고 예의 바르게 행동하는 것이 남을 배려하는 가장 좋은 처세술이다. 이런 현명한 전략이 자신을 향해 끓어오르던 질투가 서서히 약화하는 효과를 준다. 또한 자신의 성공과 출세는 운이 좋았다고 강조하고 당신의 큰 행복을 다른 사람도 얼마든지 누릴 수 있다는 것을 믿게 해서 질투할 필요성을 덜 느끼게 도와주어야 한다. 질투를 피하기 위해서 전략적으로 권력자에게 자신의 약점이나 사소한 사교적 실수, 해롭지 않은 악덕을 보여주라고 권한 이도 있다. 소로의 말처럼, "질투는 뛰어난 사람이면 누구나 내야 하는 일종의 세금이다."라는 말이 실감난다.

발타사르 그라시안은 이런 말을 했다. "때때로 당신의 성격에 존재하지만 해롭지는 않은 결함을 드러내라. 질투하는 자들은 자신이 아무런 죄가 없다고 생각한다. 그들은 가장 완벽한 사람이라도 비난할 수 있는 자들이다. 그들은 아르고스가 되어 모든 눈을 총동원해 남의 결점을 찾아낸다. 그것이 그들의 유일한 위안거리다. 질투가 자신이 품은 독을 터뜨리도록 방치하지 말라. 당신의 용기나 지성에 약간의 틈이 있는 것처럼 가장하여 미리 질투의 독을 무장해제 시켜라. 따라서 질투의 뿔 앞에서 붉은 천을 흔들고 당신의 것이 될 불후의 명성을 지켜라." 심리적으로 사람들은 완벽한 사람보다 빈틈 있는 사람을 좋아한다. 미국의 심리학자 캐시 애론슨도 '사람들은 완벽한 사람보다 약간 빈틈 있는 사람을 더 좋아 한다'는 연구 결과를 발표했다. 실수나 허점이 오히려 매력을 더 증진 시킨다는 것이다. 이를 '실수 효과'라고 한다. 완벽해 보이는 사람보다 약간 부족한 사람에게 정이 가는 것과 일맥상통하는 것이다. 빈틈이 없을 것 같은 사람은 왠지 불편하다. 약간의 틈이 있으면 편하고 너무 완벽한 사람은 자신의 부족한 부분을 들킬까봐 바짝 긴장하게 된다.

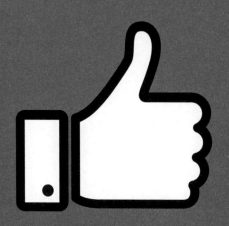

5장

위기는
진정성으로 극복하라

“

위기관리의 핵심은 무엇보다
‘진실이 가장 빠른 해결 방법’이다.

”

심리학은 평판을
이렇게 해석한다

비록 인생은 짧다 하더라도
좋은 평판은 그 인간을 오래오래 살게 한다.

– R. 워트키즈

후광효과는 어떤 대상을 평가할 때 외모나 인품 등 부분적인 것에서 받은 강한 인상이 다른 측면에서의 평가나 전체적인 평가에 영향을 미치는 현상을 말한다. 어떤 사람에 대한 한 가지 좋은 인상을 받았을 경우에 다른 부분도 좋을 것이라 기대한다. 본래 그것과 관련 없는 다른 특성도 뛰어난 것처럼 느껴지는 효과이다. 예컨대 결단이 빠른 사람에게 리더십도 있을 것이라고 생각되는 것이다. '애옥급오(愛屋及烏, 어떤 이를 사랑하면 그와 관련된 모든 것을 함께 좋아한다)'라는 말이 있다. 누군가에게 호감을 느끼면 그의 물건, 그의 친구들, 그의 주변인에게도 모두 호감을 느끼게 된다. 이런 '후광 효과'를 잘 사용하면 단점을 숨기고 당신에 대한 타인의 생각을 바꿔 목표를 순조롭게 이룰 수 있다. 평범한 일반인도 얼마든지 자신의 후광을 이용해 '몸값'을 높일 수 있다.

집안 대대로 의사인 집의 아이와 전과기록이 있는 사람의 아이 중 과연 누가 더 좋은 평가를 받을 수 있을까? 누가 성공의 기회를 더 많이 잡을 수 있을까? 당연히 '후광'을 등에 업은 전자이다. 특히 사람들은 유명 인사의 평가나 권위 있는 기관의 추천에 대해 신뢰감을 갖는다. 세일즈맨을 대상으로 회원 늘리는 법을 교육할 때 항상 하는 말이 있다. '유명한 재력가 00씨도 저희 클럽 회원이십니다!'라는 말을 적극 활용하라! 이 전략은 사실 여부와 무관하게 매우 큰 효과를 발한다. 특히 잘생긴 외모는 엄청난 '후광 효과'를 발휘한다. 수많은 기업이 유명 가수나 배우를 광고에 출연시키고자 하는 이유도 대중에게 매력적인 스타가 제품을 추천하는 것이 훨씬 효과가 있기 때문이다. 해당 스타에 대한 호감이 그들이 추천하는 상품까지 그대로 이어져 빠르게 사람들의 마음을 이끌 수 있다.

후광 효과는 마치 확대경처럼 개인의 장점과 단점을 크게 부각시킨다. 이것을 활용할 줄 아는 사람은 자신의 장점을 황금으로 만들 수 있다. 그러나 제대로 이용하지 못하는 사람은 모든 단점이 거침없이 드러날 것이다. 따라서 그것을 어떻게 활용하느냐가 성공을 좌우한다. 항해가 페르디난드 마젤란도 후광 효과를 잘 활용해 자신의 위대한 여정을 실현했다. 콜럼버스가 항해에 성공한 이후, 수많은 투기꾼 또는 사기꾼이 자본금을 지원받기 위해서 왕실에 자주 들렀다. 그들은 항해를 핑계로 거금을 손에 넣는 것이 목표였다. 마젤란은 자신이 그들과 다르다는 점을 보여주기 위해 국왕을 알현할 때 특별히 유명한 지리학자 루이 팔레이로를 초청해 동석시켰다.

팔레이로가 지구본을 국왕 앞에 놓고 마젤란 항해의 필요성에 대해 자세히 설명한 덕분에 카를로스 국왕은 그의 항해를 허가했다. 그러나 마젤란이 항해를 마친 후 사람들은 그가 계산한 경도와 위도의 편차를 여러 개 발견했다. 그러나 카를로스 국왕에게 팔레이로의 설명이 결코 중요한 게 아니었다. 그는 전문가의 의견을 듣고 무조건적으로 믿을 만한 설명이라 판단한 것이다. 이처럼 '전문가'라는 호칭은 엄청난 후광을 발휘한다. 결국 자신의 '후광'을 발견하고 적극 활용하면 원하는 목표를 쉽게 이룰 수 있다.

심리학자 에릭 에릭슨은 이미지가 평가에 어떤 영향을 미치는지 알고자 실험자에게 이미지가 좋은 사람과 나쁜 사람의 사진을 보여주며 그들의 자질을 평가해 달라고 했다. 그 결과 이미지가 좋은 사람은 전반적으로 각 분야에서 그렇지 못한 사람보다 높은 점수를 받았다. 이미지가 좋은 사람은 당연히 인기가 많고 많은 호감을 얻는다. 대표적인 예로 좋은 이미지 덕분에 대통령에 당선된 케네디 전 미국 대통령을 들 수 있다. 1960년 닉슨과 케네디가 대통령 선거 운동을 벌일 때였다. 오랜 명성을 쌓은 정치가 닉슨은 재력에서 절대적으로 앞섰지만 자기 이미지 포장에는 소홀했다. 심지어 그는 귀족 출신의 케네디로부터 '지도자다운 면이 전혀 없다!'는 비난까지 들었다. 그러던 중 선거에 결정적인 영향을 끼친 일이 일어났다. TV 토론회에서 구릿빛의 잘생긴 얼굴에 젊고 패기만만했던 케네디는 혼신의 힘을 다해지도자의 매력을 발산하면서 침착하고도 자신감이 넘치는 이미지를 구축해 냈다. 미국 국민은 그의 이런 모습을 통해 자국의 경제와 정치를 맡길 수 있겠다는 든든한 신뢰감을 느꼈다.

심지어 그의 악수하는 모습만 보고도 '케네디의 승리'를 확신한 정치 평론가도 있었다. 그는 전 국민이 보는 TV토론회에서 자신이 최고 뛰어난 지도자라는 이미지를 성공적으로 각인시켰다. 빌 클린턴도 어릴 적부터 정치가의 꿈을 품고 케네디를 롤모델로 삼아 우아하고 당당함으로 당당히 미국 대통령에 당선되었다.

기업의 채용 과정에서도 이미지는 큰 영향을 미친다. 면접관들도 구직자의 외모가 면접 결과에 어느 정도의 영향을 미친다는 점을 인정했다. 이처럼 빼어난 외모를 가진 사람이 누리는 후광 효과는 취업뿐만 아니라 연봉에서도 잘 나타난다. 경제학자들이 미국과 캐나다에서 표본 조사를 한 결과, 외모가 뛰어난 직원이 평범한 외모의 동료보다 평균 12~14%가량 많은 월급을 받는 것으로 드러났다. 또한 외모가 뛰어난 사람은 사법시스템 내에서도 유리하다. 실험자가 재판 시작 전에 74명의 남성 피고의 외모에 점수를 매긴 후 재판이 끝난 후 이 점수와 그들에게 내려진 형기의 관계를 분석한 결과, 잘생긴 피고의 형기가 눈에 띄게 가볍다는 사실을 발견했다. 즉, 매력적인 외모를 가진 피고가 처벌받지 않을 확률이 그렇지 못한 사람의 두 배에 달했다. 이미지의 파워는 이렇게 위대하다.

최악의 위기를
당당히 극복한 기업들

1982년 미국 시카고에서 누군가 타이레 놀에 청산가리를 투입했고 이를 복용한 7명이 사망하는 사건이 발생했다. 이어 미국 캘리포니아주 내에서 모방범죄가 연이어 발생했다. 이에 대한 존슨앤존슨의 조치는 매우 신속하고 프로다웠다. 경찰 조사 결과가 나오기 전 미국 내 2억4000만 달러의 모든 해당제품을 즉시 수거·폐기한 것이다. 또한 무료전화 개설로 소비자의 의문 사항에 솔직하게 답변해 불만을 즉각 잠재웠다. 특히 정부기관과 긴밀히 협조해 조사 단계별 모든 사항을 즉시 공개했다. 또 존슨 회장은 TV에 출연해 사건에 대한 우려를 표명하고 대중매체를 통해 시판 제품에 문제가 있을 수 있으니 원인 규명이 될 때까지 절대 복용하지 말 것을 당부하는 소비자 경고 캠페인을 벌였다. 이처럼 소비자 안전과 사고의 재발방지를 위해 막대한 피해까지 감수했다. 더불어 범인을 잡기 위한 현상금을 내거는 등 해결을 위한 적극적인 액션을 취했다.

이후 존슨앤존슨은 기업 이미지가 실추되기는커녕 매출액과 주가가 기존보다 더 상승하는 결과를 가져왔다. 또 존슨앤존슨이 세계적 기업으로 성장하는 발판이 되어 지금도 가장 신뢰하는 회사로 평가 받는다. 존슨앤드존슨이 위기를 잘 극복할 수 있었던 주요 요인으로는 사건 발생 지역 외에 미국 전역에 걸쳐 최초로 전 제품 회수 결정을 신속히 행동으로 옮긴 점이다. 그리고 회사가 무엇을 하고 있는지 지속적으로 주주, 종업원, 언론, 소비자 등 모든 이해관계자에게 정확히 소통한 것이다. 또 사건 발생 후 사고재발을 방지하고자 제품을 안전 포장으로 출시해 문제점을 완벽히 개선한 점을 꼽을 수 있다. 이같은 존슨앤존스의 완벽한 대응은 위기관리의 모범이 되었다.

또 다른 성공적인 위기극복 사례는 판교 테크노밸리 행사장 사고의 이데일리를 들 수 있다. 2014년 10월 경기도 판교 테크노밸리 행사장 인근 지하철 환풍구가 붕괴되었다. 인기가수 공연을 보던 관람객 20여 명이 붕괴된 환풍구 20여 미터 아래로 추락한 사고로 16명이 사망, 11명이 중경상을 입었다. 공연을 잘 보기 위해 환풍구 위로 한꺼번에 여러 명이 올라서자 덮개가 무게를 견디지 못해 무너진 것이다. 행사를 주관한 경기과학기술진흥원과 이데일리 두 기관은 충격에 빠졌다. 현장 구조와 병원 이송이 이루어지고, 사망자를 위한 유가족협의체가 만들어져 장례 절차를 상의하기 시작했다. 또 주관사 이데일리 곽재선 회장은 곧바로 유족들을 찾아가 조문하고 위로했다. 언론사에 대표가 있었음에도 궁극적 책임을 지겠다고 직접 나서 고개를 숙였다. 곽 회장은 사고와 관련해 언론에게 "구조적인 문제와 부주의로 인해 사고가 났다."며 "책임 있는 언론사로써, 행사 주관사로서, 책임질 일 있으면 책임지겠다."라고 이야기했다. 그는 유족을 만나 "오늘부터 대책본부에서 피해자 가족과 협의를 시작하겠다. 보상 부분을 포함, 모든 것을 대책본부에 위임해 그 결정에 따르겠다."라고 말했다.

게다가 곽 회장은 "이데일리와 별개로 제가 갖고 있는 장학재단을 통해 이번 사고로 숨진 피해자 자녀의 대학까지 학비를 대겠다"며 "좋은 취지로 행사를 만들었는데 예상치 못한 사고가 났다. 국민과 유족께 심심한 사과를 드린다"고 고개를 숙였다. 생각지 못한 '자신의 장학재단'까지 언급하면서 피해 자녀를 위해 대학 학비까지 책임지겠다는 진정성을 보여준 사례이다. 보통 대형 위기 때 일반적으로 사주는 앞으로 잘 나서지 않는다. 내부적으로 누구도 먼저 "앞으로 직접 나서서 책임지는 모습을 보여주시는 게 좋을 것 같습니다."라고 하지 못한다. 그러나 이데일리 곽재선 회장은 달랐다. 사고가 발생했을 때 하는 '어떻게 하면 해당 사고를 무마시키고 논란 없이 조용히 넘어갈 수 있을까?'에 대한 고민을 하지 않았다. 대신 '해당 사고로 슬픔을 당한 유가족에게 조금이나마 위로할 수 있는 방법은 없을까?'를 스스로 고민한 것이다. 그리고 그 고민의 결과에 대해서 유가족과 언론 그리고 모든 주변 이해관계자들과 정확히 커뮤니케이션하는 프로다운 모습을 보였다.

사고로 피해를 입은 피해자와 유가족은 단순히 '돈'으로 해결되기를 원하지 않는다. 무엇보다 적절한 위로와 공감 그리고 사고 발생 원인에 대한 책임을 정확하게 지는 모습을 원한다. 보통 이 핵심적인 부분이 처리되지 않았기에 2차, 3차 문제와 갈등은 발생한다. 그래서 배상에 대한 협의는 늘어지고 상호 간 신뢰는 점점 허물어진다. 서로 협의가 아닌, 충돌이 발행하면서 여론에 좋지 않은 모습이 장시간 노출되어 이미지만 추락한다. 이 과정을 지혜롭게 이끌고 간 이데일리의 사례를 잘 되새기면 좋을 것 같다.

또한 2014년 2월 경북 경주시 마우나 오션리조트 붕괴 사고는 위기를 무사히 극복하고 피해를 최소화한 사례로 꼽힌다. 이 사고는 대학생 열 명이 사망하고 이 외에 백여 명이 다친 대형 참사였다. 이웅렬 코오롱그룹 회장은 사고가 일어난 지 반나절도 지나지 않아 현장을 찾아가 '엎드려 사죄한다'고 시작하는 사과문을 직접 읽었다. 곧이어 사망자 빈소를 방문해 조문하고 유족들에게 사죄했다. 이 회장은 본인이 모든 책임을 지겠다며 진정성 있는 자세를 보였다. 자칫 잘못하면 국민적 공분을 살 수 있을 만큼 예민한 사건이 진정 국면으로 빠르게 접어들었다. 유족과의 보상도 조기에 마무리 되었다. 인명피해가 큰 대형 사고여서 이미지와 명성이 추락할 수 있는 큰 위기를 지혜롭게 잘 극복한 것이다.

이처럼 이 회장이 신속한 행동에 나설 수 있었던 배경에는 원활한 소통 문화가 코오롱이라는 기업 중심에 있었기 때문이다. 결국 대

외 홍보업무 담당 임원들이 그룹 총수에게 제안한 해결책이 큰 도움이
된 것이다. 그러나 보통은 기업 총수 일가들의 의견이 절대적인 기준
이고, 직원 모두가 총수의 눈치나 살피는 회사가 대부분이다. 이런 분
위기에서는 신속한 의사결정이 이뤄지기 힘들 것이다. 인명피해가 큰
마우나리조트 붕괴사고는 규모에서는 대한항공보다 훨씬 더 심각한
사고이다. 그러나 마우나리조트 사고보다 대한항공의 '땅콩 회항'사건
이 훨씬 더 많은 사회적 비난과 함께 법적 처벌까지 받았다. 또한 회사
의 명성과 이미지에는 엄청난 상처가 났고, 국제적인 비난과 조롱거리
가 되고 말았다. 이처럼 작은 사건을 크게, 큰 사건을 작게 만드는 것은
모두 어떻게 위기를 대응하느냐에 달려있음을 알 수 있다.

위기극복에
실패한 기업들

03

패배한다는 것은 일시적인 현상일 뿐이다.
그러나 포기한다는 것은 영원히 그만두는 것을 의미한다.

– 마릴린 사반트

　　　　　　　　최근 언론으로부터 호된 질책을 받았던
'포스코 라면 상무'의 사례를 돌이켜보자. 항공기에 탑승한 포스코에
너지 A 상무는 서비스가 마음에 안 든다는 이유로 담당 승무원 B씨에
게 폭언과 폭행을 가했다. 이륙 전부터 옆자리가 비어 있는 좌석으로
자리를 바꿔달라며 승무원에게 욕설을 하는 등 행패를 부린 것이 시
작이었다.

　이륙 후 기내식이 제공되자 밥이 설익었다며 기내식을 바꿔 달라
요구했고, 다시 제공한 기내식도 마음에 안 든다며 라면이라도 끓여
오라고 B씨에게 요구했다. 승무원 B씨가 라면을 끓여오자 이번에는
'라면이 설익었다', '너무 짜다' 등의 이유로 수차례 다시 끓여오라고

요구하며, A씨는 B씨에게 "네가 한번 먹어봐라. 너 같으면 먹겠냐?" 등의 폭언도 했다. 결국 A씨는 두 번째 기내식 서비스가 제공될 때 승무원들이 기내식을 준비하는 주방으로 들어가 "왜 라면을 주문했는데 가져다주지 않느냐."라고 말하며 잡지책으로 B씨 눈 윗부분을 때렸다. 상식적으로 믿을 수 없는 일을 대기업 임원이 일으킬 것이다. 비행 중의 폭행은 안전업무를 하는 승무원에 대한 업무방해로 문제가 될 수 있는 일이다. 이 사실을 알게 된 기장은 착륙 허가를 받으며 미국 당국에 신고했다. 비행기 착륙 직후 출동한 미국 연방수사국FBI 요원들은 A씨에게 입국해 구속 수사를 받을지, 그냥 돌아갈지 선택하라고 요구했고 이 임원은 입국을 포기하고 귀국했다.

이 임원은 미국 입국을 거부당한 사실 뿐 아니라 본인의 이름과 얼굴 사진이 인터넷에 유출돼 대대적인 '신상 털기'까지 벌어지면서 문제가 확산됐다. 부정적 이슈는 온라인상에 퍼지기 시작했고, SNS로 옮겨간 이야기는 삽시간에 페이스북과 트위터의 타임라인에 도배됐다. 또한 뉴스는 물론이고 온라인 커뮤니티 등에는 이를 조롱하는 '포스코 라면' 패러디가 등장했다. 사진에는 신라면의 매울 '신辛'을 '포'로 변경해 '포스코 라면'이라고 이름 붙였으며, 모자이크한 중년 남성의 사진을 등장시켜 '기내식의 황제가 적극 추천한다'고 적은 뒤 '맛은 매우 싸다구 맛. 개념 무 첨가'라고 희롱하는 내용이 인터넷에 떠돌아 화제가 되었다.

해당 기업에서는 분명 SNS 실시간 모니터링에 한계가 있었을 것이고, 조직 내의 일이다 보니 확인 절차를 밟을 시간이 필요했을 것이다. 회사에 몸담고 있는 개인의 문제가 해당 기업의 계열사는 물론 포스코 기업 전체에 부정적인 영향을 끼치는 결과를 가져왔다. 게다가 시기적으로 주말이었기에 위기대응에 불리한 상황이었다. 계열사의 사건이라고 하지만 일반 대중들은 결코 모회사와 별도로 구분해서 생각하지 않는다. 그래서 계열사의 문제라고 해도 모회사에서 적극 대응해야 전 계열사의 대대적인 이미지 손실을 막을 수 있다. 사건 발생후 약 4~5일이라는 이슈를 대응할 수 있는 시간이 있었다. 만일 해당 사실을 해당 기업의 위기관리위원회가 접수해 사건을 분석하고 최상의 해결법에 대한 정보를 공유하는 체계적인 프로세스가 있었다면, 위기관리를 초기에 종결시킬 수 있었을 것이다.

그러나 토요일에 보도 되고, 해당 임원의 신상이 노출되고, 기내 승객 서비스 리포트가 공개되는 등 거의 하루가 지나 간단한 사과문이 홈페이지에 게시됐다. 외부에서 보면 이 사과문이 게재될 때까지 최고 의사 결정권자들이 정확한 상황 파악과 입장 정리, 그리고 최고 경영자의 정확한 '의지 표현'이 아직도 완료되지 않았다는 의미로 해석할 수밖에 없다. 상황이 최악으로 치닫던 그다음 날에야 해당 임원에 대한 보직 해임과 관련 내용을 추가로 공개했다. 이것은 최초 사건 발생 후 약 일주일 만이었다. 위기대응 치고는 너무나 긴 시간을 질질 끌어서 문제가 커졌다. 뒤늦게 사과 공지 및 재발 방지, 해당 인물의 보직 해임, 사직으로 사건이 일단락되었지만 온라인상에서 시작된 비난적인 패러디 열풍과 네거티브 이슈가 재생산 되는 것은 수그러들 기미가 보이지 않았다. 아직도 온라인상에 포스코에 관한 부정기사는 물론 비난형 패러디도 남아 있다.

위기극복에 실패한 다른 예로는 정직을 최고의 덕목으로 내세우던 일본의 한 대기업이 거짓말한 사실이 들통나 1주일 만에 폭삭 주저앉은 '유키지루시 유업의 식중독 사건'이 있었다. 이 회사는 우유, 치즈 등의 유제품을 생산하는 일본인들이 가장 사랑하는 유가공업체였다. 청결과 건강을 연상시키는 하얀 눈송이 모양의 상표를 갖고있는 이 회사는 일본인들의 각별한 사랑을 받는 '국민 기업' 브랜드로 자리 잡았다. 그러나 2000년 6월 말, 오사카지역에서 이 회사의 우유를 먹고 집단 식중독을 일으켰다. 문제는 회사 측이 원인을 정직하게 밝히지 않고 우물쭈물하는 데서 커졌다. 회사의 이런 애매한 태도가 소비자들의 불신을 사게 되었고 기업의 신뢰도가 한순간에 실추돼 주가가 폭락하고 매출이 급감했다.

사건이 터지자 당국은 제품 회수와 판매 자제를 지시했지만, 유키지루시 유업은 피해자 보상 선에서 적당히 넘어가려고 꼼수를 부렸다. 그러는 동안 식중독 환자가 2천 명으로 늘었고 사회적인 파장은 더욱 커졌다. 그제야 회사 측은 할 수 없이 저지방 유제품에 문제가 있었음을 시인했다. 경영진은 기자들의 식중독 원인에 관한 질문에 대해 처음에는 '모른다'로 일관했다. 초기에 그들은 최대한 문제의 본질을 피해서 발뺌하는 태도를 취했던 것이다. 그러나 기자들의 끈질긴 추궁을 참지 못한 공장장이 '가스 밸브 일부에서 동전만한 황색 포도상 구균이 발견됐다'고 폭로해 버렸다.

이 사건으로 유키지루시 공장은 당국의 철저한 조사를 받았다. 결과적으로 그들은 일주일에 한 번 꼴로 밸브를 분해 청소하도록 되어 있는 규정을 무시하고 한 번도 청소를 하지 않았음이 밝혀졌다. 당국은 안전 검사를 위해 공장을 1주일간 폐쇄한다는 유례없는 비상 대책을 발표했고, 결국 오랜 시간에 쌓아온 회사의 신뢰는 돌이킬 수 없을 만큼 실추되는 비극을 맞이했다. 그러나 비슷한 시기에 독극물 협박을 받은 산텐 제약은 그들과 달랐다. 산텐 제약은 자사 제품에 독약을 투입하겠다는 협박 편지가 배달되자마자 전 제품을 즉각 회수하고 소비자에게 이 사실을 솔직하게 알림으로써 초기에 문제를 종료할 수 있었다. 이처럼 치명적인 실수와 단점은 선제공격해 재빠른 초기대응을 해야 문제가 커지는 것을 막을 수 있다.

당신의 평판을
관리해드립니다

도저히 어떻게 해볼 수도 없는 곤경에 빠졌을 때, 과감하게 그
속으로 뛰어들어 보아라. 그러면 불가능하다고 생각했던 일이
가능해진다. 자신의 능력을 완전히 신뢰하기만 한다면 무슨 일
이든 반드시 할 수 있다.

— 데일 카네기

　　　　　최근 운전기사를 상습 폭행한 재벌3세의
논란, 경비원을 구타한 프랜차이즈 기업인의 논란 등이 끊임없이 이
어지고 있다. 또한 우유대리점주 강매 사건, 메신저앱 감청 사건, 땅콩
회항 사건 등 기업의 평판을 땅에 떨어뜨리는 사건들이 계속 이어졌
다. 잊을 만하면 새로운 내용으로 신문을 장식한다. 과거 같으면 기업
홍보실에서 언론에 가공된 보도 자료를 뿌려 적당히 사건을 덮는 식
으로 악평을 관리할 수 있었다. 그러나 좋은 시절은 다 갔다. 지금은
환경 자체가 달라졌다. 지금은 소셜 미디어라는 1인 미디어가 널리
보급된 탓에 과거처럼 악평을 관리한다는 것은 불가능하다. 디지털
시대가 열리면서 평판을 관리하는 방법도 달라진 것은 당연하다.

이처럼 달라진 미디어 환경에 맞춰 기업이나 기관, 그리고 유명인들이 소비자나 유권자, 이해관계자 등으로 인한 위험요소가 커지면서 '인터넷 평판 관리 서비스'가 새롭게 떠오른다. 전문적으로 개인 또는 기업의 평판을 관리해주고 위기발생시 이를 해결해주는 것이 평판관리 컨설턴트이다. 이들은 큰 의미에서는 손해를 미리 막아주는 리스크 관리를 담당하고 있다. 요즘처럼 온라인에서 모든 정보가 활발히 공유되는 시대에는 누군가에 대한 소문이 빠른 속도로 삽시간에 퍼지기 쉽다. 그래서 평판 관리는 사이버상에서 더 큰 영향력을 발휘한다. 평판 관리사라는 신종 직업군이 나오게 된 배경도 미디어환경이 오프라인 매스미디어 중심에서 사이버, 온라인의 디지털 미디어, 소셜 미디어로 변했기 때문이다. 대중의 평가가 중요해졌고 인터넷에서 무차별적으로 정보가 확산되기 쉬운 시대에는 선량하고 문제없는 사람도 인터넷에 올린 악의적 글로 한순간에 사회적으로 매장될 위험이 있다. 특히 많은 사람들이 오프라인 종이신문 대신 온라인 신문으로 뉴스를 접하기에 소문과 평가는 삽시간에 확산된다. 평판 관리 전문가는 이처럼 개인 또는 기업의 평판을 관리하는 입소문 관리자다. 한국에서 온라인 평판 관리라는 개념은 2012년에 도입됐다.

평판 관리 전문가라는 것은 기업 평판 관리, 기업 이미지 관리, SNS 위기관리 및 홍보 관련 업체에서 활동한다. 아직은 평판 관리를 전문적으로 하는 업체가 많지 않다. 온라인 평판 관리 서비스의 출몰은 온라인 프라이버시 침해가 워낙 광범위해서 유명인 등 일부에게만 해당되는 문제가 아니라는 점을 보여준다. 미국의 '레퓨테이션닷컴',

'리무브유어네임', '디펜드마이네임'등은 개인과 기업을 상대로 다양한 온라인 평판 관리 상품을 판매하는 대표적인 업체들이다. 과거에는 기업에 나쁜 평판으로 인한 위기상황이 발생했을 때 로펌이나 컨설팅회사, 회계법인, PR회사 등이 자신들만의 독자영역 중심으로 위기관리를 하는 방식을 이용해 평판 관리를 해왔다. 그러나 이제는 좀 더 독립적이고 복합적으로 변하고 있다. 한국에서는 온라인 평판 관리라고 하면 악성댓글을 삭제하는 게 전부로 여겨지고 있지만 평판 관리는 그보다 훨씬 폭넓은 분야에서 보다 본질적인 문제를 해결하고 있다.

예를 들어 땅콩 회항과 같은 사건이 발생하면 단순히 악성댓글 삭제로 평판이 회복되지 않는다. 기업이나 개인에 관련 정보나 브랜드 등을 보호할 수 있는 대책을 사전에 미리 세워야 한다. 특히 기업은 예측 불가한 여러 위기상황에 노출될 수 있기에 법무 인력이나 SNS담당 인원을 늘리는 노력이 필요하다. 또 온라인 등의 콘텐츠를 정기적으로 모니터링 해 부정적인 평판이 보이면 적극적인 해결사 역할을 해야 한다. 어떤 개인이나 기업 이름을 검색했을 때 부정적인 검색 결과가 나오지 않도록 긍정적인 콘텐츠와 보도자료 등을 대대적으로 확산시켜야 한다. 이때 평판 관리를 위해 스토리를 만드는 것이 중요하기에 작가적인 재능과 미디어에 대한 이해가 필요하다. 혹시 누군가가 올린 근거 없는 악성 평판으로 기업 이미지가 훼손된 경우 빠른 법적 조치를 취해 피해를 최소화해야 한다. 그런데 이것은 결코 기업만 해당되는 것이 아니다. 신입사원을 뽑는 기준에 온라인 평판을 포함시키는 기업이 점점 늘고 있다. 자신의 온라인 평판 관리가 염려되고 부정적 기록으로 불이익을 당할 염려가 있으면, 온라인 평판관리 대행업체를 이용할 수 있다.

2013년 한 우유업체는 '욕설 파문'으로 논란이 됐다. 물품 들여놓기가 어렵다고 말하는 대리점주에게 우유업체의 영업사원이 폭언과 욕설을 일삼고 강제로 물품을 떠넘긴 것이 상세히 밝혀졌기 때문이다. 사건이 알려지면서 그동안 당하기만 했던 편의점주들이 앞장서 불매운동을 벌였다. 이 일로 인해 업체는 큰 손해를 입었다. 이처럼 요즘은 온라인이 워낙 발달해 논란을 감추는 것은 불가능하다. 온라인 평판은 대중이 인터넷에 남긴 흔적을 통해 사람, 회사, 브랜드에 대하여 갖게 되는 이미지를 뜻한다. 최근에는 SNS의 영향력이 더욱 커지고 있다. 특히 제품 구매 직전에 구매후기를 꼭 검색해본다. 누군가가 '이 제품 정말 실망이다', '다시는 이용하고 싶지 않다' 등의 부정적인 후기를 남기면 매출에 치명적인 영향을 미친다. 최근에도 한 배달전문 어플에 소비자가 구매후기에 매우 부정적인 글을 남겨서 이를 본 업주가 직접 전화해 "가게를 망하게 할 작정이냐, 당장 글을 지우지 않으면 집에 찾아갈 것이다."라는 협박을 해서 논란이 되기도 했다.

그런데 우리가 접하는 정보 중에는 왜곡된 정보들이 상당히 많다. 자신의 작은 이익 때문에 가짜 정보를 만들어 확산시키는 사람도 있고, 허위 정보로 인해 억울하게 손해를 입는 사람들도 있다. 어떻게 보면 평판 관리 전문가라는 직업은 기자와 비슷한 매력이 있다. 세상을 긍정적으로 바꿀 수 있기 때문이다. 악의적으로 퍼진 허위 정보로 인해 이미지나 명성이 훼손되었을 때, 다시 그 사람이나 제품에 맞는 평가를 찾아주며 보람을 느낄 것이다. 온라인이라는 바다에서는 잘못된 한 사람이 흔든 칼자루 하나로 많은 사람이 다칠 수 있다. 무심결에 달았던 댓글 하나로 많은 연예인들이 삶을 스스로 포기하게 만든 경우도 종종 볼 수 있다. 억울하게 잃게 된 이미지나 브랜드 가치를 다시 회복 시켜줄 수 있는 일도 사람의 생명을 살리는 의사와 마찬가지로 의미 있는 일이다. 개인이든 기업이든 평판 관리가 없을 경우, 위기는 한 순간에 몰려올 수 있다. 과거 기업이나 단체 위주로 진행됐던 평판 관리에 대한 요청이 최근 유명인 중심으로 커지고 있는 추세라고 한다. 앞으로 일반인으로 대거 넘어가는 시기도 곧 올 것이다.

성공적 위기탈출을 위한 사과하는 방법

이미 벌어진 위기상황을 제대로 수습하고 최대한 빠른 시간 내에 논란을 잠재우고 회복하기 위해서는 제대로 된 사과를 해야 한다. 그런데 사과의 적절한 '시기'가 중요하다. 아무리 진정성 있는 사과여도 시기가 너무 늦어져 사태를 수습할 적기를 놓치게 되면 막대한 금전적 손실을 가져온다. 이는 불이 나면 초기에 신속한 화재진압을 해야 하는 것과 같다. 그래야 불길이 순식간에 번지는 것을 막을 수 있다. 사건이 터지면 불길이 번지는 것처럼 눈 깜짝할 사이에 큰 비극이 펼쳐진다. 사태가 눈덩이처럼 일파만파 커지기 전 초기 대응을 잘 해야 한다.

위기 상황에서 기업이나 개인이 침묵해서 시간적인 공백으로 일이 커지고 부정 여론이 형성되는 경우가 있다. 위기 상황에서 침묵은 루머와 잘못된 소문을 만들어 낸다. 위기 발생 후 24시간 내에 어떤 대응을 하느냐에 따라 위기가 잠잠해지기도 하고 증폭되기도 한다. 시간이 지나면 괜찮아질 것이라는 생각에 무작정 대응을 늦추는 것은 화를 불러온다. 그렇다고 제대로 된 상황수습 없이 무조건적인 사과가 능사는 아니다. 명백한 잘못이 밝혀진 상황이라면 내부적인 입장 정리를 마치고 가급적 빨리 사과해야 한다. 또한 트위터와 페이스북 등 SNS를 통해 주주와 고객 등 이해관계자들과 적극 소통하는 것이 중요하다.

103명의 목숨을 앗아간 가습기 살균제 사망의 주범으로 사회에 충격을 준 옥시가 사건 발생 5년 만에 첫 기자회견을 열고 사과 입장을 밝혔다. 너무 뒤늦은 사과가 생뚱맞게 느껴져 그 진정성을 의심하게 된다. 그동안 사건 관련 연구결과를 은폐·조작하고 사망 피해에도 계속 모르쇠로 일관하다가 검찰 수사가 진행되고 불매 운동이 시작 되고 나서야 황급히 사과에 나섰다. 이런 모습은 마치 경영상태가 악화되어 막대한 금전적 손실을 의식한 꼼수로 보인다. 세계적인 위기관리 전문가 리처드 레빅은 언론과의 인터뷰에서 옥시가 사건 초기에 사과해야 할 적당한 시기를 놓친 탓에 "사과를 통해 아무것도 얻지 못했다"며 "이제는 어떤 마법도 통하지 않을 것"이라고 말했다. 그는 "위기라는 녀석은 실수는 용서해도 오만은 용서하지 않는다"면서 "위기 상황에서 침묵은 볼륨 스위치를 끈 오만일 수 있다"고 지적했다. 이처럼 사과의 타이밍이 중요하다.

그리고 위기대응 시 대중에게 감정적인 모습을 보이는 것에 대해서는 신중할 필요가 있다. 대표적인 예가 1972년 미국 민주당 대선주자였던 에드먼드 머스키이다. 머스키는 지역 신문이었던 맨체스터 유니언 리더의 잇따른 악의적 보도에 대해 항의하는 기자회견을 열었다. 이 신문은 머스키가 자신의 지역구 메인주에 사는 프랑스계 캐나다인을 모욕했고 부인이 술고래라는 등 악의적인 기사를 게재했다. 그가 기자회견 도중 복받쳐 오는 감정을 못 이겨 갑자기 눈물을 흘렸다는 보도가 〈워싱턴포스트〉와 〈뉴욕 타임스〉 등 주요 일간지에 실리자 그의 지지율은 급락했다. 눈물을 보인 모습이 다소 리더십이 없어 보여 리더에 적합하지 않은 모습으로 연출된 것이다.

이처럼 감정을 드러내는 것은 대중에게 어떻게 보일지를 고려해서 좀 더 신중하고 전략적일 필요가 있다. 감정을 드러내고 인간적인 모습을 부각시켜야 되는 것인지, 믿음직스러운 모습을 보여야 하는 상황인지, 소탈한 모습이 적절한지는 상황에 맞게 판단해야 한다. 특히나 위기 상황이 벌어졌을 경우라면 사람들이 보고 싶어 하는 것은 눈물이 아니다.

막대한 인명피해나 건강에 대한 피해 같은 실제로 많은 사람에게 손해가 끼치는 사고가 일어났을 때에는 문제 해결이 가장 중요하다. 감정에 호소하고자 눈물을 보이는 행동은 오히려 신뢰를 얻기 힘들고, 실망을 불러오게 된다. 사람들은 눈물이 아닌, 앞으로 상황을 해결해가는 리더십을 보고 싶어 한다.

이 때는 상황에 따라 적절하게 감정표현에 대한 전략을 세워야 한다. 평소 차갑고 이성적으로 느껴지는 이미지의 힐러리는 2008년 뉴햄프셔주 프라이머리 예비선거 유세 도중 눈물 덕을 봤다. 힐러리는 당시 경선 하루 전 한 카페에서 유권자에게 "어떻게 그렇게 씩씩하게 보일 수 있느냐."라는 질문을 받고 울먹이는 목소리로 "쉽지 않다."라며 눈물을 비쳤고, 관련 보도가 이튿날 경선 승리에 기여한 것으로 알려졌다. 평소 이성적이고 차갑게 느껴지는 힐러리에겐 눈물이 인간적인 면모를 부각시켜주고 다소 따뜻한 모습으로 중화시켜주는 긍정적인 작용을 한 것이다.

그러면 대중에게 눈물이 어떤 이미지로 보일지 좀 더 살펴보자. 일반인이 아닌 세계 최강의 미국 오바마 대통령이 기자회견 자리에서 눈물을 흘렸다. 세계인의 이목을 집중시킨 강력한 총기거래 규제를 담은 행정명령을 발표하는 기자회견 자리였다. 그가 '한 초등학교에서 일어난 총기난사로 숨진 초등학교 1학년생 20명을 생각하면 미칠 지경'이라고 말하며 눈물짓는 모습이 화제가 되었다. 그러나 어떤 이는 '최고로 감동적인 순간'이라고 찬사를 보내기도 했고 어떤 이는 '계산되어진 눈물, 아니면 진심이 담긴 눈물인가?'라며 의문을 던지기도 했다. 이처럼 대중 앞에서 보이는 감정적인 모습은 순간적으로 그 사람의 이미지를 크게 좌우하는 요소이기에 상황에 맞는 적절한 행동인지 전략적으로 잘 판단할 필요가 있다.

또한 문제가 터졌을 때 무조건 사과하는 것이 다가 아니다. 위기 대응을 할 때 진정성이 없는 사과는 헛된 것이다. 처음 사과를 할 때에 문제에 대한 유감을 표현하고 앞으로의 개선점을 담아 사과를 한다. 그러나 다음에도 똑같은 문제를 일으킨다면 더 이상 신뢰받을 수 없다. 사과하는 행동이 중요한 것이 아니다. 사과를 했을 당시에 앞으로 어떻게 문제를 개선할 것인지에 대해 제대로 지켜지지 않는다면 단순히 위기 모면을 위한 쇼처럼 보인다. 그래서 다음번에는 약발이 들지 않기 쉽다. 또한 양치기 소년처럼 사과 당사자나 기업은 영영 신뢰를 잃게 된다.

최근 '부실시공 건설사'라는 오명을 쓴 포스코건설의 안전관리 문제가 수면위에 오른 것도 이와 비슷하다. 포스코건설이 시공을 맡은 경기 남양주시의 복선전철 제4공구 공사현장에서 가스 폭발로 추정되는 사고가 발생했다. 이 사고로 포스코건설 협력업체 직원 4명이 숨지고 10명이 다쳤다. 2년 전 판교 환풍구 붕괴사고 당시에도 환풍구 사고 현장의 덮개와 이를 지탱하는 하부 십자형 앵글의 용접 부실로 인명피해가 발생해 그때도 '재발방지책을 마련하겠다'며 사과했다.

사고가 날 때마다 재발방지책을 마련하겠다는 말만 되풀이하고 정작 실질적인 개선은 이뤄지지 않고 사고가 계속 터져 사과에 대한 진정성을 의심받고 있다. 포스코건설은 안전사고가 계속돼 위기를 모면하기 위한 방편이 아니었느냐는 비판을 받고 있다. 특히 국토교통부에 따르면 포스코건설은 2014년부터 2년간 국내 시공능력평가 10위 건설사 중 공공공사 부실시공으로 가장 많은 벌점을 받았다. 또한 2015년 한국도로공사로부터 안전점검 소홀, 관련기준 시공 미이행 등의 이유로 무려 15건의 지적을 포함해 총 22건의 벌점을 받았다. 이밖에도 아파트 등 건물 부실시공 논란도 끊이지 않는다. 이들의 말

은 이제 통하지 않는다. 신뢰를 완전히 잃어버린 것이다. 이처럼 진정
성이 없는 약속은 모두의 신뢰를 잃게 된다.

06 사과문을 쓸 것인가, 사고문을 쓸 것인가

우리는 치마길이에 맞춰 코트 길이를 잘라내고서
변화하는 환경에 우리 자신을 적응시켜야 한다.

– 윌리엄 잉게

　　　　　요즘은 연예인부터 공직자, 정치인, 재벌가의 후계자까지, 직위와 내용이 무관하게 다양한 논란이 넘쳐난다. 연이은 사건과 사고로 올해도 '사과'가 풍년이다. 물론 먹는 사과가 아니다. '미안하다'의 사과를 말한다. 미디어의 눈부신 발달로 여론의 목소리는 이전과는 비교할 수 없을 정도로 강해졌다. 좋은 시절은 이미 물 건너갔다. 과거처럼 문제가 발생했을 때 눈 막고 귀 막고 대충 보도자료 잘 꾸며서 은근슬쩍 넘어가기 참 힘들어졌다.

　　문제가 생기면 제대로 사과하는 것도 그리 만만치 않다. 똑똑하고 유능하다는 내로라하는 대기업 총수들조차 초등학교 수준의 사과문을 전달해 대중의 웃음거리가 되다니 사과하기 정말 어렵긴 어려운

가 보다. 사과를 받는 입장에서는 무엇보다 최소한의 무너진 자존감을 회복하기를 원한다. 그러나 진정성 있는 사과가 아니라, 순간 위기를 모면하기 위한 인위적인 사과문을 내보이면 무너진 자존감에 더 큰 상처를 입게 된다. 더 큰 위기를 모면하고자 겉보기에 그럴듯한 사과문을 꾸미기보다 진심이 담긴 사과를 해야 한다.

최근 건물의 문이 잠겨 있다는 이유로 경비원 뺨을 두 차례나 때린 '경비원 폭행 사건'으로 논란을 일으킨 미스터피자 정우현 회장은 '사과하는 법'을 모른다는 말을 듣고 있다. 그가 홈페이지에 '다섯 줄 사과문'을 게시한 것만 봐도 그 수준을 짐작할 수 있다. 이처럼 사회적 물의를 일으킨 인물이 무성의한 사과문을 발표해 도리어 여론을 악화시켰던 사례를 우리는 종종 볼 수 있다. 다음은 미스터피자 홈페이지에 올라왔던 정 회장의 사과문이다.

> 진심으로 사과드립니다. 저의 불찰입니다. 피해를 입은 분께 진심으로 사과 말씀 드립니다. 그리고 많은 분께도 심려를 끼쳐드려 죄송합니다. 이번 일의 책임을 통감하고 반성합니다. 다시 한 번 진심으로 사과드립니다. 죄송합니다.
>
> 정우현
>
> 출처: 미스터피자 공식 홈페이지

우선 사과문에는 구체적인 대상에 대한 언급도 하나도 없다. 또한 '피해를 입은 분께', '그리고 많은 분께'라는 애매한 표현을 사용했다. 정 회장의 사과문에는 '땅콩 회항' 조현아 전 대한항공 부사장의 세 줄도 안 되는 사과 쪽지에 적혀 있던, 최소한의 받는 사람과 보내는 사람의 의존 명사 '~님'이나 '~올림'도 전혀 없다. '그리고 많은 분께도'라는 표현도 누구에게 하는 말인지 이해하기 어렵다. 본인 때문에 피해를 입을 미스터피자 가맹점주들인지, 소식을 듣고 분노한 소비자와 국민인지 알 수 없다. 애초부터 사과하는 대상을 애매하게 표현했다는 것은 진심이 담겨있지 않았다는 것을 나타낸다. 또한 정 회장의 사과문에는 '무엇을' 사과하는지, '어떻게' 심려를 끼쳐서 죄송하다는 것인지, 잘못에 대한 구체적인 설명도 없다. 어쩔 수 없이 형식적으로 내보이는 애매한 사과는 오히려 진심을 의심받게 만든다.

　그러면 진정성이 담긴 올바른 사과문을 작성하는 방법은 무엇일까? 우선적으로 사과는 잘못을 저지른 당사자와 책임을 져야 하는 사람이 해야 효과가 있다. 그리고 기본적으로 사과를 할 때 반드시 갖춰야 할 내용은 유감이 담긴 표현과 사건이 발생한 원인 설명, 사건에 대한 잘못을 인정, 잘못에 대한 반성, 문제점 해결 및 개선 약속 그리고 용서 호소 등이다. 이때 가장 중요한 요소는 진심으로 용서를 구하는 것은 기본이고, '잘못에 대한 인정'을 해야 한다. 사과문이 너무 장황하게 길면 오히려 역효과가 난다. 깔끔하게 기본적인 사항을 갖추어 간결하게 핵심만 담는 것이 좋다. 특히, 사과를 할 때는 앞뒤에 쓸데없는 사족은 생략하고 명확히 사과해야 한다. '미안합니다만~'과 같은 말을 붙이면 오히려 '변명'할 거리를 찾는 것으로 보인다. 또한 무엇이 죄송한지 구체적으로 표현 하는 게 중요하다. 정확히 어떤 잘못을 했는지에 대해 인지하고 있음을 보여주면 진심으로 사과하고 있다고 느껴진다. 두리뭉실 싸잡아서 무조건 사과만하는 것은 좋지 않다. 또 자신의 잘못을 분명히 인정해서 상대의 상처와 분노를 공감하고 있음을 나타내야 한다. 아울러 앞으로의 개선 의지와 보상 의지를 표현하고 반드시 재발 방지를 약속하는 것으로 마무리해야 한다. 다음은 '시리얼 대장균군 파동'에 대한 '동서식품의 사과문'이다. (2014년 10월 16일)

동서식품 고객 여러분 심려를 끼쳐드려 사과 말씀 드립니다.

저희 동서식품은 '시리얼 제품' 관련 언론 보도로 그간 저희 제품을 애용해주신 고객 여러분께 심려 끼쳐드린 점에 대해 깊이 사과 드립니다.

식품의약품안전처에서는 14일 그래놀라 파파야 코코넛, 오레오 오즈, 그래놀라 크랜베리 아몬드, 후레이크 4개 품목의 특정 유통기한 제품에 대해 잠정 유통·판매 금지한다고 밝혔습니다.

이에 동서식품은 해당 유통기한 제품 뿐만 아니라 4개 품목 전

체에 대하여 식약처의 조사 결과가 발표될 때까지 유통·판매
되지 않도록 즉시 조치하였습니다.

동서식품은 진행중인 관계 당국의 조사에 적극적으로 협조할
것이며, 고객 여러분들께서 저희 제품을 안심하고 드실 수 있도
록 식품 안전과 품질 관리에 만전을 기하겠습니다.

이번일로 인하여 고객 여러분들게 우리를 끼쳐드린 점 다시 한
번 깊이 사과드립니다.

2014년 10월 16일. 동서식품 임직원 일동

출처: 동서식품 공식 홈페이지

식품의약품안전처가 자사의 시리얼 생산 과정에서 대장균균이
검출된 부적합 제품이 섞였다고 발표한 지 사흘 뒤에 공식 사과한 내
용이다. 그러나 이 사과문은 진정성을 느끼기에 부족하다. 초반에 '시
리얼 제품 관련 언론보도로'라는 애매한 문구를 넣어 고객이 걱정하
게 된 원인을 언론보도에게 돌리는 듯한 느낌을 준다. 물론 동서식품
의 대장균균 논란을 일으킨 결정적 계기가 내부직원의 제보로 인한
뉴스방송 때문이긴 하다. 그러나 결정적으로는 제품 생산 과정에서
이뤄진 잘못된 관행을 고발한 것이 사건의 가장 핵심적인 원인이었

다. 그러나 사과문은 이에 대한 정확한 설명 없이 대충 넘어갔다. 또한 이 사건의 핵심은 '자사 제품에 대장균군의 검출된 제품을 섞었다는 의혹'인데 사과문에는 이에 대한 정확한 설명조차 빠졌다. 단순히 식약처가 동서식품 시리얼 네 개 품종에 조치를 취했다는 사실만을 언급했을 뿐 무엇을 사과하는지, 어떤 이유로 사과하는지를 정확히 언급하지 않았다. 이에 따라 사태에 대한 반성이나 상황을 개선하고자 하는 강한 의지가 보이지 않는다.

또 다른 사과문을 살펴보면 다음은 '땅콩 회항' 논란 이후 대한항공이 언론사에 배포한 첫 공식 사과문이다. (2014년 12월 8일 밤 11시)

그 어떤 사죄의 말씀도
부족하다는 것을 절감하고 있습니다.

최근 대한항공의 일들로
국민 여러분께 말로 형용할 수 없는 실망감을 안겨 드렸습니다.
지금까지 커다란 사랑을 주신 여러분께 큰 상처를 드렸습니다.
그 어떤 사죄의 말로도 부족하다는 것을 잘 알고 있습니다.
그래서 더욱,
국민 여러분의 질책과 나무람을 가슴 깊이 새기겠습니다.
다시금 사랑 받고 신뢰 받는 대한항공이 되도록
환골탈태의 노력을 다하겠습니다.

새로운 대한항공이 되겠습니다.

대한항공

출처: 〈조선일보〉, 1면, 2014. 12. 16.

　　우선 사과문을 공개한 타이밍이 너무 늦었다. 대한항공은 회항사건이 12월 8일 당일 아침 조간신문 두 곳에 크게 실리고 하루 종일 엄청난 논란을 일으켰음에도 밤 11시가 넘어서야 첫 공식 입장을 내놓았다. 또한 사무장과 승무원에 대한 사과가 빠져 있고 파문을 일으킨 사과의 주체 조현아 부사장도 나와 있지 않다. 사과문에 꼭 들어가야 할 피해자에 대한 죄송함의 표현과 문제해결 방안 및 그 실행 방안과 재발 방지에 대한 약속, 피해배상이나 손실보상이 제대로 드러나 있지 않다. 특히 사건의 최대 피해자인 사무장과 승무원에 대한 언급 자체가 빠져 있는 점이 가장 큰 문제다. 그나마 주요 일간지 1면에 광고로 게재한 두 번째 사과문은 첫 번째 사과문에 비해 다소 양호하다. 그러나 사과하는 주체가 대한항공이 아닌 조 부사장 개인이어야 한다는 시각이 많았으나 '대한항공'으로 되어 있어 많은 비난을 받았다. 또한 이 사건을 계기로 회사의 시스템을 어떻게 개선할지에 관한 구체적인 설명이 없는 점도 아쉽다.

　　지금은 수많은 사건을 겪으면서 위기관리 방식에 대한 국민의 기대치도 높아졌다. 대략 기업의 위기관리의 방법에 대해서 설명하면

"철저히 잘못을 인정하고, 애매한 표현이 아닌 정확한 표현을 사용하고, 진심으로 용서를 구하고, 현재로서 대처할 수 있는 방법을 즉각 실행해 주도권을 쥐고, 앞으로 무엇을 어떻게 개선해 나갈 것인지 분명히 제시해야 한다." 정도의 명제로 정리할 수 있다. 그러나 대한항공은 이 기대치를 모조리 무너뜨렸다. 사과문으로 인정할 수 없는 무늬만 사과문은 여론을 더욱 자극해 공분을 사기에 충분했다. 단순히 잘못된 사과를 한 것이 아니라 사태를 더 키우는 계기를 제공하게 된 것이다.

07

평판 리스크를
극복하는 방법

나는 인간이고,
그래서 완벽하지 않다.

– 타이거 우즈

개인이나 기업에게 위기 상황이 발생하면
사건 초기에 일명 '정보의 진공' 현상이 나타난다. 위기를 만나면 진
실을 왜곡하거나 축소하려고 시도하는 등, 해결 방안을 찾는 데 시간
을 허비하다 신속한 언론대응을 못하는 경우가 있다. 이때 사건과 관
련된 '정보의 진공' 현상 즉 '뉴스 홀news hole' 현상이 나타난다. 사건
당사자가 관련 정보를 제때 언론사에 제공하지 않아서 이 같은 현상
이 발생하면, 언론사들은 사건 목격자나 피해자, 또는 사건이 발생한
주변 지역 주민을 취재한 정보들을 바탕으로 기사를 작성하게 된다.
이럴 경우, 당연히 위기 상황에 빠진 개인이나 기업에게 불리하거나
부정적 내용으로 구성된 피해자들의 일방적인 증언이 사건 전체를 대

변하는 것처럼 언론에 보도된다. 진실과 다른 정보나 주장이 루머처럼 크게 확산되어 부정 여론이 조성된다. 이 같은 정보의 진공 상태가 발생하지 않도록 사실을 바탕으로 한 정보를 언론에 전해야 한다. 보도 기간을 단축시키는 방법은 진실밖에 없다. 진실을 밝히면 추측성 기사가 꼬리를 물고 파생되는 것을 초기에 막을 수 있다.

개인이나 기업이 위기 상황에 처했을 때는 먼저 24시간 내에 신속한 공식 입장을 발표해야 한다. 머뭇거리다가 시기를 놓쳐 엉뚱한 루머와 부정여론이 형성되기 쉽다. 분명한 실수나 잘못은 즉시 인정하고 공개 사과해야 한다. 그러면 더 이상 비난받지 않는다. 만일 잘못을 감추려 하면, 관련 이해관계자들은 더욱 거세게 비난하고 명성에 부정적인 영향을 미친다. 또한 사과문에는 구체적인 개선책과 재발방지책도 반드시 포함해야 사과의 진정성을 인정받을 수 있다. 문제와 관련된 기업이나 개인의 입장과 발표문을 만들어 모든 기업, 조직 구성원들과 공유해야 한다. 제각각 다른 의견이 외부에 노출되면 사태가 수습되기는커녕 곤란한 일이 생긴다. 이와 동시에 효과적인 위기 상황 관리를 위한 컨트롤 타워를 만들어 종합적이고 체계적인 절차가 이뤄지도록 해야 한다. 특히 인명 피해가 발생한 경우, CEO가 직접 나서서 피해자와 대중에게 공식 사과하고 해명해야 한다. 엉뚱한 사람이 사과하면, 진정성을 의심받게 된다. 사건 관련 해명도 가급적 짧게 하는 것이 좋다. 해명이 길면 공개 사과의 효과는 줄고 오히려 '변명한다'는 여론이 조성되게 되기 때문이다.

그렇다면 위기에 어떻게 효과적으로 대응해야 할 것인가? 개인이나 회사에 위기가 닥쳤을 때 일단은 침착한 마음을 유지하고 이성적으로 판단해 정확한 사실을 확인해 보는 게 중요하다. 육하원칙을 활용해 '무엇이, 언제, 어디서, 왜, 어떻게 발생했는가?'를 구체적으로 따져봐야 실수가 없다. 혹시나 관련 소문이 있을 경우에는 그 내용에 대한 진위 여부를 우선 확인해야 한다. 혹시라도 사태를 수습하는 과정에서 다른 오해가 불거진 경우나 대응에 실패했을 때 일어날 최악의 시나리오를 생각해보는 것도 좋다. 미리 앞으로 펼쳐질 예상 시나리오의 변수들과 그에 대한 플랜B와 같은 또 다른 방법들도 몇 가지 생각해 놓으면 좋다.

또한 위기가 발생했다면 외부에 대응하기 전 또는 대응과 동시에 내부 임직원들과의 커뮤니케이션이 이뤄져야 한다. 전 직원에게 사건의 개요를 신속하게 설명하고 외부 문의는 대변인이나 대책담당자에게 일괄적으로 연결하도록 소통 창구를 전달해야 한다. 시시각각 발생하는 추가적인 위기 상황이 대응팀에 실시간으로 전달되도록 긴밀한 연락 체계를 갖추는 노력도 필요하다. 이와 동시에 실시간으로 여론에서 어떤 성향과 프레임으로 사건을 인식하고 있는지 파악해야 한다. 보도하는 내용에 대해서 어떻게 저런 판단을 하고 노출되는지 전후 상황을 재빨리 파악해야 한다. 그래야 앞으로 대응할 수 있는 전략을 잘 짤 수 있다. SNS에서 실시간으로 형성되는 여론의 향방에 대해서도 촉각을 곤두세워야 한다.

위기관리의 핵심은 무엇보다 '진실이 가장 빠른 해결 방법'이다. 과감하되 여론이 공감할 수 있게 해야 한다. 평소 언론관계에 대해 신경 쓰는 것도 위기관리를 위해서는 필수적인 투자이다. 위기 시 그들은 상황에 따라서는 아주 훌륭한 보험의 역할을 해줄 수 있다. 종이신문이 죽어간다는 말이 들린다. 때론 언론의 영향력이 예전 같지 않다고도 한다. 그러나 아직까지 영향력과 신뢰 부분에서 언론은 중요한 역할을 하고 있다. 과연 최근 발생하는 뉴스는 어디에서 온 것이며, 어떻게 확산하여 강화되는 것일까? 위기 시 언론에게 공감을 얻지 못하면 다른 이해관계자에게도 마찬가지다. 언론의 공감을 이끌어낸다면 훨씬 수월해진다. 결국 사건에 대한 최악의 상황 판정은 최종 언론이 한다. 현재 소셜 미디어상에서 회자되는 대부분의 뉴스는 이미 오프라인과 온라인 언론을 통해 보도된 것이다. 기존 오프라인 및 온라인 언론과 소셜 미디어는 한 몸이고, 같은 줄기로서 맥락을 같이 한다. 그래서 언론의 이해와 공감 없이 위기관리에 성공한 기업은 없다는 이야기가 나온 것이다.

특히, 위기관리를 위해서는 전통 매스미디어는 물론 소셜 미디어를 적극 활용해야 한다. 문제해결을 위해 했던 노력을 메시지화하여 대중적인 소셜 미디어를 통해 전달해야 한다. 대중은 해당 메시지를 자발적으로 다른 이에게 전파하고 공유하게 된다. 또한 문제 해결 후, 우리가 어떤 노력과 활동을 했는지 적극 알려서 충실히 약속을 지켰다는 이미지를 주도록 해야 한다. 이로서 긍정적 이미지와 신뢰 회복의 계기가 될 수 있다. 문제해결 이후에는 당연히 이를 성장의 기회로 삼아야 한다. 스마트폰과 모바일 커뮤니케이션 기술 발달로 현대인들은 SNS를 이용해 자기 경험을 자발적으로 타인에게 전달하고 공유한다. SNS는 이미 TV, 신문, 잡지, 라디오 등의 전통미디어와 함께 개인미디어로 확실히 자리 잡았다. 수많은 인터넷 이용자들이 트위터나 페이스북을 통해서 실시간으로 정보를 얻고, 확산시키고 있다. 해당 정보가 다시 블로그나 카페 등으로 재확산되기도 하고, 블로그나 카페의 정보를 SNS로 확산시키기도 한다. 모든 핫이슈나 뉴스거리는 SNS를 통해서 전파되고 확산된다는 것을 인정해야 한다. 솔직히 SNS는 다소 폭로성 미디어의 특성을 가지고 있다. 그래서 사실이 분명한 부정적 이슈는 단기간에 확산된다. 이를 이해하고 가능한 신속히 대처해야 한다. 이 같은 환경변화로 기업이나 조직의 위기가 더욱 다양해졌다. 개인과 기업은 더욱 투명하고, 더 윤리적이어야 한다는 핵심 키워드는 더욱 중요해질 것이다.

땅 치고 후회하지 말고, 미리 관리하자

군주는 권력의 기반을 빼앗길 만큼
위험한 악덕과 관련된 오명을 반드시 피해야 한다.
설사 위험을 초래하지 않는 악덕일지라도
그것을 피할 수 있어야 한다.

– 〈군주론〉

미국 초대 대통령인 조지 워싱턴은 늘 자신에게 권력이 집중되는 것을 경계했다. 이는 주변의 질투를 받지 않기 위해서였다. 워싱턴은 미국 육군 사령관이 되는 것도 대통령 재임도 모두 거절했다. 그는 절제와 겸손의 미덕을 보인 것이다. 이렇게 그는 이전보다 더 큰 인기를 얻었다. 항상 복과 화는 같이 온다. 그래서 인생은 새옹지마라는 말이 있다. 자신에게 힘과 권력이 생겨 쉽게 눈에 띄게 되었다면 과시하지 말고 겸손한 자세를 가지는 것이 현명하다.

위기는 항상 잘나갈 때 온다. 가끔은 그리 큰 문제가 아닌 사소한 일인데 주변의 시샘으로 원치 않는 논란에 휩싸일 때도 있다. 다른 사람보다 눈에 띄는 특별한 존재가 되면 주변에서 질투를 하게 된다. 그런 질투에 신경 쓰지 않는 것은 힘들지만 피하는 게 최선이다. 별 볼일 없는 이들의 질투로 일에 방해되거나 따돌림을 당할 수 있기 때문에 주의해야한다. 원래 탁월한 사람은 인기가 많지만 그만큼 적이 많이 생긴다. 대중의 인기를 받는 연예인들도 악플로 인해 상처를 받는 것을 감수하며 살아간다. 사소한 루머가 씨앗이 되어 이미지에 큰 타격을 입혀 정신이 피폐해지는 경우를 종종 볼 수 있다. 특히 영업조직 등과 같은 곳에서 1등하는 잘나가는 사람은 꼭 이상한 구설수에 시달린다. 우리는 뛰어난 능력을 질시하는 몇 몇 자격지심에 가득한 이들의 소심한 음모가 도사리는 정글에 살고 있다. 그렇기에 항상 교만하지 않고 다른 이의 타깃이 되지 않기 위해 겸손하게 처신해야 한다.

주변의 시기와 질투의 대상이 되는 것만큼 불안한 일도 없다. 영국 엘리자베스 여왕이 재임하던 시절 궁정에서 활약한 월터 롤리라는 인물이 있었다. 그는 과학자로 뛰어난 능력을 갖고 있었고 당대 최고라는 평가를 받았다. 사업가로서도 성공했고, 외모도 다른 귀족들이 열등감을 느낄 정도로 뛰어났다. 귀족들이 롤리를 얼마나 시기했을지 대충 짐작된다. 결국 그는 엘리자베스 여왕이 죽자 귀족들의 모함으로 처형을 당하는 비극적인 결말을 맞이했다. 영화감독 잉마르 베리만은 영화감독으로서 너무나 큰 성공을 거둔 나머지 국민의 질투를 샀다. 정말 미움을 샀다고밖에 볼 수 없을 정도로 스웨덴 세무당국으로부터 끈질긴 수사를 받았다. 성공한 후에는 모든 것이 순조롭게 된다고 생각한다면 큰 착각이다. 성공한 이후부터 긴장을 놓지 않고 더욱 세심한 주의를 기울여야 비극을 피할 수 있다. 성공 이후에는 겸손이 최고의 처세이다.

아리조나 주립대학의 빌헤르미아 오신스카박사는 대학생 315명에게 성공한 사업가의 자서전을 읽게 했다. 이후 주인공에 대한 호감도를 조사했다. 오신스카 박사는 조사를 하기 전, 한 문장을 살짝 바꿔 각기 다른 글을 읽게 했다. 한 쪽에는 "사업의 성공은 분명 운이 따랐기 때문이다."라는 겸손한 글을 넣었다. 그리고 다른 한쪽에는 "사업의 성공은 내 능력으로 일군 것이다."라는 글을 넣었다. 그 결과 학생들은 성공한 사업가가 겸손한 태도로 쓴 글을 읽었을 때 호감을 갖게 되었다. 사람은 누구나 겸손한 사람을 더 좋아한다. 성공을 이루기 전까지는 경쟁에서 이겨야하기 때문에 자신의 약한 부분을 감추고 어떻게 해서든 눈에 띄어 재능과 힘을 과시하는 게 좋다. 그러나 성공한 이후에는 질투를 사지 않도록 조심해야 한다. 보통 대부호가 되면 놀랄 정도로 겸손해진다. 이들은 이렇게 지혜롭게 처신할 수 있었기 때문에 별 탈 없이 대부호가 되었을 수도 있다. 겸손함의 지혜를 너무나 잘 아는 자들이다. 그렇기에 방해꾼이 없고 사람들로부터 존경을 받는다. 그러나 어중간한 부자는 돈이 많다고 과시하고 싶어 한다. 그래서 주변 사람들이 적으로 돌아서서 외롭게 되거나, 트집을 잡는 이들로 인해서 몰락하게 되기도 한다.

성공 이후에도 좋은 평판을 유지하고 존경을 받기 위해서는 올바른 '신념'을 갖춰야 한다. 법을 어기거나 부도덕한 방법으로 성공을 이루었다면 결정적인 순간에 자신의 발목을 잡는 족쇄가 된다. 또한 자기 자신만의 이익을 위한 이기적인 성공은 위험할 수 있다. 세계적으로 유명한 거상들은 항상 국가나 전 인류의 이익을 위해 헌신하고자 하는 덕과 올바른 신념을 갖추었다. 그래서 이들은 무너지지 않고 오래토록 부와 명예를 유지할 수 있었다. 다음의 《상경》에 나온 호설암 어록을 보면 오래도록 존경받는 상인으로서의 가장 이상적인 모습을 살펴볼 수 있다.

"나는 비록 상인이지만 국가의 이익을 벗어난 사리사욕을 추구하진 않는다. 법을 어기는 일은 절대로 해선 안된다. 조정의 법은 일정한 질서에 따라 합리적으로 만들어진 만큼 누구든지 이에 따르지 않을 이유가 없다. 하지만 법에서 규정하지 않은 일에 있어선 우리 의사대로 행해도 무방하다. 솔직히 말해서 사업하는 사람들이 조정의 법령을 잘 지키고 관리들도 조정에 대한 책임감을 갖고 있으면 천하가 태평하지 않을 리 없다. 관리들이 조정에 대한 책임과 의무를 확실히 한다면 사업하는 사람들도 감히 법을 어기려 하지 않을 것이다. 만일 관리들이 조정에 대한 책임을 외면하고 우리에게만 책임을 강요한다면 필연적으로 부패를 면치 못할 것이다. 내가 굳게 지키는 한 가지 신조는 관리든 상인이든 반드시 사회에 대한 책임감을 가져야 한다는 점이다."

위기나 실패는 마른하늘에 날벼락 치듯 갑자기 찾아오지 않는다. 위기가 발생하기에 앞서 사전에 적절한 메커니즘을 확보하는 것이 더욱 중요하다. 적절한 메커니즘을 확보함으로써 위기가 발생할 확률을 줄일 수 있고, 위기가 발생할 때 더욱 효과적으로 위기를 관리할 수 있기 때문이다. 훌륭한 위기 조언자 마키아벨리도 작고 희미한 소리에도 귀를 기울이는 것이 방어의 가장 기본이 된다고 조언했다. 또한 적의 눈에 먼저 악재가 포착되기 전에 미약한 신호까지 알아낼 수 있는 눈과 귀를 왕국 곳곳에 심어둬야 한다고 했을 정도로 위기가 다가오는 작은 조짐까지도 예리하게 포착하는 것이 중요하다는 것을 설명했다. 이렇게 모든 위기는 실제로 위기가 발생하기에 앞서 여러 번의 조기 경고신호를 보낸다. 이런 경고신호를 포착해 자세히 살펴보고 그에 대한 조치를 취함으로써 많은 위기를 사전에 방지할 수 있다.

물론 포착되는 경고신호는 잡음으로 가득 찬 매우 약한 경고신호일 때가 대부분이다. 그러나 이러한 악조건에도 불구하고 앞으로 닥쳐올 위기를 알아차릴 수 있는 사람이 있다. 하지만 경고신호를 포착한 사람이 그 경고신호를 조직 내 문제점으로 부각시킬 만한 힘을 갖추지 못한 미약한 존재일 때가 많다. 사람들의 작은 의견에도 귀를 기울일 줄 알아야 위기상황을 초기에 진압할 수 있다. 그래서 조직에서 소통이 매우 중요하고 불통인 경우에는 위기가 산불처럼 번져 모두를 위태롭게 만든다.

위기를 기회로 만드는 방법

09

　　　　　우리는 분명 위기 속에 살고 있다. 전보다 기회도 많이 줄었고 모든 분야가 저성장의 시대이다. 한마디로 처지가 곤궁하다. 1위를 달리던 기업이나 국가도 한 방에 '훅' 갈 수 있다. 성장제로의 터널 속에 갇혔고 안보는 북한리스크에 저당 잡혀 있다. 경제도 점점 죽을 쑤고 있고 수출과 내수의 동반침체로 우리 경제는 저성장의 늪에서 헤매고 있다. 세계 경제도 저성장의 시대다. 개인이든 기업이든 모두 힘들다. 그러나 미래를 위한 준비를 하지 않으면 생존이 더욱 위태로울 수 있다. 위기는 누구에게나 똑같이 온다. 그러나 기회는 준비된 자에게만 온다. 이처럼 우리는 경제위기를 알리는 요란한 경고음이 울려대는 복잡한 시대에 살고 있다. 모두가 계속 생존하고 번영하려면 어떻게 해야 할까? 이런 현실에서 최대한 리스크를 줄이고 힘들게 쌓은 명성이 한순간에 무너지는 것만은 피하는 것이 최소한의 노력이 될 수 있다.

위기를 피할 수 없다면 극복할 방법을 찾아야 한다. 위기를 어떻게 대처하느냐가 미래를 좌우한다. '위기'는 '기회'라는 이름으로 동시에 찾아온다. 위기를 기회로 바꾸는 저력은 우리 모두에게 있다. 고(故) 정주영 현대 그룹 명예회장이 500원짜리 지폐에 있는 거북선 그림을 보여주고 배를 수주해 시작한 한국 조선이 세계를 제패하리라고 누가 상상했겠는가? 힘들어도 포기하지 않고 묵묵히 준비한 사람만이 행운과 기적을 만끽할 수 있다. 새로운 변화와 위기를 오히려 기회로 삼고 치열하게 생존법을 배워야 한다. 위기극복을 위해서는 모두가 기존 전략의 관성에서 벗어나야 한다. 지금까지 배운 지식을 제로베이스zero-base에 놓고 밑바닥부터 다시 시작해 혁신을 이뤄야 한다. 또한 유능제강(柔能制剛) 즉, '부드러움이 강함을 이긴다'는 말을 되새겨야 한다. 지금은 강하고 힘센 것보다는 부드럽고 유연한 사고와 생존법이 필요하다.

사람은 모두 위기를 겪는다. 크게 성공한 사람들도 예외는 아니다. 오히려 일반인보다 더 큰 고통과 역경을 딛고 일어섰기에 더 크게 성공할 수 있었다. 성공한 사람들은 마인드 컨트롤의 귀재다. 경제전문지 〈포브스〉 선정 '세계에서 가장 영향력 있는 유명인사 100위'에 2007년부터 2년 연속으로 1위를 차지한 오프라 윈프리는 성공의 비결을 묻는 질문에 "긍정의 힘"이라고 대답했다. 그는 미국 사회에서 흑인 빈민 여성으로 태어나 문제아로 낙인이 찍혔지만 전 세계 1억 명 이상의 시청자를 둔 토크쇼의 여왕으로 등극할 수 있었다. 이처럼 역경을 기회로 역전시키는 힘은 긍정의 마인드이다.

사과로 유명한 일본 아오모리현에서 태풍으로 인해 약 90% 사과가 떨어진 일이 있었다. 그러나 한 농부는 떨어진 사과를 보고 주저앉지 않았다. 10% 밖에 사과가 남지 않았지만 농부는 이 사과를 그럴듯하게 이용했다. 그는 대학 입시 수험생들을 위한 합격 기원 상품으로 '태풍에도 끄떡하지 않은 행운의 사과'라고 멋지게 포장해 판매했다. 결과는 대히트였다. 일반 사과보다 약 10배 이상 비싼 가격에 팔렸다. 절망 가운데 희망을 보는 사람들은 거센 폭풍이 와도 흐름을 거슬러 또 다른 기회를 찾을 수 있다. 역경을 이긴 사람만이 역사 속에 위대한 이름으로 남는다.

또한 러시아의 작곡가 차이코프스키는 서른여섯 살 때 불후의 발레곡 〈백조의 호수〉를 작곡했다. 모스크바 볼쇼이 극장의 의뢰를 받아 차이코프스키가 1년 만에 완성한 그 곡은 안타깝게도 초연에서 대실패를 하고 말았다. 그는 "수준 이하의 저질이다!"라는 엄청난 악평을 들었다. 허탈한 심정으로 밤잠 이루지 못하고 괴로워하던 차이코프스키는 혼자 쓰린 속을 달래며 중얼거렸다. "현재의 악평에 고민하지 말자. 이 악평은 언젠가 찬사로 바뀔 것이다." 알고 있다시피 오늘날 〈백조의 호수〉를 두고 악평을 하는 사람은 찾아볼 수 없다.

인생은 한마디로 새옹지마(塞翁之馬)이다. 필자가 생각해도 이 말은 불변의 진리인 것 같다. 이 사자성어는 변방에 사는 노인의 말이라는 뜻이다. 세상만사는 변화가 많아 어느 것이 '화'가 되고, 어느 것이 '복'이 될지 예측이 어렵다. 재앙도 슬퍼할 게 못되고 복도 기뻐할 것이 아니다. 새옹지마에는 다음과 같은 지혜로운 스토리가 담겨있다. 어느 날 중국 변방에 사는 한 노인의 말이 달아났다. 마을 사람들이 위로하자 노인은 "오히려 복이 될지 누가 알겠소."라고 말했다. 몇 달이 지나고 그 말이 암말 한 필과 함께 돌아오자 마을 사람들이 축하했다. 노인은 "도리어 화가 되는지 누가 알겠소."라고 했다. 말 타기를 좋아하는 노인의 아들이 그 암말을 타다가 떨어져 다리가 부러졌다. 마을 사람들이 위로하자 노인은 "이것이 또 복이 될지 누가 알겠소."라며 태연하게 받아들였다. 1년이 지난 어느 날 마을 젊은이들은 전쟁터로 불려 나가 대부분 죽었다. 노인의 아들은 말에서 떨어져 장애인이 됐기에 전쟁에 나가지 않아 죽음을 면하게 됐다. 이처럼 새옹지마는 우리에게 세상만사에 초연하라는 교훈을 준다. 오늘이 기쁘면 내일 괴로울 수도 있고, 오늘 기쁜 일이 있으면 내일 슬픈 일이 있을 수 있다.

또한 인생은 초로(草露), 즉 새벽 풀잎에 맺힌 이슬과 같이 덧없는 존재다. 운 좋게 돈을 많이 벌어 부자가 되었다고 날뛰며 좋아할 것은 아니다. 그 돈이 돌고 돌아 언제 어떻게 자신의 목을 조를 밧줄이 될지 모른다. 실제로 재산싸움으로 가족이 불행한 경우가 있다. 또 지위가 높아졌고 출세했다고 어려웠던 시절을 잊어버리고 기고만장할 일도 아니다. 자칫 잘못하면 낙마하여 패가망신하기 십상이다. 출세는 했지만 갑작스럽게 가정불화로 뜻하지 않은 고통을 다하기도 한다. 또 생각 없이 했던 한마디로 국민의 지탄을 받고 벼슬자리에서 물러난 사람도 있다. 새옹지마가 우리에게 던져주는 교훈은 매사에 일희일비(一喜一悲)하거나 경거망동하지 말라는 것이다. 그리고 교만하지도 말고, 조심 또 조심하라는 것이다. 인간의 운명은 언제 어떻게 바뀔지 모르는 변화무상한 것이다. 자신의 분수를 알고 자기 직분에 충실하며 겸손할 줄 알아야 한다. 높이 올라가면 반드시 내려올 때가 있다. 높이 올라간 만큼 떨어져 내려올 때의 충격은 크다.

사람은 누구나 실수를 할 수 있다. 물론 단 한번 실수로 명예가 완전히 실추되기도 한다. 심지어 외부 접촉을 끊고 평생 패배자의 모습으로 은둔해야 하는 경우도 있다. 인간은 누구나 실수를 할 수 있는데, 누구에게나 인생은 소중한 것이고 쉽게 포기할 수 없다. 불명예스러운 사건에 휘말려 이미지 타격을 입었을지라도 절망할 필요가 없다. 치명적인 사건이 많은 사람에게 인지된 상태라면 너무 실망하지 마라. 역발상으로 생각하면 타인에게 자신의 존재를 알리는 데는 성공한 셈이다. 대대적으로 알려진 이름을 성공적인 브랜드로 바꿀 수만 있다면 그리 절망적인 상황은 아니다. 이를 비관하지 않고 전략적으로 이미지를 뒤집어 브랜드 파워를 활용하는 것이 현명하다.

가령 로비스트 린다김 사건이 한창일 때는 그녀가 썼던 선글라스 판매가 급격히 증가했고 학력위조로 논란이 되었던 신정아 옷이 당시 화제가 되었다. 또한 섹스 스캔들로 주목을 받은 르윈스키가 유명세를 이용해 핸드백 사업가로 성공적인 변신을 하기도 했다. 긍정적이든 부정적이든 어떤 사건으로 인해 대중의 호기심을 불러일으켜 이름이 널리 알려진 것을 긍정적으로 바꿀 수 있다. 유명세를 활용해 상업적 이익을 얻는 것 역시도 위기를 기회로 바꾸는 방법 중의 하나이다. 그래서 때로는 의도적으로 사건을 일으켜 언론의 주목을 받는 경우도 있다. 브랜드 관리의 첫 단계가 자신을 타인에게 깊이 인식시키는 것이다. 당신이 만약 불명예스러운 일로 불리한 상황 속에서 부정적인 브랜드를 가지게 되었다 해도 절대 낙심하지 마라. 부정적인 브랜드를 뒤집을 용기만 있다면 전략을 세워 당신의 목적에 맞는 엄청난 브랜드 파워를 창조할 수 있는 기회이다. 이처럼 어떠한 상황에서도 솟아날 구멍은 있고, 위기를 기회로 만들 수 있는 사람은 행운의 주인공이 될 것이다.

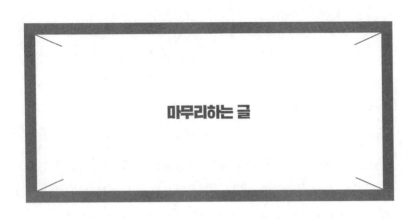

마무리하는 글

　　작곡가 하이든은 인생에서 성취하기 어려운 세 가지로 첫째 명성을 얻는 것, 둘째 사는 동안 명성을 유지하는 것, 셋째 죽은 뒤에도 명성을 보유하는 것이라고 했다. 이처럼 좋은 평판을 얻고, 지속해서 유지하는 일은 결코 쉬운 일이 아니다. 인터넷의 발달과 SNS의 활성화로 이제 개인과 기업의 비밀은 있을 수 없다. 한 번 무너진 명성으로 엄청난 금전적인 손해를 입는 여러 사례를 목격하면서 평판에 대한 지적 호기심을 갖게 되었다. 많은 개인과 기업이 눈에 보이지 않는 평판의 특성을 제대로 파악하지 못해 다시는 손해입지 않기를 바라는 마음으로 '평판'에 대해 깊이 연구를 시작해 이 책을 집필하게 되었다. 그야말로 한 방에 훅! 가는 인물들을 우리는 종종 목격할 수 있다.

'좋은 평판'은 사람을 만나고 사귀는데 있어서 필요충분조건일 뿐만 아니라 많은 사람에게 인정받고, 또 그들과 '좋은 인맥'을 유지해주는 핵심 요소이다. 결국, 평판은 한 개인의 성공과도 직결되는 것이다. '좋은 평판'을 빠트린 채 좋은 인맥을 만드는 것, 성공을 이루는 것, 행복하고 만족스러운 삶을 영위하는 것 모두 불가능하다. 그만큼 평판의 영향력은 실로 엄청나다. 특히, 한국 사회에서 개인의 명성 reputation은 정말 중요하다. 평판은 절대 하루아침에 쌓을 수 있는 것이 아니기 때문에 지속적인 관리가 필요하다. 그래서 평판 관리는 마케팅과 닮았다. TV와 잡지, 신문, 인터넷, SNS 등 온갖 매체를 통해 브랜드를 드러내고, 브랜드의 가치를 높이기 위해 돈을 쏟는다. 상향 평준화된 제품 사이에서 브랜드는 다른 브랜드와는 다른 점을 강조한다. 이처럼 일터에서 내세울 수 있는 나만의 특·장점은 무엇인지, 앞으로 어떤 특·장점을 밀고 나갈지 장기적인 관점에서 고민해야 할 과제다.

한편, 평판을 부위별로 해체하면 다음과 같다. 인간관계, 리더십, 커뮤니케이션, 조직 융화, 업무 스타일, 사생활과 자기 관리, 그리고 업무 능력! 업무 능력이야 기본 중의 기본이며 인간관계, 커뮤니케이션, 조직 융화의 갈래는 모두 주변 사람과 얼마나 조화롭게 '잘' 일할 수 있는 가로 판가름난다. 비슷한 능력이라면 누구나 커뮤니케이션 능력이 좀 더 뛰어나고 좋은 인성을 가진 사람과 일하고 싶을 것이다. 반면에 자기주장이 세거나, 부정적인 사람, 사람을 이용만 하고 동료를 신뢰하지 않는 자가 타인의 호감을 얻긴 어렵다. 그래서 인간관계는 평판의 주된 영역을 차지한다.

사생활과 자기 관리의 평판은 주로 이성 관계, 돈 거래, 약속을 얼마나 잘 지키느냐로 판가름난다. 논란거리가 되는 사람을 애써 품으려 하는 조직은 드물 것이다. 특히 리더십 평판은 팀장 이상으로 진급하는 발판이 된다. 개인의 능력이 아무리 뛰어나도, 후배와 불화가 잦거나 후배를 이끌지 못하는 인상을 준다면 어떨까? 또 주니어 때는 내 일만 잘해도 '만사 오케이'지만, 시니어가 되면 내 일만 잘하면 '개인적'이고, 리더십이 없다는 소리를 듣는다. 여기서 중요한 건, 평판은 내 의지와 상관없이 나를 둘러싼 파편이 차곡차곡 쌓여서 완성된다는 점이다. 또한, 한 번의 실수로 치명타를 입게 된다.

그런데 요즘은 기업에서도 평판을 매우 중요하게 생각한다. 경력자를 채용할 때 평판 조회를 의뢰하는 기업이 점점 늘고 있다. 기존에는 CEO나 임원을 채용할 때만 한정적으로 평판 조회를 진행해왔으나 이제는 사원급 경력직 채용에도 평판 조회가 일반화 되어있을 정도다. 임원을 채용할 경우에는 평판 조회가 결과에 미치는 영향이 꽤 큰 편이다. 인재 한 명이 기업과 기관을 먹여 살릴 수도 있고 반대로 조직을 위기에 빠뜨릴 수도 있기 때문이다. 그런데 요즘은 신규 채용 인원이 점점 줄고 있을 뿐 아니라 같은 기업 내에서도 한쪽에서는 활발한 구조조정을 다른 한쪽에서는 눈에 불을 켜고 좋은 인재를 확보하고자 한다. 기업이 당면한 문제를 해결해 줄 수 있는 사람만을 선별해 채용하고자 하므로 한 사람 한 사람을 신중하게 살펴보는 것은 당연하다. 확실한 사람만을 채용하겠다는 의지로 기업에서도 당연히 평판에 대해서 매우 중요한 핵심요소로 생각하고 있다. 그렇기에 일반 직장인은 물론, 대외적으로 잘 알려진 유명인의 미래와 몸값은 평판으로 좌우된다고 해도 과언이 아니다. 이처럼 평판의 중요성과 특징을 제대로 파악한다면 앞으로 닥쳐올 위기상황에서도 더욱 지혜롭게 대처할 수 있을 것이다. 당신의 무한한 건승을 빈다!

**참고
문헌**

김수욱, 《마음을 움직이는 88가지 원리》, 밥북, 2015

문유석, 《개인주의자 선언》, 문학동네, 2015

송명빈, 《잊혀질 권리》, 베프북스, 2015

황효순, 《사마천이 찾아낸사람들》, 글마당, 2014

김경희외, 《고용불안에도 흔들리지않는 힘! 커리어GPS》, 대림북스, 2016

박영철, 《어느 샐러리맨의 마지막 강의》, 북랩, 2015

휴 캘서러스, 《초고속 승진자들의 9가지 습관》, 스마트비즈니스, 2007

소서, 《경제학 속 숨겨진 생존법칙 24》, 무한, 2011

전옥표, 《착한 경쟁》, 비즈니스북스, 2015

양형남, 《취준생에서 CEO까지》, 행복에너지, 2016

신현만, 《사장의 생각》, 21세기북스, 2015

스튜어트 프리드먼, 《와튼스쿨인생특강》, 비즈니스북스, 2013

최효진, 《유능제강 끝까지 살아남는 사람들의 비밀》, 한스미디어, 2013

고정민, 《미래 유망 직업콘서트》, 꿈결, 2015

박영재, 《50대, 이력서 쓰는 아빠》, 국일미디어, 2015

한비자, 《그때, 한비자를 알았더라면》, 스타북스, 2014

박희준, 《인디언의 말타기》, 21세기북스, 2015

공병호, 《김재철평전》, 21세기북스, 2016

나이토 요시히토, 《마키아벨리의 인생지략》, 더난출판, 2012

김혜리, 《이미지파워》, 지식과감성, 2015

김경준, 《직원이라면 어떻게 일해야하는가》, 원앤원북스, 2015

조세형, 《5년은 먹고들어가는 신입사원 5주훈련소》, 위즈덤하우스, 2012

로버트 그린, 《권력의 법칙》, 웅진지식하우스, 2009

린다 카플란 탈러·로빈 코발, 《유쾌한 나비효과》, 흐름출판, 2010

조세현, 《성과를 지배하는 스토리 마케팅의 힘》, 스타리치북스, 2015

장정빈, 《하루를 일해도 사장처럼》, 올림, 2011

이정숙, 《리더들의 인격수업》, 왕의서재, 2009

스유엔, 《상경》, 더난출판, 2008

〈EBS CEO 특강〉제작팀, 《EBS CEO 특강》, 마리북스, 2009

최현정, 《직장인사춘기 고민상담소》, 팜파스, 2015

이승은, 《자연을 지키는 비즈니스가 성공한다》, 이담, 2014

김연우, 《직장생존 블랙박스》, 매일경제신문사, 2009

박승원, 《1일10분》, 무한, 2010

모기룡, 《왜 인류의 기업들은 인문학에 주목하는가》, 다산호랑, 2015

공병호, 《벽을 넘는 기술》, 21세기북스, 2009

황선희, 《4050 이직의 비밀》, 북랩, 2015

장동인, 《빅데이터로 일하는 기술》, 한빛미디어, 2014

김중태, 《2015 IT 혁명이 만드는 비즈니스 미래지도》, 한스미디어, 2010

프란체스코 귀차르디니, 《귀차르디니의 처세의 법칙》, 원앤원북스, 2014

진 마이스터·캐리 윌리어드, 《넥스트비즈니스 일터전쟁》, 랜덤하우스, 2011

앤드류 홈스, 《스마트 리스크》, 비즈니스맵, 2008

지속가능발전기업협의회(KBCSD)지음, 《지속가능 기업에 투자하라》, 호이테북스, 2011

이중용, 《잘나가는 헤드헌터의 마케팅비법》, 푸른북스, 2011

한국고용정보원, 《색다른 직업 생생한 인터뷰》, ㈜휴먼컬철아리랑, 2014

유재경, 《회사에서 평생 커리어를 만들어라》, 푸른숲, 2015

박재훈, 《기업의 사고와 위기관리 119》, 커뮤니케이션북스, 2011

다니엘 솔로브, 《인터넷세상과 평판의 미래》, 비즈니스맵, 2008

W.티머시 쿰스, 《디지털 시대의 위기 커뮤니케이션》, 한울아카데미, 2016

최진봉, 《위기관리 커뮤니케이션》, 커뮤니케이션북스, 2015

아이하라 다카오, 《평판이 스펙이다》, 더난출판, 2012

이안 미트로프·거스 어내그노스, 《위기, 관리와 예방》, 커뮤니케이션북스, 2012

김준·김정곤, 《한국형 소셜미디어 마케팅》, 정일, 2012

박흥식, 《내부고발의 논리》, 나남출판, 1999

래리 웨버, 《기업 평판, 소셜 네트워크에 달렸다》, 멘토르, 2011

장상인, 《홍보는 위기관리다》, 소담출판사, 2013

구본권, 《당신을 공유하시겠습니까?》, 어크로스, 2014

부경복, 《부패전쟁》, 프리스마, 2011

정용민, 《1% ONE PERCENT》, ER북스, 2015

김대영, 《평판이 전부다》, 매일경제신문사, 2016

김봉수·김용준·김윤재·김호·유민영, 《평판사회》, 알에이치코리아, 2015

마이클 퍼틱·데이비드 톰슨, 《디지털 평판이 부를 결정한다》, 중앙북스, 2015

당신의 인생을 결정하는 작은 행동의 힘

나는 어떤 사람으로 기억되고 싶은가

초판 1쇄 발행 2017년 5월 15일

지은이 | 서미림
발행인 | 홍경숙
발행처 | 위너스북

경영총괄 | 안경찬
기획편집 | 임소연, 김효단

출판등록 | 2008년 5월 2일 제310-2008-20호
주소 | 서울 마포구 합정동 370-9 벤처빌딩 207호
주문전화 | 02-325-8901

디자인 | 최치영
제지사 | 한솔PNS(주)
인쇄 | 영신문화사

ISBN 978-89-94747-76-7 03190

이 도서의 국립중앙도서관 출판예정도서목록(CIP)은 서지정보유통지원시스템 홈페이지
(http://seoji.ni.go.kr)와 국가자료공동목록시스템(http://www.ni.go.kr/kolisnet)에서 이용하실 수 있습니다.
(CIP제어번호 : CIP2017009421)